"智造之都"
台州市重点产业知识产权研究

台州学院知识产权学院 组织编写

知识产权出版社
全国百佳图书出版单位
—北京—

图书在版编目（CIP）数据

"智造之都"台州市重点产业知识产权研究／台州学院知识产权学院组织编写. —北京：知识产权出版社，2022. 12

ISBN 978-7-5130-8542-7

Ⅰ. ①智… Ⅱ. ①台… Ⅲ. ①知识产权-研究-台州 Ⅳ. ①D927. 553. 340. 4

中国国家版本馆 CIP 数据核字（2023）第 000308 号

内容提要

本书基于"智造之都"台州市制造业的专利和商标数据，对台州市医药健康、缝制设备、高端模具、智能马桶、电子元器件等重点产业的知识产权状况，以及台州市制造业知识产权的发展趋势、产业与技术分布、创新主体、协同创新与运营、海外布局等方面进行系统分析，以期为台州市知识产权创新和保护、深入实施区域创新驱动发展战略和知识产权战略提供决策参考。

本书可供相关产业经济主管部门、企事业知识产权从业者等参考。

责任编辑：安耀东   责任印制：孙婷婷

"智造之都" 台州市重点产业知识产权研究

台州学院知识产权学院   组织编写

出版发行：知识产权出版社有限责任公司	网　址：http：//www. ipph. cn
电　话：010－82004826	http：//www. laichushu. com
社　址：北京市海淀区气象路 50 号院	邮　编：100081
责编电话：010－82000860 转 8534	责编邮箱：laichushu@ cnipr. com
发行电话：010－82000860 转 8101	发行传真：010－82000893
印　刷：北京中献拓方科技发展有限公司	经　销：新华书店、各大网上书店及相关专业书店
开　本：720mm×1000mm　1/16	印　张：18. 5
版　次：2022 年 12 月第 1 版	印　次：2022 年 12 月第 1 次印刷
字　数：306 千字	定　价：98. 00 元

ISBN 978-7-5130-8542-7

序　言

　　当今世界，知识产权日益成为体现国家或地区创新实力的重要指标，也成为国家或地区强化竞争优势的重要手段。世界知识产权组织于 2022 年 11 月发布的《世界知识产权指标》报告显示，截至 2021 年，全球有效专利数量约为 1650 万件，2021 年全球商标申请数量约为 1390 万件。日益增长的知识产权数据，既体现了全球对知识产权的重视程度，又为促进产业和区域技术进一步升级与创新提供了高价值的信息。如何深入研究知识产权信息的利用，充分挖掘知识产权信息在产业和地区发展中的作用，是在理论和实践层面都亟须突破的问题。

　　情报学是研究情报的产生、传递、利用规律的一门新兴学科。它可以帮助人们正确认识情报自身及其传播规律，充分利用信息技术和手段，提高情报产生、加工、储存、流通和利用的效率。将知识产权信息研究与情报学深度融合，无疑会促进信息研究的方法与模型构建、知识产权大数据的处理与应用、知识产权信息的管理与分析的全面进步，从而使知识产权信息发挥更重要的作用，产生更大的经济效益和社会效益。

　　专利和商标作为制造业中知识产权的主要类型，分别代表了创新能力和品牌建设能力。当前，在制造业向现代化、智能化、数字化转型的关键节点，基于情报学理论，以制造业专利和商标数据为基础，结合产业、市场、政策等大数据对其进行综合分析，可以为制造业的发展政策制定、相关地区的区域规划决策和产业创新发展提供必要的支撑。

本书以台州市制造业专利和商标数据为基础，采用了文献调研法、德尔菲调查法、时间序列分析法、社会网络分析法、聚类分析法、对比分析法、专利地图法等分析方法，重点对台州市医药健康、缝制设备、高端模具、智能马桶、电子元器件等产业的知识产权信息进行深入分析，从行业创新能力和品牌建设能力两个方面深入解构。本书深度融合知识产权情报分析理论与实践，从理论角度对分析目的和分析内容进行了阐述。希望并相信本书的出版，能够为台州市制造业的高质量发展提供决策支撑，同时为有关部门、创新主体、社会服务机构更加有效地利用知识产权信息提供有益的参考和借鉴。

华智数创（北京）科技发展有限公司总经理　张勇

2022 年 12 月

前　言

　　制造业是一个国家经济发展的基石，制造业的发达程度和技术水平已经成为衡量一国经济发展水平及综合国力的重要标志。制造业的核心竞争力在于先进技术的开发与应用，先进技术的研发离不开知识产权战略的实施运用。知识产权是保障创造力转化为生产力进而推动创新的有效工具。因此，国内制造业若要有长足发展，参与全球竞争，其转型升级首先就要从知识产权方面入手，科学合理地制定并实施知识产权战略，推动制造业走上传统产业转型、资源优化配置、无形财产增值、先进技术发展、创新能力提升的可持续发展道路。

　　浙江省台州市作为沿海开放前沿城市，是中国重要的工业生产出口基地、长三角地区先进制造业基地。台州市制造业基础扎实、门类齐全、配套完整，拥有35个工业行业大类，170多个工业行业中类。目前，台州市共拥有21个产值超百亿元的产业集群、68个国家级产业基地，形成了汽车、医药、缝制设备等一批在国内外具有较大影响力的主导产业。但是，综观台州市制造业的整体情况，在一定程度上存在"大而不强"的情况。当前，以知识产权战略助推制造业转型升级成为台州市制造业面临的首要问题。

现有的关于台州市区域知识产权的研究，以对专利进行研究分析为主，对商标尤其是专利与商标结合进行分析的研究较少，研究主要集中在二者相互关系分析、金融价值研究、侵权与保护等方面。本书以具体的专利和商标数据为依据，对专利和商标进行多角度分析。研究过程中，本书采用文献调研法、德尔菲调查法、时间序列分析法、社会网络分析法、聚类分析法、对比分析法、专利地图法等分析方法，对台州市制造业的知识产权信息进行了深入分析，直观、全面地呈现台州市制造业的知识产权现状。

本书以《台州市国民经济和社会发展第十四个五年规划和二〇三五年远景目标》为指导思想，围绕持续深化建设国家创新型城市、国家知识产权运营服务体系建设重点城市、培育现代产业新体系等社会发展要求，聚焦台州 "456" 先进产业集群，重点对台州市医药健康、缝制设备、高端模具、智能马桶、电子元器件等产业的知识产权发展趋势、产业与技术分布、创新主体、协同创新与运营等进行分析，以了解台州市制造业特点，积极探索知识产权赋能台州市制造业高质量发展方向，激发台州市制造业创新活力，实现台州市制造业产业转型升级，提高台州市制造业竞争力。

本书中专利、商标相关数据检索截至日为 2022 年 5 月 31 日（以下简称 "检索日"）。2022 年相关数据为截至检索日的数据，非全年数据；且由于专利、商标相关数据公开的延迟性，至检索日检索到的 2021 年的数据也不完全。故 2021 年、2022 年的相关数据会比实际数据小，但不影响本书的结论。

在本书研究和撰写过程中，景德镇陶瓷大学鄢春根教授、国家知识产权局专利局材料工程发明审查部二级审查员宋聪雨给予了精心指导；还得到鄢春根教授团队成员张俊发、王盛昭、周婧、付振康等大力支持与帮助，他们在本书的数据处理与分析、图表可视化、研究内容撰写和最后的修改与完善等方面都做了大量工作。景德镇陶瓷大学 2020 级图书情报专业硕士研究生在数据处理等方面也做了大量工作，在此一并表示衷心感谢。

由于专利和商标文献的数据采集范围和分析工具的限制，研究人员的水平存在一定局限性，本书还存在不足之处，欢迎读者斧正。

目 录

第 1 章

绪　论

　　习近平总书记深刻指出，抓创新就是抓发展，谋创新就是谋未来。❶ 进入新发展阶段，贯彻新发展理念、推进高质量发展的要求越来越刚性，土地、环境、能耗等方面的约束越来越严格。在这样的紧约束条件下，唯有抓住科技创新这个关键变量，走好创新驱动发展之路，才能高质量引领产业转型升级。中共台州市委紧密结合台州实际，在制定《台州市国民经济和社会发展第十四个五年规划和二〇三五年远景目标》（以下简称《台州市十四五规划》）的建议中指出：走好科技新长征，构建全域创新新生态，坚持创新在现代化建设全局中的核心地位，深入实施人才强市、创新强市首位战略，推动创城、产城、学城"三城融合"，建设面向未来发展、立足长三角、深度融入全球创新体系的产业创新高地。《台州市十四五规划》中指出："十四五"时期台州市要努力构建全域提升、全面融合、基础坚实的

<hr>

❶　习近平的两会关切事之"科技创新"篇［EB/OL］.（2022-03-01）［2022-12-05］. http://cpc.people.com.cn/n1/2022/0301/c164113-32362486.html.

"433" 台州特色质量发展体系，更加注重质量强市、标准强市、品牌强市的 "三强" 建设整体性和协调性，以台州制造、台州服务、台州工程、台州环境四大关键领域为突破口，聚力打造具有国际影响力的 "制造之都"，引领推动全领域全方位高质量发展。推动产业、企业、技术、人才和品牌集聚协同、融合发展，提升产业集群核心竞争优势。推动上下游产业链成为市场共同体，实施全流程数字化改造升级，提高产业链安全程度，加强产业链韧性，提升全市产业链供应链现代化水平，着力打造全国先进制造业集群发展示范区。但是，纵观台州市制造业的整体情况，和全国很多地区的情况基本一致，仍存在着制造业 "大而不强" 的情况。如何增强制造业的创新活力，推动产业升级和蝶变跃迁，成为台州市制造业迫切需要解决的问题，而提升制造业企业的知识产权能力是驱动创新和产业 "由大变强" 的关键。

本书以《台州市十四五规划》和《台州市临港产业带发展规划》为指导思想，根据持续深化建设国家创新型城市、国家知识产权运营服务体系建设重点城市、台州市 "五大产业城" 建设、培育现代产业新体系等社会发展要求，聚焦台州 "456"（指台州市产业发展计划：打造 4 个有国际影响力的产业集群，5 个国家级先进产业集群，6 个国内有影响力的产业集群）先进产业集群，围绕 "如何提升台州市制造业产业的知识产权能力，助推台州市制造业转型升级" 这一问题，重点对台州市医药健康、缝制设备、高端模具、智能马桶、电子元器件等产业的知识产权发展状况展开研究。基于专利和商标数据，结合区域政策和产业数据，通过多维度分析，了解台州市制造业特点，明晰产业发展现状、梳理产业发展方向，积极探索知识产权赋能台州市制造业高质量发展，促进区域自主创新和提升竞争实力，加强城市知识产权保护与利用，大力激发台州市制造业创新活力，实现台州市制造业产业转型升级，提高台州制造在国内外的竞争力，打造世界知名现代海洋城市、全球一流临港产业带。

在理论层面，本书具有以下两个方面的意义。第一，丰富和拓展了知识产权能力理论体系。本书围绕 "如何提升台州市制造业产业的知识产权能力，助推台州市制造业转型升级" 这一核心问题展开探讨，从台州市制造业产业入手，重点研究了台州市制造业产业的知识产权发展现状，探讨了制造业企业技术创新与知识产权能力的联动关系，进一步拓展了制造业技术创新和知识产权能力的研究领域，对丰富技术密集型产业知识产权能力研究体系具有一定的贡献。第二，揭示了制造业企业技术创新活动及品牌建设的内在运行机制。本书通过专利和商标双重视角，深入分析了台州市制造业企业的技术创新和品牌建设情况，进一步揭示企业技术创新和品牌建设之间的联动关系，进而揭示企业在技术创新活动和品牌建设过程中的内在运行机制。

在实践层面，本书具有以下两个方面的意义。第一，对于提升台州市制造业企业的技术创新能力和知识产权能力、激发创新活力以及提升整体竞争实力具有重要意义。本书从专利和商标视角，对台州市制造业的知识产权发展情况进行深入分析，明晰台州市制造业企业在技术创新、品牌建设等方面存在的问题和不足，梳理台州市制造业产业的发展方向，为台州市制造业的转型升级和高质量发展提供较为全面和系统的建议。第二，为政府决策和知识产权政策制定提供参考和可行的行动方案。本书通过深入分析台州市制造业的知识产权发展现状，发现台州市制造业产业发展的薄弱环节，为相关政府部门开展知识产权管理工作、制定产业发展规划以及落实创新驱动和高质量发展战略提供决策参考。

1.1　台州市制造业现状

1.1.1　台州市制造业基本情况

作为浙江省辖地级市，台州市是长江三角洲中心区 27 城之一，是国务院批复确定的浙江沿海的区域性中心城市和现代化港口城市。台州市地处浙江省沿海中部，辖 3 个区、3 个县，代管 3 个县级市。

台州市是中国重要的工业生产出口基地，长三角地区先进制造业基地。台州市是市场经济先发地之一，改革开放以来，台州市民营经济取得了不小的成绩。党的十一届三中全会以后，全国首家股份合作制企业温岭县牧屿公社牧南工艺美术厂诞生于台州，而如今台州市制造业成为颇具活力与韧性的"经济细胞"，台州市也成为东海之滨的"制造之都"。台州市制造业班底扎实，制造门类齐全、配套完整，拥有 35 个工业行业大类，170 多个工业行业中类；2004 年，台州市规模工业中重工业产值首次超过轻工业，如今重轻工业比例保持在 2∶1 左右。目前（截至 2022 年 5 月 31 日，余同），台州市共拥有 21 个产值超百亿元的产业集群、68 个国家级产业基地，

　　形成了汽车、医药、缝制设备等一批在国内外具有较大影响力的主导产业。截至 2021 年 7 月，台州市拥有制造业企业 7.5 万家，规模以上工业企业（年主营业务收入 2000 万元及以上）共 4646 家，其中 96.4% 的规模以上（以下简称"规上"）企业为民营企业。上市公司有 67 家，培育了杰克、华海、海正等一批国内外知名企业，伟星、万邦德、公元塑业、星星集团等 7 家企业入围 2020 年中国民营企业制造业 500 强；拥有制造业单项冠军 10 家、专精特新"小巨人" 32 家，细分市场占有率国内外第一的产品 299 个。

　　2017—2021 年，台州地区生产总值从 3875 亿元增加到 5786 亿元左右，年均增长 6.4%；城乡居民人均可支配收入分别达到 6.81 万元和 3.54 万元，年均增长率分别达到 7.6% 和 8.9%。2021 年 1—4 季度，台州市生产总值初核为 5786.19 亿元，增速 8.3%；其中第一产业生产总值 303.94 亿元，增速 2%；第二产业生产总值 2543.01 亿元，增速 9.3%；第三产业生产总值 2939.24 亿元，增速 8.1%。如图 1.1.1 所示，2021 年三次产业结构比为 5∶44∶51。❶

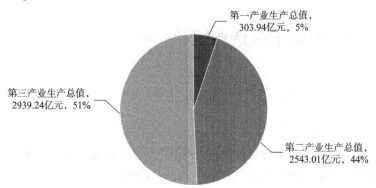

图 1.1.1　2021 年台州市各产业生产总值分布情况

　　台州市始终将先进制造作为立市之本、强市之基，充分发挥体制机制优势，紧紧围绕"制造之都"建设战略目标，聚焦新时代民营经济高质量发展再创民营经济新辉煌。❷ 不管是前几年的快速增长期，还是近几年受制

---

　　❶　台州市统计局国家统计局台州调查队.台州市 2021 年国民经济和社会发展统计公报[N].台州日报,2022-04-10(004).

　　❷　台州市经信局.台州:建设新时代民营经济高质量发展强市[J].经贸实践,2021(1):60-61.

造业转型及疫情冲击的调整期，台州市始终紧紧围绕"制造之都"建设战略目标，全力推动制造业高质量发展。

如图 1.1.2 所示，2020 年，全市实现工业增加值约 1901 亿元，按可比价格计算，比上年增长 2.5%。全市规上工业企业为 4426 家，实现工业增加值 1206.33 亿元，比上年增长 4.4%。❶ 2021 年，全市实现工业增加值约 2162 亿元，比上年增长 11.5%。全市规上工业企业 4692 家，全市规上工业增加值 1453.90 亿元，增长 12.4%。❷

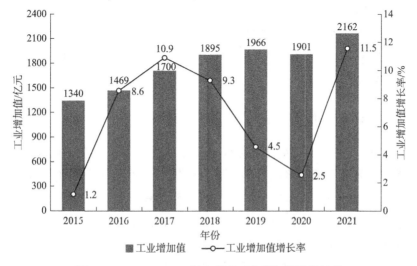

图 1.1.2　2015—2021 年台州市工业增加值及增长率

2022 年一季度，台州实现生产总值 1375.36 亿元，同比增长 5.8%。其中，第一产业增加值 47.67 亿元，同比增长 1.8%；第二产业增加值 574.63 亿元，同比增长 6.4%；第三产业增加值 753.06 亿元，同比增长 5.6%。在工业方面，全市规上工业增加值同比增长 8.4%。30 个规上制造行业中，有 26 个行业实现正增长，13 个行业实现两位数增长。在企业利润方面，受俄乌冲突影响，原材料、能源价格等持续上涨，国内一些地方疫情多点散发，

❶ 台州市统计局国家统计局台州调查队. 台州市 2020 年国民经济和社会发展统计公报［N］. 台州日报，2021-05-12（008）.

❷ 台州市统计局国家统计局台州调查队. 台州市 2021 年国民经济和社会发展统计公报［N］. 台州日报，2022-04-10（004）.

产业链、供应链受到一定冲击，企业利润空间被进一步挤压，全市规上工业企业利润总额同比下降 4.9%，相对处于承压状态。

目前，台州市经济发展呈现出新兴产业引领工业发展的态势。全市规上工业中，健康产业增加值同比增长 14.0%，高技术产业增加值增长 12.9%，战略性新兴产业增加值增长 12.4%，数字经济核心产业增加值增长 12.1%，时尚产业增加值增长 12.0%——这些新兴产业均呈两位数增长，增速均超规上工业增加值增速。重点工业企业支撑亦十分有力。2022 年 1—3 月，全市排名前 30 的制造业企业总产值同比增长 26.1%，高于规上工业总产值增速 7.8 个百分点，合计拉动规上工业总产值增长 4.6 个百分点。全市前 10 大行业中，有 9 个行业实现增长，合计拉动规上工业增加值增长 6.7 个百分点。

1.1.2 台州市制造业重点产业

近年来，台州市正大力培育汽车及零部件、通用航空、模具与塑料、医药医化、智能马桶、缝制设备、泵与电机等七大千亿元产业集群，在此基础上，重点推进了"456"先进产业集群培育，着力打造汽车、医药健康、智能缝制设备、高端模具等 4 个有国际影响力的产业集群，泵与电机、航空航天、智能家居、电子信息、高端装备等 5 个国家级先进产业集群，轨道交通、时尚休闲、新型橡塑、水暖阀门、新能源电动车、绿色化工等 6 个国内有影响力的产业集群。医药产业、汽车产业、装备制造（泵与电机）产业入选国家新型工业化产业示范基地。根据台州市经信局相关数据显示，2020 年，全市"456"先进产业实现规上产值 3345.76 亿元，总量占全部规上产值的 63.5%。如表 1.1.1 所示，2021 年 1—6 月，全市"456"产业实现规上产值 1534.9 亿元，同比增长 26.6%，有力推动全市工业经济增长。其中，智能缝制设备（同比增长 97.8%）、高端装备（同比增长 53.3%）、泵与电机（同比增长 46.7%）、智能家居（同比增长 39.0%）、电子信息（同比增长 37.9%）、新型橡塑（同比增长 35.0%）等产业规上产值继续保持高速增长，对全市拉动作用明显；但汽车（同比增长 16.6%）、医药健康（同比增长 7.4%）、高端模具（同比增长 1.7%）增速低于平均增速，产业

增长开始出现分化。❶

表 1.1.1　2021 年 1—3 月、1—6 月部分 "456" 产业产值及增速

产业名称	1—3 月		1—6 月	
	产值/亿元	增速/%	产值/亿元	增速/%
汽车	198.00	36.4	387.83	16.6
医药健康	94.45	28.5	213.13	7.4
智能缝制设备	21.20	73.8	47.62	97.8
高端模具	19.95	22.0	41.64	1.7
泵与电机	110.59	59.7	254.46	46.7
智能家居	10.77	54.2	24.99	39.0
电子信息	70.10	48.4	152.77	37.9
高端装备	53.80	81.0	118.32	53.3
新型橡塑	117.35	44.9	257.56	35.0

　　台州市工业生产平稳回升，2022 年一季度，全市工业增加值同比增长 7.1%，较去年第四季度增速回升了 2.6 个百分点，其中重点产业明显回升。从全市前十大行业来看，医药制造业、汽车制造业两大重点产业一季度规上产值呈现快速回升态势，分别增长了 26.9% 和 13.1%，较去年全年增速回升了 23.1 个和 14.6 个百分点；铁路和其他运输设备制造业（同比增长 42.7%）、电气机械制造业（同比增长 26.4%）、金属制品业（同比增长 19.5%）继续保持快速增长态势，均高于规上平均增速（同比增长 8.4%）。❷台州市制造业要做大做强，就势必走向集群化发展。台州市目前正全力培育现代产业体系，以数字经济 "一号工程" 为引领，壮大汽车、医药、模具与塑料、泵与电机、缝制设备、智能马桶、航空产业等七大千亿元产业，培育新材料、新能源、节能环保等三大未来产业，提升现代金融、现代物流、健康休闲、高技术服务等四大现代服务业。台州市以医药

　　❶　台州市经信局.2021 年上半年全市工业经济运行形势分析 [EB/OL]. (2021-07-29) [2023-01-15]. http://jxj.zjtz.gov.cn/art/2021/7/29/art_1229568758_3739834.html.
　　❷　台州市经信局.2022 年一季度全市工业经济运行情况 [EB/OL]. (2022-05-11) [2023-01-15]. http://jxj.zjtz.gov.cn/art/2022/5/11/art_1229568758_3794480.html.

健康、缝制设备、高端模具、智能马桶、电子信息制造等为代表的产业正集群化发展，逐渐成为台州制造业最大的亮点和特色。

（1）医药健康产业。医药健康产业作为朝阳产业，是关系老百姓健康和社会稳定的特殊产业。根据发达国家产业发展经验，工业化中后期医药产业是高成长产业。在我国医药界，未来 10 年被认为是医药产业的黄金发展期和战略机遇期。医药产业是台州市经济发展的主导和支柱产业，起步早、门类全、基础实，之前也是台州市"十三五"时期重点培育的七大千亿元级产业集群之一，台州医药产业已逐步形成一定规模的集聚优势。其中，化学原料药出口占浙江省的 1/3、全国的 1/10，是浙江省规模最大的医药集聚区。经过近 60 年的发展，台州市产业基础雄厚，市场影响大，不仅在浙江省乃至全国都占有举足轻重的地位，在国际上也有一定的影响力和竞争力。目前，台州市已初步形成了以医药医疗产业为主导，养生养老、健体康体为补充的大健康产业体系，正致力于打造世界级的高端医药产业制造中心。台州市形成了以海正药业为代表的椒江区块、天宇药业为代表的黄岩区块、华海药业为代表的临海区块、仙琚制药为代表的仙居区块、圣达药业为代表的天台三门区块五大主要产业区块。2021 年台州市医药及医疗器械上市公司业绩整体稳中向好，盈利企业占比 100%，六成以上企业实现利润增长。16 家台州医药及医疗器械上市公司的归母净利润均为正数，其中，九洲药业表现亮眼，2021 年实现归母净利润 6.34 亿元，同比增长66.56%。此外，仙琚制药、华海药业分别以净利润 6.16 亿元、4.88 亿元，位居该板块盈利榜第二名、第三名。

（2）缝制设备产业。台州市缝制机械行业起步于 20 世纪 80 年代，凭借民营企业的机制优势和准确的市场定位，在以杰克、中捷、飞跃、美机、宝石、川田等为代表的一批大中型骨干企业的带动下，经过多年发展投入和不断壮大，形成了机壳铸造、热处理、零件粗精加工、整机装配、产品包装及运输等相对完整的缝制机械产业链，建立了覆盖家用机、工业机、服装机械、刺绣机械、电控系统以及各类零部件等相对健全的产品链，常规工业机（平、包、绷、钉扣、曲折缝、暗缝、多针机等）、电控系统、裁剪机、吊挂系统的产量均排名全行业之首。台州市作为全球最大的缝制设备生产和出口基地，已形成相对完整的产业链。缝制设备年销售量约占全国 70% 以上的市场份额，在国际市场上也占有相当大的份额。2019 年全市行业总产值超过 200 亿元，全国缝制设备产业十强台州占六席，目标是到 2030 年打造成为世界一流的缝制设备智能制造服务中心。

（3）高端模具产业。模具是工业的基础和先导，任何工业产品的开发都离不开模具。台州市是全国最大的塑料模具生产基地，台州市黄岩区享有"中国模具之乡"的美誉，拥有国内功能最齐全、专业化程度最高、配套体系最完善的模具产业体系和全国最大的模具生产资料市场，现有精诚模具、赛豪等一批全国知名企业。2021 年，精诚模具获得"中国质量奖提名奖"。精诚模具规模不大，20 多年专注挤出模具这一领域，打破国外技术垄断，跻身细分市场世界前三。2020 年，精诚模具生产了国内 80% 以上高端熔喷布模头、60% 以上防护服面料模头，主导制定了《熔喷非织造布模头》国家标准、《挤出平模头》"浙江制造"团体标准。目前全市行业总产值超过 200 亿元，目标是打造国内国际领先的模具产业集聚区。

（4）智能马桶产业。台州作为智能马桶盖主产地，近年来销量大增。2020 年智能马桶产业规上企业数量达到 8 家，浙江维卫电子洁具有限公司、浙江星星便洁宝有限公司、浙江特洁尔智能洁具有限公司、浙江摩尔舒卫生设备有限公司、浙江怡和卫浴有限公司、欧路莎股份有限公司、西马智能科技有限公司、浙江涂涂智能卫浴科技有限公司上榜。2019 年、2020 年智能马桶国家抽检合格率达到 100%，行业产值也由 2015 年的 20 亿元增加到 2020 年的 75 亿元。2021 年台州市智能马桶主要产能相比 2020 年增加 200 万台。

（5）电子信息制造产业。台州市电子信息制造业正以较快的速度发展，形成了以电子元器件等为代表的特色产业集群，逐步成为新的经济增长亮点。2021 年以来，台州市全面实施"456"先进产业集群培育工程，打造国家级电子信息先进产业集群和电子信息示范产业链。永贵电器入围中国电子元件百强企业，星星科技等 5 家企业列入全国电子信息行业优秀企业，水晶光电等 6 家企业列入省电子信息产业百家重点企业。台州市电子信息制造业领域拥有规上企业 177 家，在光电子元器件、电机制造、电线电缆、工业控制等领域形成一定特色优势。台州市拥有全球最大的精密光电薄膜元器件生产基地、全球最大镀膜基地、全省唯一的超高清及新型显示产业发展基地，光电产业规上年产值约 128 亿元，规上企业有 36 家，"光电材料—元器件—模组—终端"的产业链条正不断完善。

1.1.3 知识产权相关政策

"十三五"以来,台州市坚决贯彻浙江省委省政府关于强化知识产权保护、加快知识产权强省建设的决策部署,聚焦"创新台州"建设,知识产权政策管理体系更加完善,出台了一系列政策(如表 1.1.2 所示),台州市知识产权发展制度体系基本形成。

表 1.1.2 台州市近年来颁布的知识产权相关政策

年份	颁布单位	政策名称	政策目的
2017	台州市人民政府办公室	《关于加快推进全市专利权质押融资工作的若干意见》	推动台州市专利权质押融资工作向纵深发展,加快实现专利权的市场价值,不断促进知识产权资源向生产要素转化,有效推动科技与金融深度结合,促进台州市产业转型升级
2018	台州市人民政府办公室	《关于进一步推进商标专用权质押贷款工作的若干意见》	推进商标专用权质押贷款工作,支持具有品牌优势的企业拓宽融资渠道、有效盘活企业商标无形资产,推动企业转型升级,促进台州市经济的高质量可持续发展
2019	台州市人民政府办公室	《台州市知识产权运营服务体系建设实施方案》	加快构建知识产权运营服务体系,促进知识产权与创新资源、金融资本、产业发展有效融合,充分释放知识产权综合运用效应
2020	台州市人民政府办公室	《台州市关于加大研发投入激发科技创新活力的实施办法》	为补齐台州市科研短板,激励各社会主体切实加大研发投入,激发科技创新活力,为新时代民营经济高质量发展强市建设提供有力的科技创新支撑
2020	中共台州市委办公室、台州市人民政府办公室	《关于全面强化知识产权工作的实施意见》	聚焦"创新台州"建设,构建严格的知识产权保护体系、"产学研金介政"相结合的知识产权创造和运用体系、便利高效的知识产权服务支撑体系,提升知识产权治理能力,助推民营经济高质量发展强市建设

续表

年份	颁布单位	政策名称	政策目的
2021	台州市发改委、台州市市场监督管理局	《台州市知识产权发展"十四五"规划》	围绕知识产权全链条发展，持续推进知识产权体制机制创新，全方位打造高质量的知识产权创造体系、高效益的知识产权运用体系、严格的知识产权保护体系、便利高效的知识产权服务支撑体系，构建"产学研用金、才政介美云"十联动知识产权生态体系，争创国家知识产权示范城市

1.2　研究内容与方法

1.2.1　研究内容

（1）台州市制造业及重点产业专利分析研究。

台州市制造业产业目前已经取得了一定的成绩，但是面临我国经济高质量发展的新阶段，台州市制造业产业的技术升级也存在一定困难和挑战。为了解台州市制造业产业技术创新的现状，深入挖掘和分析制造业产业在发展过程中存在的问题和不足，本书基于专利视角，选取台州市制造业整体及其重点支柱产业进行研究，梳理台州市制造业产业在技术创新和产业升级过程中存在的问题，为台州市制造业产业转型升级、实现高质量发展提供决策建议。

为了解台州市制造业产业的技术创新现状，本书基于专利视角，根据不同类型专利的申请趋势，分析台州市制造业及重点产业各类型专利申请趋势变化。此外，为了解不同县（市、区）区域的产业发展和技术创新情况，本书也对不同区域的专利布局情况进行了深入分析，从而挖掘台州市制造业产业当中不同产业集群的发展和分布情况。

重点技术和关键核心技术作为制造业产业健康、可持续发展的基石，一直以来备受重视。重点技术和关键核心技术的研发是制造业产业转型升级的重中之重。为探究台州市制造业产业的技术创新重点，明确制造业产业发展过程中的关键技术和热点技术，为台州市制造业产业的发展指明方向，本书聚焦重点产业，通过国际专利分类号（International Patent Classification，IPC）或国民经济行业分类号深入分析挖掘台州市重点产业的技术热点，为重点产业的发展提供相应路径。

企业、高校和科研院所作为技术创新的主体，其技术创新效率、协同创新程度、技术产业化和技术商业化水平直接影响产业的发展和走向。为明确台州市制造业重点产业中相关创新主体的技术创新和技术产业化情况，本书进一步研究了台州市重点行业专利的创新主体区域分布、申请人类型数量、前十企业创新集中度等，并对专利申请量排名前 10 的主要创新主体的专利申请情况展开研究，利用国际专利分类号分析重点企业的专利布局；通过专利申请人的专利合作申请情况、专利运营情况，分析台州市代表性行业的本地协同创新以及与外地的协同创新情况。

（2）台州市制造业及重点产业商标分析。

作为知识产权重要的类型之一，商标的申请与布局从一定程度上反映出企业品牌发展的现状。作为企业的"名片"，商标承载着产品与服务，直接面对消费者，与企业的商誉、形象等紧密相关。企业商标保护意识的萌芽自企业字号开始，企业的第一个商标申请多源于企业字号的关键词。随着企业技术创新的发展，当企业的规模达到一定程度，商标逐渐出现品牌化趋势时，商标申请策略也便从企业名称的保护演变为联合商标与防御商标的布局。本书针对台州市制造业及重点产业的商标情况，从商标类型、产品服务、区域申请、重点企业商标布局等角度进行数据分析，为企业商标保护提供参考。

在台州市制造业商标分析部分，本书着重从商标类型、申请趋势、尼斯分类、法律状态、商标运营和申请人构成等角度进行数据检索与分析。对商标类型的选择，尤其是对商标形态即文字商标、图形商标、文字图形组合商标的数据分析，一方面反映出企业在进行商标申请时的选择倾向，另一方面也为企业的联合布局提供参考。对商标申请的趋势，结合商标申请量的变化与同期商标申请主体数量的变化进行深入分析，了解台州市制造业的发展情况及政策对产业发展的影响。尼斯分类号的选择，直接反映出台州市制造业及重点产业的主要产品类型，结合专利技术研发可深入了解台州市特定产业上下游产业链的发展情况。注册商标的法律状态数据，从侧面反映出台州市制造业品牌维护及管理现状。商标运营的数据，即商标转让、许可和质押的数据，在一定程度上反映出台州市制造业商标价值的高低及企业品牌运营的活跃程度。必须指出的是，由于商标许可生效并不以登记为必要条件，因此本书中所提及的商标许可数据仅指已登记备案的商标许可数据。商标申请人的构成数据，间接反映出台州市制造业各市场主体的活跃程度，以及品牌保护意识水平。

在台州市重点产业商标分析部分，从注册商标类型角度，了解该产业普通商标、集体商标和证明商标情况以及商标形态的选择倾向，了解该产业行业协会等社会主体在产业品牌布局及保护方面发挥的作用；从注册商标的申请趋势角度，了解该产业所属领域发展与品牌战略及品牌保护之间的关系；从注册商标所属主要产品角度，了解该产业重点发展方向；从注册商标申请区域角度，了解区域产业集群与品牌保护与布局情况；从商标运营角度，了解该产业商标运营的活跃程度；参照企业影响力、知识产权基本情况、企业规模等要素，分别在医药健康、缝制设备、高端模具、智能马桶、电子元器件等重点产业中选取五家重点企业，了解这些重点企业商标布局的主要布局思路与布局路径，总结分析商标布局模式，为该产业其他中小企业开展商标申请提供思路与方法。

1.2.2 研究方法

本书的知识产权分析主要以 incoPat 科技创新情报平台中的专利文献数据以及 Patviewer 知识产权搜索引擎中的商标文献数据为依托，结合台州市制造业企业经济、行业政策等相关数据，采用文献调研法、德尔菲调查法、时间序列分析法、社交网络分析法、聚类分析法、可视化分析法、对比分析法等定量和定性的方法，对台州市制造业知识产权进行分析。

（1）文献调研法。它是围绕研究项目及课题的需要而有目的有计划地查阅文献情报资料的一种科学研究方法。它是完成科研任务采用的一种基本方法。本书对大量的政策文献、科技文献和专利文献进行调研分析，通过对不同文献的深入挖掘和调研，挖掘相关信息和本书研究结果的关联性，从而通过多种文献资料交叉验证的方式保证本书分析结果的客观性和准确性。

（2）德尔菲法。它以专家的知识与经验为基础，对分析对象进行多次调查与反馈，以使专家思想达到统一为最终目标。为了解台州市制造业的整体发展历程和现状，通过实地调研和走访、专家座谈等方式，了解台州市制造业的整体发展情况。此外，在研究过程中笔者也将本书的分析结果与专家进行多次探讨和交流，最终整合专家的意见，进一步完善本书的分析结果，保证本书研究结果和结论的准确性、可靠性。

（3）时间序列分析法。其通过对历史数据变化进行分析，描述技术发展的全过程并对未来发展进行预测。本书采用时间序列分析的方法，对台州市制造业的专利和商标每年的专利申请数量进行分析，进而深入分析台州市制造业每年的创新产出情况。

（4）社会网络分析法。社会网络可视化的一个特性是能够将人与人之间的联系空间化，它可将抽象的社会网络转换为实际可见的关系图。对于关联关系复杂的申请人，使用社会网络可视化的方式，能够清晰地看出申请人之间的合作关系。近年来，随着可视化技术的发展，专利分析也引入了社会网络可视化的方法。本书采用社会网络分析法分别对台州市制造业重点产业的合作专利申请和专利转化情况进行分析，探究台州市制造业企业的产学研协同创新和成果转化态势。

（5）聚类分析法。其以对象的测量或计量数据为基础，通过各种数学运算把相近或相似的信息进行聚类，从而达到简化分析对象的目的。本书聚焦重点产业和重点企业，通过国际专利分类号或国民经济行业分类号等角度分析台州市代表性行业的技术热点，进而深入探究近年来台州市制造业重点产业的技术发展方向。

（6）可视化分析法。采用专利可视化工具对台州制造业的专利信息及商标文献进行处理，再进行可视化表达，对得到的可视化图表进行分析。由于本书涉及的信息比较分散、数据结构有可能不统一，而且通常以人工分析为主，加上分析过程的非结构性和不确定性，通过传统方式很难清楚、直观地表示出数据所体现的真正含义，故本书采用可视化分析方法，将原始数据转换为图表形式，便于深入挖掘数据内部的关联，使分析结果更为客观、准确。

（7）对比分析法。它是将客观事物加以比较，以达到认识事物的本质和规律，并做出正确的评价的分析方法。通过对比分析法分析不同主体的相关数量及趋势的变化，得到相关结论。

第 2 章

台州市制造业知识产权分析

　　知识产权，是人们依法对自己的特定智力成果、商誉和其他特定相关客体等享有的权利。[1] 法律之所以要将原本自由的信息转变为属于创造者的财产，是出于推动科技发展、社会进步和保护某些特定利益的公共政策的需要。[2] 最主要的三种知识产权是专利权、商标权和著作权。其中，专利权与商标权也统称为"工业产权"，与制造业息息相关，可以充分体现制造业的创新水平，同时也是保障企业创造力转化为生产力，进而推动企业创新的有效工具。数据显示，在制造业领域，我国企业的专利布局有待进一步优化，有的技术对外依存度较高，同时制造业领域专利侵权和假冒商标等行为时有发生，如何进一步提升知识产权保护水平仍是当下的热点问题。

---

　　[1]　王迁.知识产权法教程[M].7版.北京:中国人民大学出版社,2021:3.

　　[2]　中国法学会"法治百科"项目领导小组办公室.知识产权(法治概念)[EB/OL].(2022-08-12)[2023-01-15].https://baike.baidu.com/item/%E7%9A%5E8%AF%86%E4%BA%A7%E6%9D%83/85044?fr=aladdin#reference-[2]-11191707-wrap.

面对当前复杂多变的全球市场竞争环境，提升企业特别是制造业企业对自我知识产权的认知程度和运营能力，增强企业保护知识产权的意识和能力，显得尤为重要。

台州市作为中国重要的工业生产出口基地、长三角地区先进制造业基地，正努力建设具有国际影响力的"制造之都"。在国家建设世界知识产权强国、浙江省建设知识产权强国建设先行省的大背景下，推动台州市制造业知识产权发展已刻不容缓。这关系到台州市制造业能否保持源源不断的创造力，关系到台州市制造业能否在残酷的国际竞争中占据优势地位。

本章通过反映制造业知识产权主要特征的专利与商标两个视角对台州市制造业知识产权情况进行分析研究，深入挖掘台州市制造业专利和商标信息，全面了解台州市制造业专利和商标情况，为台州市制造业高质量发展及其专利和商标科学布局提供数据支撑。

2.1　台州市制造业专利分析

以下从台州市制造业的专利申请趋势、专利申请类型、专利产业与技术分布、战略性新兴产业中的专利分布、创新主体、协同创新与专利运营、区域分布、海外专利布局等角度进行分析，揭示台州市制造业专利申请的整体态势。

2.1.1　专利申请趋势分析

申请趋势分析是指对申请量随时间变化趋势的分析，通常以申请量年度分布的形式呈现，以便了解增长速度的快慢，判断当前申请量与既往申请量相比的高低，从而将专利技术数量的变化趋势划分为低速或高速增长、低速或高速下跌、低水平或高水平的平稳发展等不同情况，进而根据经济学模型，将所研究领域的技术发展划分成不同的时期，判断当前所处时期，并就不同时期专利申请的数量和变化趋势进行描述，反映创新发展历程。

截至检索日，台州市制造业共申请相关专利 330 592 件，1985—2021 年专利申请趋势如图 2.1.1 所示。由图 2.1.1 可知，台州市制造业专利申请趋势大体可分为 3 个阶段：1985—1999 年为缓慢发展期，2000—2013 年为快速发展期，2014—2021 年为持续发展期。

（1）缓慢发展期（1985—1999 年）。

我国于 1985 年 4 月 1 日正式实施《中华人民共和国专利法》（以下简称《专利法》），同年，卢才美申请了台州市第一件申请号为 CN85102195.6 的制造业专利。由于《专利法》刚刚实施，专利制度普及程度较低，专利申请意识薄弱，同时台州市制造业处于初始阶段，创新能力较弱，因此这一阶段专利申请数量较少，增长速度也比较缓慢。

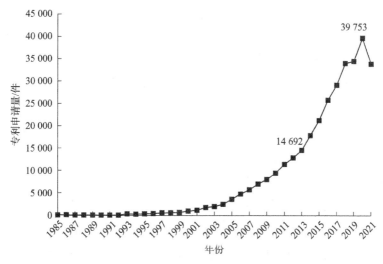

图 2.1.1　台州市制造业专利申请趋势

（2）快速发展期（2000—2013 年）。

2000—2013 年，随着台州市制造业创新积极性的提升，创新能力也在提升，专利技术保护逐渐得到重视，以及高端装备制造产业、模具产业、生物医药产业、汽车产业等的蓬勃发展，台州市制造业专利的年申请量开始持续上升，申请量从 2000 年的不到 1000 件上升到 2013 年的 14 692 件。

（3）持续发展期（2014—2021 年）。

从 2014 年开始，台州市制造业专利申请量呈现急速增长的态势，并在 2020 年达到顶峰。由于专利从申请到公开需要一定的时间，2021 年申请量呈现下降趋势。2014—2021 年是持续发展期，一方面是由于台州市人民政府对知识产权的重视程度越来越高，如 2013 年台州市科学技术局把授权的发明专利（实施并取得明显经济、社会效益的）作为台州市科学技术进步奖的申报条件之一；2016 年台州市为维护企业技术创新积极性，保护知识产权，决定进一步加大专利行政执法力度，有效净化专利市场环境，全面提升专利行政执法水平；2021年台州市政府印发的《2021年市政府重点工作任务分工方案》提出，争创国家知识产权示范城市，强化知识产权全链条保护。另一方面，由于创新主体迅速崛起，台州市制造业积极向规模化、产业化发展，采用专利对技术进行保护的意识已经建立。

2.1.2　专利申请类型分析

根据《专利法》，发明创造是指发明、实用新型和外观设计。发明，是指对产品、方法或者其改进所提出的新的技术方案。实用新型，是指对产品的形状、构造或者其结合所提出的适于实用的新的技术方案。外观设计，是指对产品的整体或者局部的形状、图案或者其结合以及色彩与形状、图案的结合所做出的富有美感并适于工业应用的新设计。在审查流程方面，发明专利采用初步审查加实质审查的模式，对专利的授权条件提出了更高的要求，特别是对于专利的创造性要求较高，要求"与现有技术相比，该发明具有突出的实质性特点和显著的进步"。因此，一般来说，其审查周期也长于另外两种类型的专利（快速预审和加快审查通道的案件除外），但是通过实质审查的发明专利申请，其专利权稳定性也会更高。而实用新型和外观设计专利则采用初步审查制度，其中对创造性的要求相对较低，要求与现有技术相比，"实用新型具有实质性特点和进步"，"外观设计与现有设计或者现有设计特征的组合相比，应该具有明显区别"。由于只经过初步审查，这两种类型专利的审查周期相对较短。申请人可以依据申请的技术方案的客体类型、技术方案创造性的高低和对于审查周期的要求等多方面因素结合考虑，选择适当的专利类型进行申请。

根据incoPat数据库，截至检索日，台州市制造业相关专利共申请330 592件。其中，发明专利共申请59 766件，占所有专利申请的18.08%；实用新型专利共申请138 754件，占所有专利申请的41.97%；外观设计专利共申请132 072件，占所有专利申请的39.95%（如图2.1.2所示）。

台州市制造业专利申请中，实用新型专利与外观设计专利申请量占比较高，这一特点与台州市制造业行业整体发展的特性相关。首先，台州市制造业中，如缝制设备、医疗器械、高端模具、智能马桶等重点产业，多涉及设备或产品的形状、构造或者其结合的改进。作为工业品的终端产品，也会有一些针对其形状、图案或其结合，以及色彩与形状、图案的结合所做出的富有美感并适于工业应用的新设计。这些属于实用新型和外观设计专利的保护客体。其次，一方面，发明专利授权条件中对技术方案的创造性要求更高，要求与现有技术相比具有突出的实质性特点和显著的进步，而很多设备或产品只涉及一些比较细微的改进，创造性高度不符合发明专利要求；在既能申请发明又能申请实用新型的情况下，由于实用新型审查周期较短，能更快获得授权，因此部分申请人也会优先选择申请实用新型专利。最后，台州市制造业外观设计多涉及制造业产品成件或其零部件的设计，如塑料模具及相关塑料制品、电动车或摩托车相关配件、收纳盒或垃圾桶等生活用品、家具、缝纫机、智能马桶等卫浴产品等。

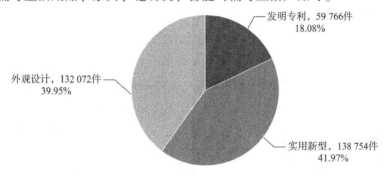

图 2.1.2　台州市制造业各类型专利申请情况

如表 2.1.1 所示，截至检索日，台州市制造业授权专利共 295 947 件，当前有效专利共 147 900 件，当前有效专利占比为 49.98%。其中发明专利共授权 25 121 件，当前有效专利共 16 441 件，当前有效量占比 65.45%；实用新型专利共授权 138 754 件专利，当前有效专利共 74 897 件，当前有效量占比 53.98%；外观设计专利共授权 132 072 件，当前有效专利共 56 562 件，当前有效量占比 42.83%。整体来看台州市专利有效性较高，尤其是发明专利有效量占比达到了 65.45%，这是由于一方面授权的发明专利多集中于近十年，另一方面，由于发明专利对技术内容创造性要求较高，相较于实用新型和外观，多为申请人重视的核心技术，研发投入也更高，相关申请人更为重视此类技术的保护，因此有效性的维持概率也更高。

表 2.1.1　台州市制造业各类型专利授权有效情况

专利类型	专利授权量/件	当前有效量/件	当前有效量占比/%
发明专利	25 121	16 441	65.45
实用新型	138 754	74 897	53.98
外观设计	132 072	56 562	42.83
总计	295 947	147 900	49.98

2.1.3　专利产业与技术分布分析

专利产业与技术分布分析主要分析某一技术领域/国家或地区/申请人在各细分技术分支中的专利数量情况。进行专利产业与技术分布分析首先要做的是对专利进行技术角度的分类，既可以从分类号角度（如国民经济行业分类号、国际专利分类号等）进行分类，也可以从功能、结构、材料等角度做技术分解，以此来评估分析对象的专利技术集中度。

《国民经济行业分类》（GB/T 4754—2017）是中华人民共和国国家标准，规定了全社会经济活动的分类和代码。分类共分为门类、大类、中类和小类四个层次，共包含门类 20 个、大类 97 个、中类 473 个和小类 1380 个。现行《国民经济行业分类》为健全国家统计标准体系、观察新经济活动提供了分类标准，使各项普查、常规统计调查、专项统计调查的调查范围和对象更加规范、准确。

通过对台州市制造业专利进行国民经济行业分类统计分析，可以准确地揭示台州市专利申请涉及的主要行业和专利布局情况。由表 2.1.2 可见，台州市制造业专利申请涉及产业经济排名前 10 的分别是 C34（通用设备制造业）、C43（金属制品、机械和设备修理业）、C40（仪器仪表制造业）、C33（金属制品业）、C35（专用设备制造业）、C30（非金属矿物制品业）、C29（橡胶和塑料制品业）、C38（电气机械和器材制造业）、O81（机动车、电子产品和日用产品修理业）、C20（木材加工和木、竹、藤、棕、草制品业）。其中，C34（通用设备制造业）的专利申请为 122 272 件，主要涉及的重点产业为泵与电机、汽车、高端模具，占国民经济行业分类前 10 申请总量的 15.75%，位居第一。通用设备制造业是指使用于 1 个以上行业的设备制造，所以相关产业涉及的专利申请量较高。排名第二的是 C43（金属制

品、机械和设备修理业），专利数为 118 198 件，占前 10 申请总量的
15. 22%，主要涉及的重点产业为泵与电机、汽车、高端模具。排名第三的
是 C40（仪器仪表制造业），专利数为 111 669 件，占前 10 申请总量的
14. 38%，主要涉及的重点产业为高端模具、电子元器件、汽车。

表 2.1.2　台州市专利申请涉及的主要行业和专利布局情况

序号	国民经济行业分类号（大类）	台州市主要涉及的重点产业	专利数量/件	专利数量占前 10 的比/%	国民经济行业分类号（大类）含义
1	C34	泵与电机、汽车、高端模具	122 272	15.75	通用设备制造业
2	C43	汽车、高端模具、泵与电机	118 198	15.22	金属制品、机械和设备修理业
3	C40	高端模具、电子元器件、汽车	111 669	14.38	仪器仪表制造业
4	C33	缝制设备、智能马桶、智能家具	80 656	10.39	金属制品业
5	C35	高端模具、缝制设备、医药健康	76 295	9.83	专用设备制造业
6	C30	智能马桶、缝制设备、智能家具	68 834	8.87	非金属矿物制品业
7	C29	新型橡塑、智能家具、泵与电机	58 951	7.59	橡胶和塑料制品业
8	C38	汽车、电子元器件、泵与电机	52 015	6.70	电气机械和器材制造业
9	O81	高端装备、缝制设备、汽车	45 901	5.91	机动车、电子产品和日用产品修理业
10	C20	无	41 643	5.36	木材加工和木、竹、藤、棕、草制品业

由于很多专利涉及交叉领域，或者其技术涉及不同的技术领域，因此
一件专利拥有多个国民经济行业分类号，如高端模具相关专利同时涉及

C34（通用设备制造业）、C40（仪器仪表制造业）、C35（专用设备制造业）等多个产业。因此，表中各国民经济行业分类号占专利总量之和大于台州市制造业专利总量。

《国际专利分类表》（IPC 分类）是根据 1971 年签订的《国际专利分类斯特拉斯堡协定》编制的。它提供了一种由独立于语言的符号构成的等级体系，用于按所属不同技术领域对专利和实用新型进行分类，是目前唯一国际通用的专利文献分类和检索工具。

通过对台州市制造业专利进行主分类号（IPC）统计分析，可以准确地揭示台州市专利申请涉及的主要技术和专利布局情况。由表 2.1.3 可知，专利申请的热点集中在 B29（塑料的加工；一般处于塑性状态物质的加工）。其中，B29C45（注射成型，即迫使所需成型材料容量通过注口进入闭合的模型；所用的设备）的专利申请量为 4411 件，以占前 10 申请总量 28.80% 的明显优势位居第一；B29C49（吹塑法，即在模型内将预型件或型坯吹成要求的形状；所用的设备）的专利申请量为 1235 件，以占前 10 申请总量的 8.06%，排名第四。可见，台州市制造业专利申请的主要技术领域还是塑料的加工研究为主，这与台州市重点推进的 "456" 先进产业集群中高端模具产业的高速发展有关，并且模具是工业的基础和先导，任何工业产品的开发都离不开模具，台州市也是全国最大的塑料模具生产基地。

表 2.1.3　台州市制造业专利热点及所属 IPC 情况

序号	IPC（大组）	专利数量/件	专利数量占比/%	IPC（大组）含义
1	B29C45	4411	28.8	注射成型，即迫使所需成型材料容量通过注口进入闭合的模型；所用的设备
2	F04D29	1978	12.91	零件、部件或附件
3	H02K5	1295	8.45	机壳；外罩；支承物
4	B29C49	1235	8.06	吹塑法，即在模型内将预型件或型坯吹成要求的形状；所用的设备
5	F04D13	1188	7.76	泵送装置或系统

续表

序号	IPC（大组）	专利数量/件	专利数量占比/%	IPC（大组）含义
6	F16K11	1074	7.01	多通阀，如混合阀；装有这种阀的管件；阀和专门适用于混合流体的流送管配置
7	B60N2	1063	6.94	专门适用于车辆的座椅；车辆上座椅的布置或安装
8	B23P19	1051	6.86	用于把金属零件或制品或金属零件与非金属零件的简单装配或拆卸的机械，不论是否有变形；其所用的但不包含在其他小类的工具或设备
9	B65G47	1045	6.82	与输送机有关的物件或物料搬运装置；使用这些装置的方法
10	B23Q3	978	6.38	工件或刀具的夹固、支承、定位装置，一般可从机床上拆下的

此外，台州市制造业专利申请的主要技术领域还涉及液体变容式机械、液体泵或弹性流体泵，主要集中在 F04D（F04D29 和 F04D13），专利申请量共 3166 件，占比 20.67%。其中，F04D29（零件、部件或附件）的专利申请量为 1978 件，占前 10 申请总量的 12.91%，排名第二；F04D13（泵送装置或系统）的专利申请量为 1188 件，占前 10 申请总量的 7.76%，排名第五。分析其原因，台州是泵与电机"国字号"生产基地和出口基地，小型水泵产量居全球首位。同时，台州已经逐渐成为泵与电机产业重要零部件生产基地，是全国甚至全球的定转子高速冲生产中心、机器绕嵌线加工中心、机壳加工中心、转子加工中心等。

2.1.4　战略性新兴产业中的专利分布分析

战略性新兴产业是引领国家未来发展的重要力量，是重大突破性技术的主要载体，也是促进新旧动能接续转换的关键所在。❶ 战略性新兴产业包

---

❶　做大做强战略性新兴产业［EB/OL］.（2022-05-16）［2023-01-23］. https://m. gmw. cn/baijia/2022-05/16/35736630. html.

括新一代信息技术、生物、新能源、新材料、高端装备制造、新能源汽车、节能环保、数字创意、相关服务产业，囊括了先进制造业和现代服务业的绝大部分行业。"十四五"规划中，随着我国科技创新水平持续提高，战略性新兴产业保持良好发展势头，推动产业转型升级和经济高质量发展。[1] 在我国国民经济发展进入新常态的大环境下，战略性新兴产业产值增速全面回升，产业结构不断优化，产业投资升温，产业创新涌现，战略新兴产业已成为宏观经济平稳运行的重要力量。

台州市将加快培育和发展战略性新兴产业作为新时期我国经济社会发展的重大战略任务，"十三五"期间市政府出台《台州市战略性新兴产业"十三五"发展规划》。近年来，台州市战略性新兴产业持续保持较快增长，规上战略性新兴产业工业增加值在全市规上工业增加值中的占比从 2017 年的 12.53% 提升至 2020 年的 24.89%，2021 年战略性新兴产业增加值高于规上工业 6.5%。

台州市制造业共有 330 592 件专利，其中属于战略性新兴产业的专利有 89 039 件，占制造业专利总数的 26.93%。由表 2.1.4 可知，在台州市战略性新兴产业中，从发明专利申请量和实用新型授权量来看，发明专利申请量和实用新型授权量均在 5000 件以上的产业有 4 个，分别为节能环保产业、高端装备制造产业、新材料产业、生物产业；发明专利申请量和实用新型授权量均在 1000 件以下的产业有 2 个，分别为数字创意产业与相关服务业，其发明专利申请量分别为 594 件、544 件，实用新型授权量分别为 711 件、417 件。

结合表 2.1.4 分析台州市战略性新兴产业分布情况，台州市节能环保行业、高端装备制造产业、新材料产业处于台州市战略性新兴产业的"领头羊"地位。其中，台州市的节能环保产业门类齐全，目前主要涉及泵与电机、光电照明、空气与污水的处理净化等多个相关产业，打造了以资源综合利用为主体、环保装备与节能产品为两翼的产业发展格局。台州市被誉为"制造之都"，是全球最大的缝制设备生产基地和出口基地。除此之外，近

---

[1] 中华人民共和国国家发展和改革委员会."十四五"规划《纲要》名词解释之 511 战略性新兴产业[EB/OL].(2021-12-14)[2023-01-23]. https://www.ndrc.gov.cn/fggz/fz-zlgh/gjfzgh/202112/t20211224_1309302.html? state=123.

年来台州市在轨道交通设备、汽车整车及零部件等行业也建立起自己的竞争优势，高端装备制造业正在崛起。台州市新材料产业是以先进高分子材料、电子信息新材料、新能源材料及其他新型无机非金属材料为特色，聚乳酸、超薄型薄膜、耐高温薄膜技术等多项技术处于世界领先水平。台州市汽车产业一直以来发展较好，2021 年工业总产值达 786.25 亿元。整车方面，台州市拥有豪情汽车、沃尔沃汽车、新吉奥等整车生产企业 6 家，已批复整车产能 30 万辆；零配件方面，拥有 6000 多家汽车零部件及配件制造企业，玉环市、天台县分别拥有"中国汽车零部件出口基地""中国汽车用品制造基地"两大国家级特色产业基地。尤为引人关注的是，当下台州市新能源汽车产业的发展正进入爆发式扩张阶段，初步形成了"自主品牌整车企业—龙头零部件企业—中小零部件企业"集群式全链发展的方阵。生物产业是台州市标志性产业链之一，其中临海市拥有国家级化学原料药基地——临海市医化园区和临海市国际医药产业园两大平台，能够批量生产化学原料药及其中间体。台州市依托现有的"医药中间体—原料药—制剂"全链式产业集群优势，整合产业链资源，打通供应链渠道，实现价值链提升，旨在努力建设世界级高端医药制造中心和具有全球影响力的医药产业创新高地。台州市大力发展新能源产业，新能源城发展格局初步形成，基本建成"三基地"（三门湾核电基地、抽水蓄能电站基地、可再生能源综合利用基地）、"四张网"（电网、气网、油网、热网）的能源布局。台州市新一代信息技术产业起步较晚，基础薄弱，数字创意产业与相关服务产业又是 2018 年才纳入战略性新兴产业分类当中，数字创意产业的发展虽然目前有着广阔的空间，但也存在融资渠道不畅、复合型专业人才短缺等许多限制企业发展的因素，因此这三个行业的专利数量处于末端。

表 2.1.4　台州市战略性新兴产业专利布局情况

产业类别	发明专利申请量/件	发明专利授权率/%	实用新型授权量/件
节能环保行业	5 857	57.60	17 583
高端装备制造产业	5 248	62.97	12 501
新材料产业	7 009	56.26	10 020
生物产业	5 298	50.29	6 210
新能源汽车产业	3 446	62.76	8 086

续表

产业类别	发明专利申请量/件	发明专利授权率/%	实用新型授权量/件
新能源产业	2 137	54.34	4 475
新一代信息技术产业	2 424	58.98	3 514
数字创意产业	594	60.78	711
相关服务业	544	46.46	417

从发明专利授权率上看，高端装备制造产业发明授权率排名第一，为62.97%；新能源汽车产业发明授权率紧随其后，为62.76%；数字创意产业和新一代信息技术产业分列第三名和第四名，其授权率分别为60.78%和58.98%。发明专利授权率分别排在第五名、第六名的节能环保产业和新材料产业，授权率为57.60%和56.26%。排名第七至第九的分别为新能源产业、生物产业、相关服务业，发明专利授权率分别为54.34%、50.26%、40.46%。根据国家知识产权局网站公布的历年主要知识产权统计数据显示，中国 2013—2018 年的发明专利授权率在 54%~60%；2019 年后的数据降低到 50% 以下，为 44.3%；2021 年，我国发明授权率回到了 55.0% 这一水准。台州市战略性新兴产业中有 6 个产业高于 55%，与同年全国发明专利授权率综合对比来看，这几个产业的发明专利质量较高。

2.1.5 创新主体分析

创新主体分析是专利分析中常见的分析思路，通过对排名、类型和行业等统计，对不同申请人各自的基本状态进行梳理研究。一般而言，申请人类型分为企业、高校、科研单位、机关团体、个人，部分领域还包括医院等医疗机构。其中，由于高校和科研单位等非生产经营单位通常不具备独立完整的参与行业市场竞争的能力，其研发成果偏向于尖端探索和理论研究，技术成果直接应用于生产的概率较低，因而，一般认为其专利申请涉及的技术的成熟度较低，产业化程度不高；而机关团体作为申请人往往代表了该专利申请所涉及技术成果的研发过程得到了财政经费的支持，体现了产业的政策支持力度；企业则作为最直接的市场竞争主体，通过申请量体现出的技术研发实力，可用于锁定行业中具有较高科研水平和较强竞争能力的市场主体，结合区域等信息，还可以从市场主体的角度对地区竞

争实力进行评估。❶

　　通过对专利申请人类型进行分析，可以分析出台州市创新主体的分布情况，能够识别创新主力军，进而帮助政府针对不同创新主体进行专利扶持力度的调节，达到创新资源合理配置的效果。图 2.1.3 展示了台州市主要创新主体类型专利申请量的占比，其中占比最多的为企业，共申请 180 427件专利，占比 54.16%；其次为个人，共申请 143 293 件专利，占比 43.01%；其后分别是大专院校、机关团体、科研单位，分别仅占比 1.50%、0.85%、0.35%。由此可见台州市创新主力军为企业，个人申请专利的积极性也很高，而大专院校、机关团体、科研单位申请量较少。从表 2.1.5 中可以看出，个人申请人数量为 22 526，远高于企业申请人数量，这与一些小微企业或民营企业以个人名义作为申请人申请有关，也反映出台州市小微企业或民营企业较多，民营经济比较发达，其创新也比较活跃。需要说明的是，因存在不同类型申请人合作申请的情况，对专利申请数求和时，可能存在重复计算，全书余同。

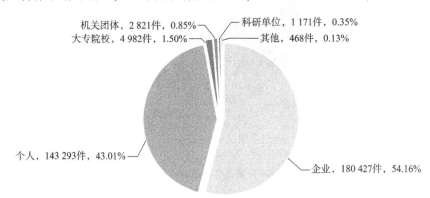

图 2.1.3　台州市专利申请量主要创新主体类型

表 2.1.5　台州市制造业专利申请人类型及数量

申请人类型	个人	企业	大专院校	科研单位	机关单位	申请人总数
人数/人	22 526	12 947	484	95	83	36 135

❶ 专利分析可视化.专利分析方法|申请人分析[EB/OL].（2021-02-04）[2023-01-23].https://www.thepaper.cn/newsDetail_forward_11022899.

通过专利申请人的分析，可以总体上获知台州市有哪些参与竞争的市场主体，分布在哪些行业，了解哪些申请人拥有较强的专利成果研发实力。对台州市主要申请人统计排序，综合筛选出前50位的主要创新主体（如图2.1.4所示）。根据台州"456"先进产业集群，并结合台州市重点企业，对台州市制造业主要创新主体所属行业进行分类，从主要创新主体分布的行业来看，排名第一的行业是泵与电机和高端模具行业，均有6家创新主体；其次是高端装备、医药健康和智能缝制设备产业，分别有5家创新主体。这与台州的泵与电机、模具、医药、缝制设备等产业实力较强有关。

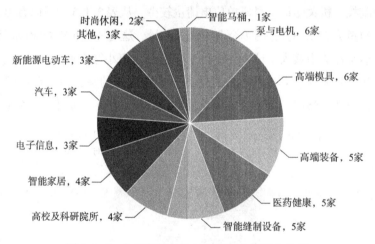

图2.1.4　台州市制造业主要创新主体产业分布

高校和科研机构作为创新子系统是科技创新人才聚集区，随着国家创新体系的发展，其职能也逐渐发生变化，在教学和科研的基础上，衍生出了推动国家和区域经济发展的职能。出于这一职能的要求，高校和科研机构需要通过与企业的技术交流获得互补性资源，促进产学研融合发展。

对台州市主要高校及科研单位专利申请人统计排序，台州市排名前20的主要是高校及科研单位专利申请人（如表2.1.6所示）。从表2.1.6中可以看出，台州市制造业专利高校及科研机构申请区域分布较为集中，主要分布在椒江区。椒江区作为台州市的主城区，拥有台州学院、台州职业技术学院、浙江大学台州研究院等多家实力较强的创新主体。其中，台州学院专利申请量为2771件，台州职业技术学院专利申请量为1568件，浙江大学台州研究院专利申请量为735件，同时这几所高校与科研单位的发明人数量和研发团队也较多。台州市高校与科研单位的研发人才是一股重要的创新力量，企业可以根据不同需求，通过产学研协同创新的模式与其开展合作，提升自身创新能力。

表 2.1.6　台州市排名前 20 的主要高校及科研单位专利申请情况

排名	申请人	专利申请量/件	发明人数量/人	区域	发明数量/件	实用新型数量/件	外观设计数量/件
1	台州学院	2 771	2 966	椒江区	1 360	1 380	31
2	台州职业技术学院	1 568	922	椒江区	383	1 173	12
3	浙江大学台州研究院	735	414	椒江区	489	230	16
4	台州科技职业学院	469	255	黄岩区	102	298	69
5	三门技师学院	180	107	三门县	46	134	0
6	浙江省柑橘研究所	83	70	黄岩区	73	8	2
7	温岭市职业技术学校	81	63	温岭市	18	63	0
8	温岭市职业中等专业学校	80	61	温岭市	4	73	3
9	台州市农业科学研究院	55	90	临海市	37	18	0
10	浙江加州国际纳米技术研究院台州分院	30	30	椒江区	30	0	0
11	临海市中等职业技术学校	30	30	临海市	3	27	0
12	台州技师学院（筹）	28	42	椒江区	2	24	2
13	台州市质量技术监督检测研究院	26	40	椒江区	11	14	1
14	台州市计量技术研究院	21	31	椒江区	9	12	0
15	黄岩区第一职业技术学校	21	23	黄岩区	1	20	0
16	台州市产品质量安全检测研究院	20	48	椒江区	12	8	0
17	台州广播电视大学	19	29	椒江区	8	11	0
18	玉环市中等职业技术学校	18	35	玉环市	1	17	0
19	浙江工业大学台州研究院	17	39	椒江区	15	2	0
20	台州市椒江区第二职业技术学校	14	7	椒江区	0	14	0

2.1.6 协同创新与专利运营分析

2.1.6.1 协同创新分析

协同创新是以知识增值为核心。企业、政府、知识生产机构和中介机构等为了实现重大科技创新而开展的大跨度整合的创新模式,是通过政府引导和机制安排,促进企业、大学、研究机构发挥各自的优势、整合互补性资源,实现各方的优势互补,加速技术推广应用和产业化,协作开展产业技术创新和科技成果产业化的活动,是当今科技创新的新范式。❶

自20世纪80年代邓小平同志提出"科学技术是第一生产力"以来,我国政府就开展了产学研合作的探索。截至目前,国务院及各级政府,都已出台了若干关于促进产学研深度融合、加快协同创新的政策文件。例如,2006年科技部、财政部、教育部、国务院国资委、全国总工会和国家开发银行六部门成立了"推进产学研结合工作协调领导小组",按照《国家中长期科学和技术发展规划纲要》的要求,建立以企业为主体、以市场为导向、产学研结合的技术创新体系作为突破口,建立国家创新系统;❷ 2017年,习近平总书记在党的十九大报告中明确提出,"深化科技体制改革,建立以企业为主体、市场为导向、产学研深度融合的技术创新体系,加强对中小企业创新的支持,促进科技成果转化";2021年,《中华人民共和国国民经济和社会发展第十四个五年规划和2035年远景目标纲要》指出,要完善技术创新市场导向机制,强化企业创新主体地位,促进各类创新要素向企业集聚,形成以企业为主体、市场为导向、产学研用深度融合的技术创新体系;❸ 2022年,习近平总书记在党的二十大报告中提出,"加快实施创新驱动发展战略,加强企业主导的产学研深度融合,强化目标导向,提高科技成果转化和产业化水平"。上述一系列政策表明,产学研深度融合、协同创新在我国创新驱动发展战略和经济高质量发展战略中占据着重要地位。

---

❶ 陈劲,阳银娟.协同创新的理论基础与内涵[J].科学学研究,2012,30(2):161-164.

❷ 中华人民共和国国务院.国家中长期科学和技术发展规划纲要[EB/OL].(2006-02-09)[2011-11-23].http://www.gov.cn/jrzg/2006-02/09/content_183787.htm.

❸ 新华社.中华人民共和国国民经济和社会发展第十四个五年规划和2035年远景目标纲要[EB/OL].(2021-03-13)[2022-11-23].http://www.gov.cn/xinwen/2021-03/13/content_5592681.htm.

在工业 4.0 时代，全球的技术革新浪潮席卷而来，国家与国家之间、企业与企业之间的竞争愈演愈烈。随着技术不断革新，各行业的技术复杂度不断提升，单靠企业自身完成技术创新和转型升级的难度越来越大，尤其对于中小型制造业企业而言，由于资金和科研人员匮乏，在企业技术创新和转型升级中面临诸多困难。❶❷❸ 而在政府主导下，企业可以根据不同需求，通过产学研协同创新的模式与高校和科研院所等科研机构开展合作，提升自身创新能力，进而在激烈的竞争中占据一定的优势。另外，高校和科研机构作为创新子系统，随着国家创新体系的发展，其职能也逐渐发生变化，在教学和科研的基础上，衍生出了推动国家和区域经济发展的职能。出于这一职能的要求，高校和科研机构需要通过与企业的技术交流获得其互补性资源，从而在获得科研资金的同时，进一步加快自身科技成果的转移转化，进而更好地实现高校和科研机构服务经济和社会发展的职能。

近年来，在国家和地方政府的支持下，台州市相关企业、高校和科研院所逐渐意识到产学研协同创新的重要作用，部分企业和高校也开始积极开展产学研协同创新工作。为进一步分析台州市制造业相关高校、科研院所和企业的产学研协同创新情况，本部分将从专利视角出发，从宏观和微观两个层面深入探究台州市的产学研合作情况，为政府、企业、高校和科研机构未来开展产学研深度融合提供参考。

宏观层面的协同创新可以理解为区域协同创新，即不同类型城市基于多主体、跨区域、跨组织的复杂合作，形成联系紧密、分工合作的区域创新系统。台州市企业、高校或科研机构作为第一申请人与其他省市的企业、高校或科研机构进行产学研合作申请的专利数量，共计 397 件。对台州市合作申请专利的申请人地址进行统计分析，结果表明，在浙江省内，与台州市制造业相关创新主体技术合作最为密切的城市为杭州市、舟山市、宁波市、金华市、温州市，其中与杭州市的合作强度最高，共合作申请 125 件专

❶ 廖耀文,何建佳.产业互联创新合作网络演化及结构特征研究[J].科技与经济, 2022,35(5):21-25.

❷ 虞舒文,周立军,杨静,瞿羽扬.全球人工智能专利合作格局演化研究[J].科学与管理,2022,42(6):19-26.

❸ 林柄全,孙斌栋.网络外部性对企业生产率的影响研究——以中国汽车制造业集群网络为例[J].地理研究,2022,41(9):2385-2403.

利，占全部对外合作专利申请的 31.49%。通过对两地合作申请的专利进行深入分析后发现，两地合作申请的专利主要涉及医药产业和化工产业，除杭州市外，台州市与舟山市、宁波市、温州市和金华市的合作强度较弱，合作申请的专利分别为 12 件、5 件、5 件和 1 件。在浙江省以外，台州市合作最多的城市为上海市、北京市和武汉市，合作申请的专利数量分别为 67 件、33 件和 11 件，分别占对外合作专利申请总量的 16.88%、8.31% 和 2.77%。进一步深入分析发现，台州市与省外相关企业合作申请涉及较多的产业也是生物医药产业，其中浙江海正药业、浙江华海药业分和浙江司太立制药分别与上海医药工业研究院、华中科技大学和中国科学院医药生物技术研究所等在生物医药领域建立了密切的合作关系。总体来看，台州市内相关企业已经与国内的东部、中部城市的高校和科研院所开展了广泛的产学研协同创新工作。

台州市制造业中重点产业的产学研协同创新专利申请情况如图 2.1.5 所示。由图 2.1.5 可知，在 5 大重点产业中，医药健康产业的产学研合作专利申请数量最多，达到 358 件；其次是电子元器件和高端模具产业，产学研合作专利申请量分别为 92 件和 88 件；智能马桶和缝制设备产业产学研合作专利申请量较少。医药产业作为高新技术产业的重要组成部分，是国家重点布局的战略性新兴产业，技术创新难度大、产品研发周期较长，依靠企业自身资源很难加快其科技创新速度、提升创新能力，进而在市场中占据优势地位，因此医药产业相关企业积极开展产学研合作创新，借力外部资源加速创新。近年来，台州市的主要医药企业均开展了大规模的产学研合作，浙江海正药业自 2001 年起与浙江大学、同济大学、上海交通大学和浙江工业大学等高校联合设立博士后工作站，开展联合创新工作；浙江华海制药也设立了国家级博士后工作站和国际科技合作基地，与中国科学院、浙江大学和中国药科大学开展深度合作。

与医药健康产业相比，台州市电子元器件、高端模具、智能马桶和缝制设备等传统制造业产学研合作专利产出较少。智能马桶和缝制设备的产学研合作专利申请量均低于 20 件。究其原因，与医药健康这类新兴产业相比，传统制造业的相关技术已经趋于成熟，很难取得突破性或者变革性创新，加之该领域的企业大部分为中小型企业，如果没有政府的引领，依靠自身资源很难与高校开展产学研合作。目前，我国传统制造业正在向智能制造等高端制造业转型发展。习近平总书记 2021 年在广西考察时也指出，"制造业高质量发展是我国经济高质量发展的重中之重"。然而，传统制造业中小型企业在产业转型升级中面临资金和技术资源匮乏、研发人员不足等诸多困境，因此政府和相关企业在重视新兴产业发展的同时，也应该对传统制造业企业加以关注，通过政府干预推动制造业企业开展产学研协同创新，驱动传统制造业优化升级，从而助力我国经济实现高质量发展。

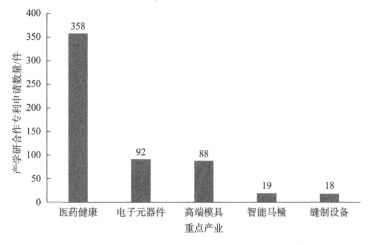

图 2.1.5　台州市重点产业产学研合作专利申请数量

台州市制造业专利数据库中企业和高校或科研院所共同申请的专利情况如图 2.1.6 所示。图 2.1.6 中每个节点代表不同的创新主体，节点大小代表该创新主体产学研合作专利申请数量，节点间的连线粗细代表机构之间的合作强度。由图 2.1.6 可知，在产学研合作创新网络中，有 5 个比较大的产学研合作创新主体集群。这 5 个集群的中心分别是台州学院、浙江工业大学、浙江大学、浙江大学台州研究院和台州职业技术学院。

与台州学院进行产学研合作申请的专利共计 113 件，是上述 5 个产学研合作创新主体集群中最大的集群。其中与台州学院合作最为紧密的企业是台州市生物医化研究院有限公司，二者共合作申请 18 件专利；其次是温岭市天工工量刃具科技服务中心有限公司，共合作申请 10 件专利，可见与台州学院进行产学研合作的企业主要为台州市本地企业。进一步分析与台州学院合作申请的专利可知，大部分合作申请集中在新材料产业、电子元器件产业和建筑工具制造产业。

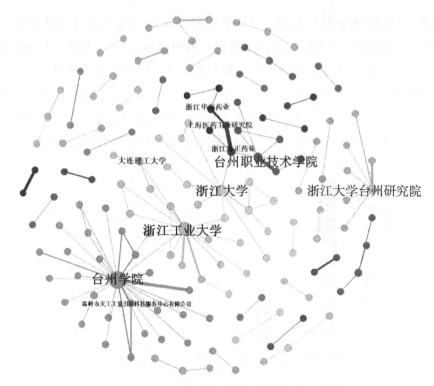

图 2.1.6　台州市产学研协同创新主体合作网络图

以浙江工业大学为中心的创新主体集群是产学研合作创新主体网络中第二大集群，与浙江工业大学合作申请的专利共计 57 件。其中与浙江工业大学合作最为紧密的企业为浙江银象生物工程有限公司，共计合作申请 12件专利，合作申请的专利全部为生物医药产业的相关专利；其次是腾达建设集团股份有限公司，共计合作申请 11 件专利，主要涉及建筑工具制造产业；浙江新农化工股份有限公司与浙江工业大学的合作也较为紧密，共计合作申请 8 件专利，主要涉及生物农业产业。综上，以浙江工业大学为中心的产学研合作创新主体集群主要涉及的产业为生物医药、生物农业和装备制造业。

以浙江大学台州研究院为中心的产学研合作创新主体集群是第三大集群，该集群目前共产出 42 件专利申请。其中，与浙江大学台州研究院合作最为紧密的企业为台州市光中电器制造有限公司，合作的主要技术领域为电机设备相关领域，两者共合作申请 16 件专利。其次是中国铁建电气化局集团有限公司，两者共合作申请 9 件专利，涉及的技术领域包括铁路检修、测量和信号工程等。进一步深入分析该集群中的专利可以发现，该集群专利所涉及的产业为电机、建筑设备、铁路信号设备和机械设备等智能高端设备制造业。

以浙江大学为中心的创新主体集群为第四大集群，该集群共涉及 38 件专利申请。其中，与浙江大学合作最为紧密的是国家电网浙江省电力有限公司台州供电公司，两者共合作申请 6 件专利，主要涉及电网运营和调度相关技术领域；其次是宇杰集团股份有限公司，两者共合作申请 4 件专利，主要涉及建筑方法和建筑装备相关领域。与浙江大学合作申请的专利中，主要涉及的产业为生物医药产业，生物医药产业的相关专利产出共计 10 件。浙江大学与台州市内的浙江海正药业、浙江新东港药业和奥锐特药业等医药企业建立了广泛的合作关系。

以台州职业技术学院为中心的产学研合作创新主体集群为产学研创新合作网络中的第五大集群，该集群共产出 31 件专利申请。其中，与台州职业技术学院合作最为紧密的企业为浙江赛豪实业有限公司，共计合作申请 23 件专利，占集群中全部专利的 74.19%，其合作申请的专利全部属于模具制备相关产业。通过进一步分析该集群内产出的专利可知，与台州职业技术学院合作申请的专利主要涉及模具制造和电子元器件相关产业。

除上述主要产学研合作集群外，也有部分未形成集群，但是合作较为紧密的创新主体。例如，以浙江海正药业为中心的产学研合作创新主体网络，该网络虽然涉及的创新主体不多，但是总体上呈现以浙江海正药业为中心的合作网络，这说明浙江海正药业能够根据企业自身需求出发，积极寻找合作伙伴，实现以企业为主导的产学研深度融合。浙江海正药业的产学研合作专利共计 29 件，其中有 23 件专利是和上海医药工业研究院共同申请的。此外，浙江海正药业还与省内的浙江大学和台州职业技术学院建立了合作关系。另外，浙江司太利制药股份有限公司也是值得关注的企业。虽然该企业并未与较多的科研机构和高校建立广泛合作关系，但是其与中国科学院医药技术研究所的合作关系较为紧密，两者共合作申请 18 件药品化合物相关的发明专利，其合作申请的酮类化合物相关专利已经转化为核心系列产品。

综上，无论是台州市规模较大的医药企业还是规模较小的中小型制造

业企业，均已经开始参与产学研合作。与企业开展产学研合作的学研机构
既包括台州本地的高校和科研院所，也包含台州市以外甚至是浙江省外的
高校和科研院所。总体而言，台州市的产学研协同创新正在形成集群化发
展，以传统制造业、高端装备制造业和电子元器件为主的企业主要与本地
的台州学院、台州职业技术学院、浙江大学台州研究院和浙江工业大学等
高校和科研机构开展产学研合作；以医药健康产业为代表的企业，逐渐形
成与省外知名高校和科研院所进行合作的发展态势，主要的合作对象包括
上海医药工业研究院、中国科学院生物技术研究所和中国药科大学等国内
知名的高校和科研院所。

2.1.6.2 专利运营分析

（1）专利转让。

专利转让是拥有专利申请权和专利权的主体把专利申请权或专利权让
给他人的一种法律行为。在专利转让中，专利申请人或专利权人为转让方，
获得专利申请权或专利权的为受让方，转让方与受让方之间应当签订书面
合同，并在国务院专利行政部门进行登记。通过转让合同取得专利申请权
或专利权的合同当事人，即成为新的专利申请权人或专利权人，可以行使
自身的专利申请权或专利权。

台州市制造业专利共计 330 592 件，发生转让的专利共计 38 649 件，占
专利申请总量的 11.69%。其中，市内转让的专利共计 29 740 件，占转让专
利总量的 76.95%；转出台州市外的专利共计 8909 件，占转让专利总量的
23.05%。台州市相关专利的转让情况及市外转入的专利转让趋势如图
2.1.7 所示。由图 2.1.7 可知，台州市的专利转让起始于 21 世纪初。在
2005 年之前，无论是市内转让、转出本市还是市外转入的专利均低于 50
件；2005 年之后，专利转让数量呈现缓慢上升的趋势，但在 2016 年之前，
每年的专利转让数量均在 1000 件以下；2016—2020 年，专利转让数量呈现
迅猛增长的态势，到 2020 年专利转让数量达到顶峰。其中市内转让专利数
量达到 5979 件，转出本市的专利数量达到 1641 件，市外转入专利数量达到
3548 件。通过横向对比来看，虽然台州市制造业相关专利的转让数量较高，
但是大部分专利均是在市内转让，真正"走出去"的专利技术较少。此外，
台州市内制造业相关创新主体也从市外引进了大量专利技术，进而通过外
部省市资源弥补自身发展的不足。

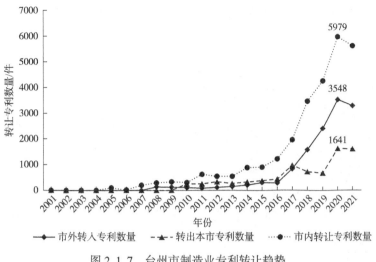

图 2.1.7 台州市制造业专利转让趋势

台州市制造业专利转出本市和市外转入的地区分布，分别如图 2.1.8 和图 2.1.9 所示。台州市转出本市的 8099 件专利的地域分布情况，经过统计分析发现地域分布的均值为 55.15，故本书选择专利受让数量大于或等于 55 的地区绘制了如图 2.1.8 所示的台州市制造业技术输出地区分布。由图 2.1.8 可知，台州市制造业专利技术的输出地主要为浙江省和江苏省内的城市，这说明台州市制造业相关创新主体与邻近省市的创新主体交流合作较为紧密。另外，除浙江省和江苏省以外，台州市制造业专利还输出至北京市、广州市、上海市和深圳市等经济较为发达的地区，这说明台州市制造业相关的技术在全国范围内具有一定的影响力。

台州市以外的其他省市转入台州市的制造业相关专利，共计 11 663 件。进一步计算可知不同地区转入台州市专利数量的均值为 86.56，故本书选择转让专利数量大于 86 的地区绘制了如图 2.1.9 所示的台州市制造业技术输入地区分布图。由图 2.1.9 可知，上海市、杭州市和温州市转让至台州市的专利数量较多，分别为 967 件、777 件和 470 件。与技术输出地区分布不同，台州市制造业技术的输入地区主要集中在北京、上海、广东、湖北和安徽等地；浙江省内除杭州、宁波和嘉兴等市，其余地市较少有技术输入至台州市。这可以说明，台州市制造业相关创新主体，在积极进行自主研发的同时，也会与其他城市的相关创新主体进行交流合作，通过专利转让等形式促进本领域内的技术扩散和知识流动，从而加强台州市本地制造业企业的持续发展。

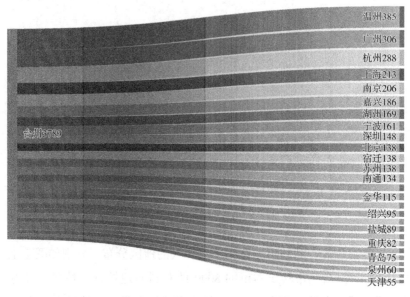

图 2.1.8　台州市制造业技术输出地区分布（单位：件）

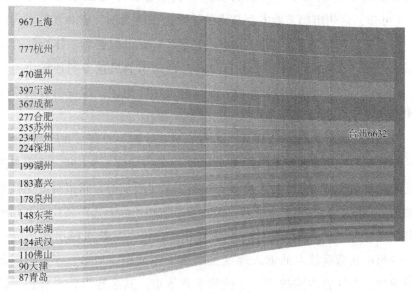

图 2.1.9　台州市制造业技术输入地区分布（单位：件）

通过分析不同产业的专利转让情况，可以从产业宏观视角一窥台州市专利转让的产业分布全貌，从而发现具有竞争力的技术输出型产业。本书首先从国民经济分类的角度，统计了台州市制造业专利转让的国民经济构成（如图 2.1.10 所示）。其中，C43（金属制品、机械和设备修理业）专利转让最多，为 14 295 件，其后 C40（仪器仪表制造业）为 13 012 件、C34（通用设备制造业）为 12 253 件、C35（专用设备制造业）为 9873 件、C33（金属制品业）为 6030 件、O81（机动车、电子产品和日用产品修理业）为 5889 件、C38（电气机械和器材制造业）为 4635 件、C30（非金属矿物制品业）为 3426 件、C29（橡胶和塑料制品业）为 3187 件、C20（木材加工和木、竹、藤、棕、草制品业）为 2118 件。

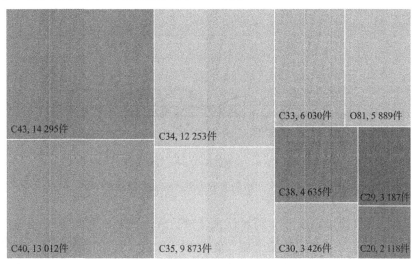

图 2.1.10 台州市制造业专利转让国民经济构成

注：同一专利可能分属于不同的国民经济分类，统计过程中未做区分。

综上，台州市制造业行业专利转让部分涉及的领域众多，尤以机械设备、电子产品、缝纫设备、塑料模具等为主要生产经营领域。专利转让的国民经济构成分布反映出台州市制造业产业的多元化发展趋势。

台州市制造业重点产业的专利转让趋势如图 2.1.11 所示。由相关统计数据可知，转让专利数量最多的重点产业为医药健康产业，转让专利数量共计 2446 件；其次是电子元器件产业，转让专利数量 1484 件；最后是缝制设备产业和智能马桶产业，转让专利数量分别为 727 件和 126 件。由此可以看出，与智能马桶和缝制设备这类创新难度较低的产业相比，医药健康和电子元器件这类技术复杂度较高、创新难度大的新兴产业，技术的输入和输出活动会更加频繁。此外，从专利转让的趋势来看，重点产业的专利转让趋势大致相同，均是在 2005—2015 年经过缓慢发展，在 2016 年后专利转让数量迅猛增长，在 2020 年达到顶峰。由于 2021 年和 2022 年申请的专利大部分处于未公开状态，部分数据无法获取，故专利的转让数量会出现下降态势。

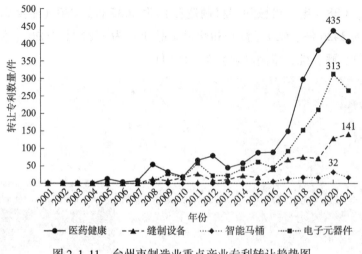

图 2.1.11　台州市制造业重点产业专利转让趋势图

　　通过对台州市制造业专利转让主体进行深入分析，可以从微观角度一窥台州市制造业专利转让的全貌。经过统计分析，台州市制造业专利转让数量如图 2.1.12 所示。台州市的 38 649 件转让专利中，共涉及 6244 个创新主体，这些创新主体主要包括企业、个人和高校。在 6244 个转让人中，有 3248 个转让人仅转让 1 件专利，而专利转让数量在 20 件以上的转让人数量仅为 171 个。由此可以看出，转让专利的数量分布是极不对称的，"二八现象"表现极为明显。这说明，这 171 个创新主体是台州市制造业产业的主要技术输出者。

　　不同主体专利转让的行为动机各不相同。企业进行专利转让可能是因为自身技术资源和资金限制，无法实现专利的产业化和商业化，也可能是将专利转让给子/母公司，实现公司内部的技术分工协作或技术资源的集中；高校和科研院所进行专利转让更多的是实现自身科技成果的转移转化，在实现其服务经济发展目标的同时获得一定的技术收益。● 分析专利转让数量的主体类型分布，可以探明台州市专利转让的深层次原因。由图 2.1.13 可知，企业和个人类型的创新主体专利转让数量较多，专利转让数量分别为 19 567 件和 18 480 件，分别占转让专利总量的 49.88% 和 47.11%，而大专院校和科研院所转让的专利数量分别仅占转让专利总量的 1.48% 和 0.65%。这说明台州市制造业专利的转让主要来自企业和个人，高校和科研院所的专利转让数量不高，这说明高校和科研院所的专利成果转化工作有待进一步提升。

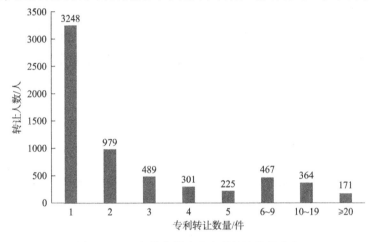

图 2.1.12 台州市制造业专利转让数量分布

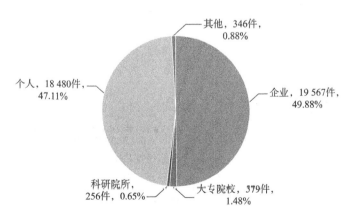

图 2.1.13 台州市制造业不同类型主体专利转让数量分布

● 张瀚东,李睿,付宾华,等. 识别中国高校专利的可转让性:基于文献计量指标[J]. 评价与管理,2022,20(2):117.

近年来，高校的科技成果转移转化成为广泛关注的焦点问题，各级政府都出台了相应政策，以促进高校科技成果转化。本书进一步对高校和科研机构专利转让进行深入统计分析，选取"转让—受让关系度"（指转让人转让给受让人的专利数量）大于2的转让—受让关系绘制了如图2.1.14所示的台州市制造业不同类型主体专利转让数量分布图。图2.1.14中节点代表不同创新主体，箭头所指为受让人节点，箭头出发方向为转让人节点，节点大小代表专利权人转让专利数量或受让人受让专利数量，连线粗细代表专利权人转让给受让人的专利数量。由图2.1.14可知，台州市制造业相关创新主体当中，主要有4所大专院校和科研机构开展了专利转让工作，分别是台州学院、台州职业技术学院、台州科技职业技术学院和浙江大学台州研究院。

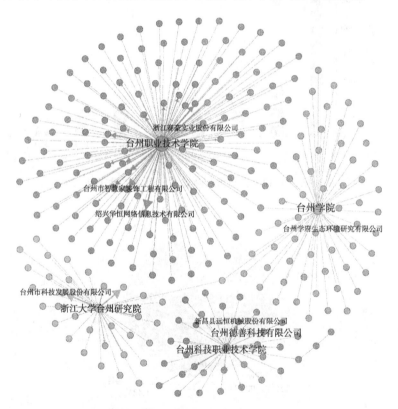

图 2.1.14　台州市制造业不同类型主体专利转让数量分布

注：图中仅展示了与转让人关系较为密切的受让人名称。

台州职业技术学院在所有科研机构中转让的专利数量最多，达到了374

件。对 2020 年全国高校专利转让数量进行研究发现，台州职业技术学院名列当年全国高职院校中的第一位，这说明台州职业技术学院的技术输出能力十分强劲。台州职业技术学院主要转让专利给绍兴华恒网络信息技术有限公司 18 件、台州市智慧家装饰工程有限公司 14 件、浙江赛豪实业有限公司 12 件，其转让的专利主要涉及模具制造、机床设备、电机设备、电子元器件和新材料产业。转让数量排名第二的为台州学院，共转让 89 件专利，转让专利主要涉及新材料和机械设备等产业。转让数量排名第三的为台州科技职业学院，共转让 67 件专利，主要转让给台州德善科技有限公司 6 件、新昌县远恒机械有限公司 6 件，其转让的专利主要涉及建筑工具和设备、汽车零配件等产业。排名第四的为浙江大学台州研究院，共转让 64 件专利，主要涉及机械设备等领域，与之合作较为紧密的企业是台州市科技发展股份有限公司和玉环齐源科技有限公司。

为进一步探究台州市大专院校和科研院所在技术转移网络中所处的地位，本书选取以台州市大专院校和科研院所作为唯一申请人的专利作为样本，构建专利技术转让有向网络，采用节点的度数和强度测度不同机构在技术转移网络中所处的地位（如图 2.1.15 所示）。其中，度数为节点的出度，度数越大，表明机构专利技术转移范围越广；节点强度指与该节点相连接的所有边的权重之和，强度越大，表明高校向企业转让专利数量越多。图 2.1.15 中"广度"代表专利技术转移的度数，"深度"代表专利技术转移的强度。通过建立"广度—深度"二维矩阵，可将大专院校和科研院所分为高广度—高深度、高广度—低深度、低广度—高深度、低广度—低深度四种类型。

由图 2.1.15 可知，台州市内主要的大专院校台州学院、台州职业技术学院和台州科技职业学院均处于"高广度—高深度"象限。其中台州职业技术学院的技术转让广度和深度最高，台州职业技术学院作为唯一申请人的专利中，共有 193 件专利发生转让，与 105 家企业建立了技术转让关系。由图 2.1.15 可知，大部分科研单位节点处在"低广度—低深度"的第四象限，只有浙江大学台州研究院处在"高广度—高深度"象限，以浙江大学台州研究院为唯一申请人的专利中，共有 63 件专利发生了转让，与 36 家企业建立了技术转让关系。

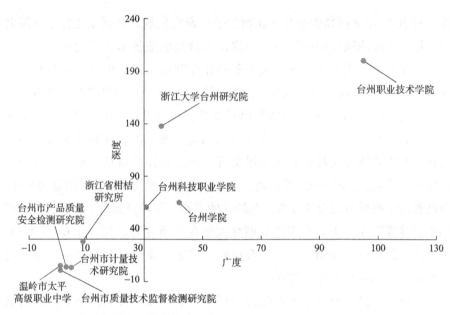

图 2.1.15　台州市制造业技术转让大专院校和科研单位"广度—深度"二维矩阵图

　　为进一步探究台州市制造业相关企业的专利转让情况，本书选取以企业为唯一申请人的专利作为研究对象，构建了企业间的专利转让网络图，然后根据节点的度数和强度分别绘制了专利转让人和受让人的"广度—深度"二维矩阵图，分别如图 2.1.16 和图 2.1.17 所示。由图 2.1.16 可知，大部分企业位于"低广度—低深度"象限，这与图 2.1.12 的分析结果一致，大部分企业转让的专利数量较少。其中，有 9 家企业分布在"高广度—高深度"象限当中，专利转让广度和深度最高的企业为台州创兴环保科技有限公司，其共转让 171 件专利，与 143 家企业达成了合作关系。另外，也有一些企业位于"低广度—高深度"象限，这些企业的特点为转让的专利数量较多，虽与合作伙伴已经形成了较为紧密的技术转让伙伴，但是并未和较多的企业达成转让关系。其中，最具代表性的企业为新界泵业集团股份有限公司，共转让 354 件专利，但是其仅与两家企业建立了技术转让关系，其中一家为其子公司，这说明新界泵业集团的专利转让仅限制在企业内部。与之相同的还有利欧集团有限公司和中捷缝纫机股份有限公司，这些企业的专利转让大部分是发生在母子公司或者控股公司之间，这表明这些企业形成了技术资源集中化和产品生产协作化的发展趋势。

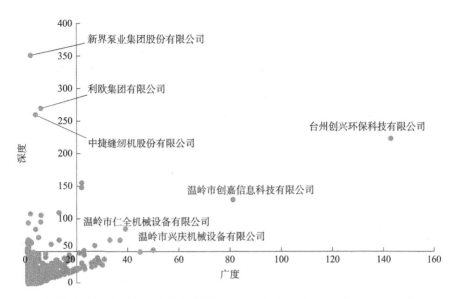

图 2.1.16 台州市制造业企业类专利转让人"广度—深度"二维矩阵图

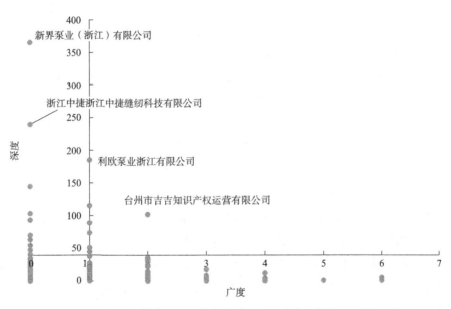

图 2.1.17 台州市制造业企业类专利受让人"广度—深度"二维矩阵图

由图 2.1.17 可知，大部分企业受让人位于"低广度—低深度"和"高广度—低深度"象限内。位于"低广度—低深度"的企业合作伙伴较少，通过转让的方式获得的专利技术也较少；位于"高广度—低深度"的企业虽然与较多的企业建立了技术转让关系，但是通过转让方式获得的专利数量较少，大部分企业获得的专利都集中在 1～40 件。位于"高广度—高深度"象限的企业仅有一家，为台州市吉吉知识产权运营有限公司。该公司通过转让获得了上海斐讯和四川斐讯的 110 件专利，这 110 件专利可能是上述两公司交予该运营公司进行运营的专利。位于"低广度—高深度"象限的企业，大部分企业的专利转让都发生在公司内部，并未与不同的外部公司达成技术转让合作关系。

（2）专利许可。

专利许可是专利权人依专利许可合同允许他人实施其专利、获得权益的制度。专利许可有独占许可、排他许可和普通许可三种方式。独占许可，是指技术的接受方在协议的有效期内，在特定地区，对许可协议规定的技术拥有独占的使用权；技术的许可方不得在授权地区使用该技术制造和销售商品，更不能把该技术再授予该地区的任何第三方。排他许可，是指在合同规定的期限和地域内，被许可方和许可方都对该技术及其产品拥有制造、使用和销售的权利，但许可方不能再将技术许可给第三方。普通许可，是指在合同规定的期限和地域内，被许可方和许可方都对该技术及其产品拥有制造、使用和销售的权利，而且许可方还可以把技术许可给第三方。

在专利许可中，专利权人为许可方，允许实施的人为被许可方，许可方与被许可方之间应当签订专利实施许可合同。专利实施许可合同，只授权被许可方实施专利技术，专利所有权并不发生转让，即被许可方无权允许合同规定以外的任何单位或者个人实施该专利。专利许可使专利权人在保有专利权的情况下，最大可能地获取经济利益，同时可以最大程度地发挥专利对所处行业的影响，提升或者保证专利权人的行业地位和竞争优势，使权利的授予或者终结更加灵活。现行专利许可制度为专利许可备案制。依据专利实施许可合同备案办法的规定，专利许可合同并不是强制备案的，当事人不申请备案的，不影响专利许可合同的效力。因此专利许可数据可能具有不完整性。

图 2.1.18 为台州市制造业 2001—2022 年专利许可趋势图。台州市制造业发生许可的专利数量共 2677 件，在 2002 年开始有许可专利，2003—2007年无专利许可发生；2008—2009 年呈现快速上升的趋势，而后至 2011 年有较为明显的回落；2011—2013 年有一定阶段性的上升迹象，而在之后的

2014—2018 年又持续下降，2018 年没有发生专利许可；2019—2020 年专利许可数量缓慢上升后，于 2021 年达到近年来专利许可数量的最高值，共有593 件专利发生许可。

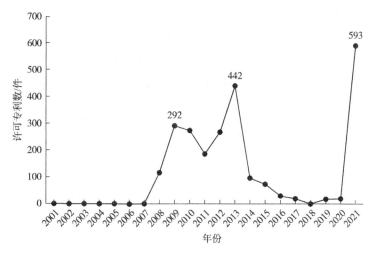

图 2.1.18　台州市制造业 2001—2022 年专利许可趋势

本书进一步统计了台州市制造业许可专利的专利权人主体类型分布，如图 2.1.19 所示。由图 2.1.19 可知，个人类型的专利权人许可的专利数量最多，为 1447 件，占全部专利的 54.05%；其次是企业，其许可专利数量为 1131 件，占全部许可专利数的 42.25%；大专院校和科研单位的专利许可数量较少，其许可专利数量分别占全部许可专利的 2.09% 和 1.61%。

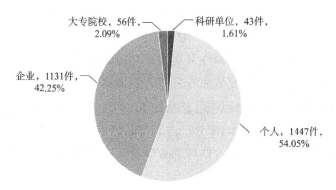

图 2.1.19　台州市制造业许可专利的专利权人主体类型分布

不同类型专利权人的专利许可动机各不相同。对于企业而言，专利许可是获得一定的经济价值并提升自身竞争力的一种战略选择。企业专利许可的积极性往往与其创新的边际成本有关。从技术层面看，制造业企业更倾向于开放地转移技术：比获得许可收入更重要的专利许可原因是获取外部技术或确保经营自由，尤其是新兴市场的研发竞争更易引发专利诉讼，因此这些企业很容易就交叉许可达成共识，从而可以利用彼此的技术。从市场进入视角看，企业通过许可建立合作关系有利于其扩展市场、扩大新技术的市场占有率或尽早进入市场；尤其是企业在发布新产品时，对外许可专利可以促进产品销售、加速新产品推广。综上，随着近年来技术环境的不断变化，专利丛林的不断发展，企业会有更加强烈的意愿进行专利许可。

对于个人类型的专利权人而言，一方面，个人类型的专利权人大部分是中小微企业的法定代表人，通过个人名义申请专利后可能会通过许可的方式将专利权许可给自身的公司；另一方面，个人类型的专利权人，也会产生创新性较高的专利，但是由于自身资源的限制，无法通过实施专利获得更高的利润，因此为使专利充分发挥价值，其会通过专利许可的方式获得一定的技术收益。综上，个人类型的专利权人的专利许可会受到内部环境和外部环境的制约，当自身资源不足、外部竞争环境较为激烈时，个人类型的专利权人会更加倾向于进行专利许可。

由于不同类型专利权人的专利许可动机不同，故不同类型专利权人的许可策略也会存在一定差异。本书统计了不同专利权人许可类型分布，如表 2.1.7 所示。由表 2.1.7 可知，对于企业类型的专利权人而言，其更倾向于独占许可和普通许可，两种许可类型专利数量分别占其专利许可总量的 48.54% 和 50.31%；个人类型的专利权人更倾向于独占许可，独占许可专利数量为 1179 件，占其专利许可总量的 81.48%；科研单位更加倾向于普通许可，普通许可专利数为 38 件，占其许可专利总数的 88.37%；大专院校的专利许可方式主要为独占许可和普通许可，两种许可方式的专利数均为 28 件。

表2.1.7　不同专利权人类型专利许可类型分布

专利权人类型	独占许可专利/件	排他许可专利/件	普通许可专利/件
企业	549	13	569
个人	1179	27	241
科研单位	5	0	38
大专院校	28	0	28
总计	1761	40	876

　　大专院校、科研单位、企业和个人作为四类不同的创新主体，具有不同的使命、文化和运作方式，这些差异导致其专利对外许可的动机和策略不同。对于大专院校而言，其许可收入在一定条件下取决于所有被许可人的产品市场份额总和，因此大专院校倾向于对多个企业实施普通许可，以获取更多的许可费收入，降低单一伙伴能力不足等原因导致的市场风险。同样地，科研机构本身不具备制造、销售产品的功能，不能直接推动科技成果转化，专利技术许可是科研机构技术创新成果转化的重要途径之一，普通许可可以减少市场风险，获取更多的许可费用，因而科研机构也倾向于非排他性许可。对于台州市制造业的相关企业而言，大部分企业间的许可为子母公司之间的许可，根据技术资源共享的原则，母公司的专利会被许可到不同地区的子公司实施，因此对于这类企业而言，其更倾向于普通许可或独占许可。对于个人类型的专利权人而言，大部分个人类型的专利权人，一般是中小微企业的法定代表人，故进行专利申请后，会通过排他性更强的独占性许可的方式许可给自身企业实施，所以其独占许可的专利数量最多。

　　另外，不同领域的技术更新速度、社会需求、研发投入等不同，对许可双方的排他性许可策略的选择也会产生影响，因此不同的产业其许可类型也会具有一定差异。本书进一步统计了台州市制造业重点产业的专利许可情况，绘制了如图2.1.20所示的不同产业专利许可类型分布图。由图2.1.20可知，在台州市制造业五大重点产业当中，医药健康产业的专利许可数量最多，为161件；其次是电子元器件产业，为109件；智能马桶产业专利许可数量最少，仅为13件。此外，在五大重点产业专利许可类型中，主要的许可方式为独占许可和普通许可，但是不同许可类型的占比略有差异。在医药健康产业当中，独占许可和普通许可的占比相差不大，在高端模具产业和电子元器件产业当中主要以独占许可为主，缝制设备产业主要以普通许可的方式为主。

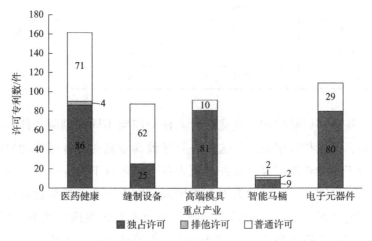

图 2.1.20 台州市制造业重点产业专利许可类型分布

　　为进一步探究台州市内企业所在专利许可网络中的地位，本部分选取台州市制造业当中发生专利许可的企业为样本，构建专利技术转让有向网络，采用节点的度数和强度测度不同机构在技术转移网络中所处的地位。构建的专利许可人"广度—深度"分布二维矩阵如图 2.1.21 所示。由图 2.1.21 可知，大部分企业类型的专利权人位于"高广度—高深度"和"高广度—低深度"两个象限，这说明大部分进行专利许可的企业与较多的企业建立了专利许可关系，但是专利许可数量并不高。其中，广度和深度最高的企业为浙江吉利控股集团有限公司，该公司共许可了 333 件专利，与 15 家企业建立了许可关系。通过进一步分析发现，虽然吉利集团的广度较高，但是与其建立专利许可关系的企业大部分为其下属子公司。其中被许可数量最多的企业为其下属一级制造总公司——成都高原汽车工业有限公司，共被许可 59 件专利；其次也是由吉利集团 100% 控股的浙江金刚汽车有限公司，共被许可 56 件专利。由此可以看出，吉利集团的技术资源集中化较高，一般会通过技术转让或技术许可的方式实现下属制造公司的协作化发展。另外，位于"高广度—高深度"象限的浙江银轮机械股份有限公司与吉利集团类似，大部分专利也是母公司对子公司的许可。

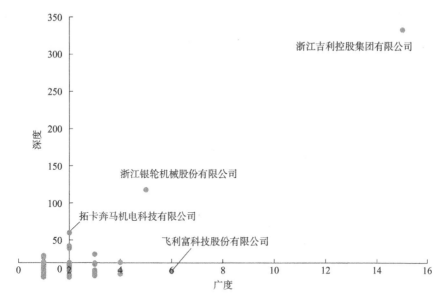

图 2.1.21　台州市制造业企业类专利许可人"广度—深度"二维矩阵图

企业类被许可人的"广度—深度"二维矩阵如图 2.1.22 所示。由图 2.1.22 可知，被许可人深度较高的企业大都为吉利集团的下属子公司，被许可专利数量基本都在 50 件以上。其中成都高原汽车工业有限公司的被许可深度最高，共接受了来自吉利集团和吉利汽车研究院的 61 件专利。大部分被许可人的被许可深度低于 20，被许可广度低于 3。出现这一现象的原因可以总结为以下两个方面：一方面，由于专利许可并不强制要求在国家知识产权局进行备案，所以本书收集的专利许可数据并不能够反映全貌，仅能够通过已经备案的专利许可信息一窥台州市制造业企业的专利许可情况；另一方面，对于像吉利集团这类大型集团公司而言，大部分专利的许可都发生在母公司和子公司之间，虽然其许可和被许可深度较高。但是其许可都发生在集团公司下属的几个公司之间，故其广度并不高。而对于中小型企业而言，由于专利许可费用较高，出于创新成本的考量，中小型企业往往会择优引进部分专利技术，从而造成大部分企业的被许可深度和广度都较低。

（3）专利质押。

专利权质押是指专利权人以专利权为债权的担保。当债务人（专利权人）不能履行债务时，债权人有权依照法定程序将该专利权折价或转让、拍卖所得价款优先清偿债务。作为一种担保方式，专利权质押无疑对促进资金融通和商品流通，保障债权的实现，发展社会主义市场经济起到越来越重要的作用。

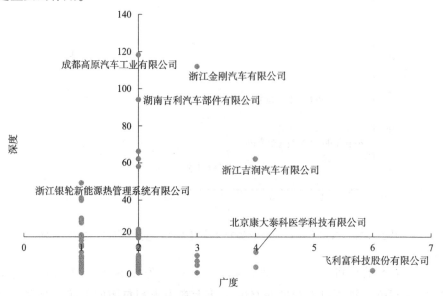

图 2.1.22　台州市制造业企业类专利被许可人"广度—深度"二维矩阵图

台州市制造业专利权质押共涉及 6701 件专利，其中发明专利 2217 件，实用新型专利 4061 件，外观设计专利 423 件；共有 1666 家企业将专利权质押，涉及金属制品业、高端模具行业、医疗健康行业、汽车制造业等领域。图 2.1.23 为台州市制造业专利 2013—2021 年质押趋势。台州市制造业 2013 年开始出现专利质押，2013—2021 年整体呈现稳步上升的趋势：由 2013 年的 11 件专利质押，上升至 2021 年的 2231 件。截至数据检索日，由于部分质押专利还未公开，故 2022 年质押专利数量略有下降。

图 2.1.24 为台州市制造业专利质押国民经济行业构成。其中 C43（金属制品、机械和设备修理业）最多，为 3410 件；其后 C40（仪器仪表制造业）为 3134 件，C34（通用设备制造业）为 2714 件，C35（专用设备制造业）为 1807 件，C33（金属制品业）为 1047 件，O81（机动车、电子产品和日用产品修理业）为 1076 件，C38（电气机械和器材制造业）为 898 件，C30（非金属矿物制品业）为 602 件，C29（橡胶和塑料制品业）为 530 件，C20（木材加工和木、竹、藤、棕、草制品业）为 362 件。

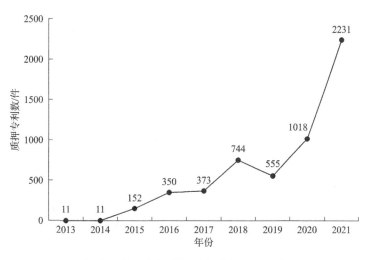

图 2.1.23　台州市制造业专利质押趋势

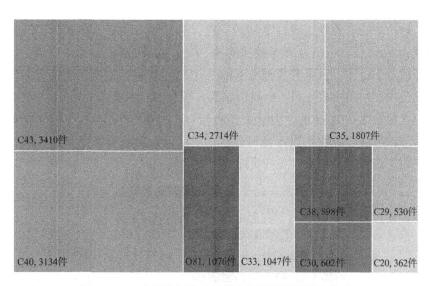

图 2.1.24　台州市制造业质押专利国民经济行业构成

　　图 2.1.25 为台州市制造业重点产业专利质押数量分布。由图 2.1.25 可知，在台州市制造业重点产业当中，高端模具产业的质押专利数量最多，达到了 536 件；其次是医药健康产业，为 360 件；电子元器件产业的质押专利数为 353 件，缝制设备产业和智能马桶产业的专利质押数量较少。由此可见，对于技术研发创新难度大、技术复杂度较高的产业而言，通过专利的质押融资可以使企业获得更多外部资金的支持，从而降低企业在技术研发

过程中的融资约束和融资成本。

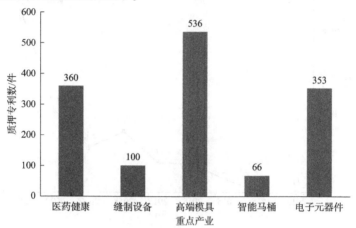

图 2.1.25　台州市制造业重点产业专利质押数量

　　台州市制造业发生质押专利的质权人类型中，质权人为银行的质押专利数为 6487 件，占所有质押专利的 96.97%；其次是企业类质权人，专利质押数是 203 件，占所有质押专利的 3.03%，企业类质权人大部分为融资担保公司和小额贷款公司。台州市制造业质押专利数量排名前 10 的银行类质权人如图 2.1.26 所示。由图 2.1.26 可知，台州市制造业专利权多向银行质押，以浙江泰隆商业银行台州分行、浙江泰隆商业银行台州温岭支行以及中国工商银行台州黄岩支行质押专利数量较多。

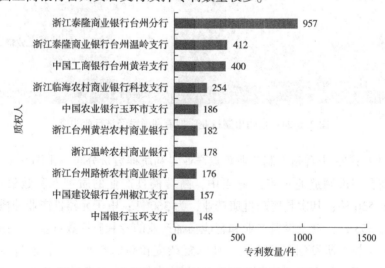

图 2.1.26　台州市制造业专利质押银行类质权人前 10

2.1.7 台州市各行政区域分析

对台州市各县（市、区）的专利进行分析，可以呈现各行政区域的专利实力情况，在一定程度上能反映台州市各地区对专利的重视程度。

表 2.1.8 从专利申请类型、申请量、有效专利量、高价值专利数量、专利运营数量四个方面对台州市制造业各区域专利申请分布情况进行分析。其中，高价值专利数据按国家知识产权局公布的标准选取，标准为："5 种条件之一的有效发明专利：战略性新兴产业、在海外有同族专利权、维持年限超过 10 年、实现较高质押融资金额、获得国家科学技术奖或中国专利奖。"因质押融资金额无法获取，所以调整为发生质押的专利。

表 2.1.8   台州市制造业各区域专利申请情况   单位：件

区域	专利申请数量			有效专利数量	高价值专利数量	专利运营数量		
	发明	实用新型	外观设计			转让	许可	质押
黄岩区	6 294	17 056	39 255	29 321	1 177	3 593	352	1 059
温岭市	9 889	29 698	18 257	25 387	2 206	5 571	447	1 151
椒江区	11 303	21 236	15 883	24 276	2 540	5 231	326	846
临海市	9 184	18 816	14 253	20 851	2 244	2 896	539	727
玉环市	6 562	19 863	14 639	19 329	1 283	3 501	269	633
路桥区	6 974	12 986	17 696	17 380	1 870	4 445	365	868
天台县	3 286	6 862	6 006	6 607	443	1 382	125	267
三门县	4 005	7 518	2 443	7 224	913	1 797	111	180
仙居县	2 440	3 220	2 859	3 678	481	515	22	119

黄岩区、温岭市、椒江区为台州市制造业当前有效专利数量排名前三的地区，一方面是因为其专利申请总量较多，也一定程度上说明了黄岩区、温岭市、椒江区的创新主体对知识产权的重视程度较高。结合图 2.1.27 可以看出，黄岩区虽专利申请总量多，但该区域发明专利与高价值专利数量均较少，外观设计专利数量最高，主要与区域内塑料模具及相关塑料制品、家居用品行业较为发达有关；温岭市发明专利数量仅次于椒江区，实用新型专利数量最多，其区域内电气相关领域较为发达，如泵与电机、电器等，

代表性企业有爱仕达、天山铝业、利欧集团等；椒江区的有效专利量排名第三，缝制设备、医药健康领域的几家龙头企业在椒江区，因此其发明专利与高价值专利数量均最多。

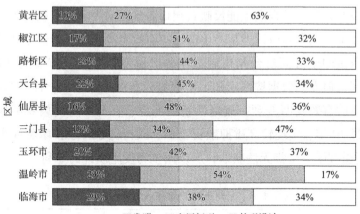

图 2.1.27　台州市制造业各区域专利类型占比

　　台州市制造重点产业医药健康、电子元器件、高端模具、缝制设备、智能马桶在各区域专利占比如图2.1.28所示。由图2.1.28可以看出，天台县、仙居县、临海市的医药健康产业发展规模较大，相关专利申请量较多，占比较大，这是因为有多个医药健康领域企业在这些区域，如位于临海市的浙江华海药业股份有限公司、位于仙居市的浙江优亿医疗器械股份有限公司及浙江仙琚制药股份有限公司等；三门县、路桥区、温岭市的电子元器件行业的专利占比较高，这与其区域内的泵与电机、智能家居、新能源汽车产业有关，同时路桥区智能马桶的专利占比也领先于其他地区；台州市作为全国最大的塑料模具生产基地，黄岩区享有"中国模具之乡"美誉，高端模具行业专利申请量也大多集中于黄岩区；椒江区最重视缝制设备产业的发展，多个缝制设备产业知名企业在椒江区设立工厂，如杰克科技股份有限公司、飞跃集团有限公司等。

　　图2.1.29是台州制造业各区域的专利运营情况，结合表2.1.8可知，台州市制造业专利运营以转让为主，其次是质押和许可。从各区县运营情况来看，温岭市专利运营数量位居第一，其中专利转让5571件、专利许可447件、专利质押1151件；其次是椒江区、路桥区和黄岩区。仙居县专利

运营的数量较少，分别发生转让 515 件、许可 22 件、质押 119 件。

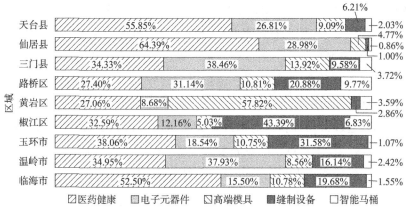

图 2.1.28　台州市制造业各区域重点产业占比

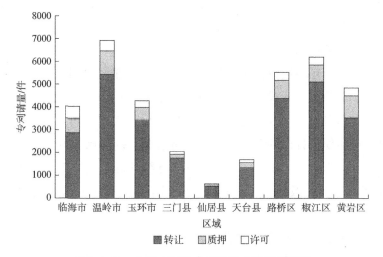

图 2.1.29　台州市制造业各区域专利运营情况

📦 2.1.8　台州市制造业的海外专利布局

　　在经济全球化的今天，国际市场上的中国产品已不少见。与以往"中国制造"的代工产品不同，近年来，更多国内企业自主研发的"中国智造"产品进入海外市场，展现出我国的创新风貌。凭借掌握的核心技术获得先机是我国很多"走出去"企业的共识，知识产权作为其中的关键一环为这些企业所重视。发展制造业知识产权是台州市制造业走向国际市场、适应国际竞争的必由之路。近年来，台州市委、市政府贯彻中央经济"走出去"的战略，大力推动台州市制造业国际化发展。《台州市制造业高质量发展"十四五"规划》中明确提出聚焦"456+X"先进产业集群，全面迈向工业4.0，一体推进制造业数字化、集群化、绿色化、服务化发展，促进"台州制造"迈向全球价值链中高端，全力以赴建设全国先进制造业标杆城市，加快打造具有国际影响力的"智造之都"。

本部分通过台州市制造业海外的相关专利，深入挖掘其申请趋势、布局国家/地区、技术热点、产业分布等信息，以期了解当前台州市海外专利发展现状，为台州市更好地进行海外专利布局发展提供支撑。

相关术语解释如下：

同族专利：同一项发明创造在多个国家或地区，以及地区间专利组织多次申请、多次公布或批准而产生的一组内容相同或基本相同的专利文献，称为一个专利族或同族专利。从技术角度看，属于同一专利的多件专利申请可视为同一项技术。

项：在对全球专利数据库中的专利进行申请量统计时，对于数据库中以同一专利族数据的形式出现的系列专利文献，计为"1项"。

件：在对各国布局专利进行申请量统计时，为了分析申请人在不同国家、地区或组织所提出的专利申请的分布情况，将同族专利申请分开进行统计，计为"1件"。以"件"为单位进行统计的专利文献数量对应于专利的申请件数。一般而言，"1项"专利申请可能对应1件或多件专利申请。

2.1.8.1 海外专利申请趋势分析

海外专利申请一般是指申请人通过《专利合作条约》（*Patent Cooperation Treaty*，PCT）或者《保护工业产权巴黎公约》（*Paris Convention for the Protection of Industrial Property*）等方式向除本国以外的其他国家/地区递交国际专利申请。作为理性的市场主体，企业进行海外专利布局的商业意图十分明确，当企业向某个国家提出专利申请时，已然将其视为目标市场，并且只有对于目标市场的预期收益大于专利申请和维持的费用时，企业才会考虑进行海外专利申请。❶ 在经济全球化背景下，专利国际化趋向日益显著，专利诉讼的"跨国战争"愈演愈烈，海外专利申请是一个企业积极参与全球科技竞争与合作，有效利用全球科技资源、加速提升自身创新能力的过程。通过对海外专利申请进行分析，可以探究台州市制造业主要的海外市场，为台州市海外专利布局战略的制定以及布局方案的优化指明方向，进一步提升台州市制造业的国际创新能力。

经检索统计得出，台州市海外专利申请共 1504 项，图 2.1.30 为台州市海外专利申请趋势。由图 2.1.30 可知，台州市海外专利申请量总体呈现增长的态势，2004—2008 年台州市在海外布局专利较少，专利申请量都在 20 项以下；2009—2015 年出现缓慢增长，专利申请量都在 100 项以下；2016—2021 年台州市海外专利申请量呈现快速发展趋势，其中 2020 年申请量达到 281 项。

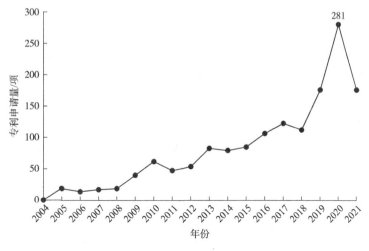

图 2.1.30　台州市海外专利申请总趋势

2.1.8.2　主要布局国家/地区分析

图 2.1.31 为台州市海外专利布局国家/组织（前 10）。从数量上看，台州市海外专利申请主要分布在欧洲、美国、日本等地，尤其是注重在欧洲专利局（European Patent Office，EPO）以及美国进行布局，公布专利的数

---

❶ 温芳芳.专利家族视域下企业国际化专利布局的测度与比较——以"世界 500 强"汽车企业为例[J].情报理论与实践,2018,41(10):118-123.

量均高于 1000 件，分别为 1107 和 1062 件；其次是日本，数量为 639 件；在西班牙、德国、俄罗斯等国家进行专利布局的数量相对较少，均低于 100 件。

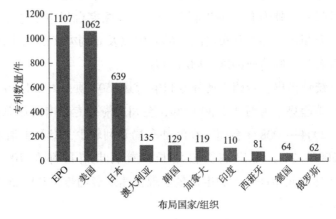

图 2.1.31　台州市海外专利布局国家/组织（前 10）

表 2.1.9 为台州市海外专利 PCT 申请指定国家/地区/组织。其中，向世界知识产权组织（World Intellectual Property Organization，WIPO）提出国际专利申请后主要进入的国家/地区/组织是 EPO 及美国，超过 1000 件专利，分别为 1073 件和 1025 件；其次有 438 件专利进入日本；韩国、澳大利亚、印度也是台州市相对重视的指定国家，分别有 113 件、112 件、100 件专利通过 PCT 途径进入。

表 2.1.9　台州市海外专利 PCT 申请指定国家/组织　　单位：件

指定国家/组织	专利数量	指定国家/组织	专利数量
EPO	1073	新加坡	8
美国	1025	葡萄牙	8
日本	438	菲律宾	7
韩国	113	马来西亚	6
澳大利亚	112	匈牙利	5
印度	100	英国	5
加拿大	99	丹麦	5
西班牙	69	土耳其	4

指定国家/组织	专利数量	指定国家/组织	专利数量
德国	60	奥地利	4
俄罗斯	48	阿根廷	4
巴西	31	越南	3
以色列	25	斯洛文尼亚	3
墨西哥	24	挪威	3
瑞典	21	埃及	3
波兰	20	哥伦比亚	3
赞比亚	15	亚太	3
乌克兰	11	意大利	2
秘鲁	10	摩洛哥	1
法国	10	卢森堡	1
智利	10	塞浦路斯	1
新西兰	9		

2.1.8.3　技术热点分析

表 2.1.10 为台州市海外专利排名前 10 的 IPC 技术热点含义及专利数量。从表 2.1.10 中可以看出台州市海外专利有 32 项专利分布在 A61K31 大组上，排名第一，主要为含有机有效成分的医药配制品；A61M5 有专利 21 项，主要是以皮下注射、静脉注射或肌内注射的方式将介质引入体内的器械。排名前 2 位的 IPC 主分类号都属于 A61 的下位，说明台州市对医疗领域的研究较为显著，对知识产权的海外保护也足够重视。排名第三的为 B25C1，该大组有专利 19 项，主要为手持钉钉工具；除此之外，台州市在捆扎物件、杂环化合物、卡盘、胀开芯轴、车上货物的固定或覆盖、微生物本身以及螺栓和螺母等方面也有海外布局。

表 2.1.10　台州市海外专利排名前 10 的 IPC 技术热点含义及专利数量

IPC 主分类号（大组）	IPC 含义	专利数量/项
A61K31	含有机有效成分的医药配制品	32

IPC 主分类号（大组）	IPC 含义	专利数量/项
A61M5	以皮下注射、静脉注射或肌内注射的方式将介质引入体内的器械；其附件，例如充填或清洁器、靠手	21
B25C1	手持钉钉工具；所用的供钉装置	19
B65B13	捆扎物件	16
C07D401	杂环化合物，含有两个或更多个杂环，以氮原子作为仅有的杂环原子，至少有 1 个环是仅含有 1 个氮原子的六元环	16
C07D471	在稠环系中含有氮原子作为仅有的杂环原子，其中至少 1 个环是含有 1 个氮原子的六元环的杂环化合物，C07D451/00 至 C07D463/00 不包括的	16
B23B31	卡盘；胀开芯轴；其采用的遥控装置	15
B60P7	车上货物的固定或覆盖	15
C12N1	微生物本身，如原生动物；及其组合物；繁殖、维持或保藏微生物或其组合物的方法；制备或分离含有一种微生物的组合物的方法；及其培养基	13
F16B33	螺栓和螺母所共有的特征	13

2.1.8.4 重点产业分布分析

随着台州市产业布局优化升级，经济不断发展，台州市成为长三角先进制造业基地和东南沿海现代化港口大城市。台州市主动参与国际制造业分工协作，重视海外产业布局。从表 2.1.11 可以看出，台州市医药健康产业是台州市海外专利布局排名第一的产业，申请时间在 2004—2021 年内，专利数量有 404 件。排名其次的是高端装备、汽车、泵与电机、智能家居等行业。通过表 2.1.11 可以看出，台州市海外重点产业布局大部分都是"456"先进产业，将重点产业在海外布局，其目的之一是保护先进技术产品市场，限制竞争对手的发展空间，推动台州市市场主体"专精特新"的长久发展。

表 2.1.11　台州市重点产业海外专利分布

序号	产业分类	专利数量/件	平均权利要求数/件	申请持续时间/年
1	医药健康	404	14.92	2004—2021
2	高端装备	224	9.34	2005—2021
3	汽车	87	10.35	2005—2021
4	泵与电机	68	8.00	2006—2021
5	智能家居	66	7.36	2010—2021
6	水暖阀门	66	9.54	2009—2021
7	绿色化工	65	10.69	2004—2021
8	高端模具	41	8.87	2005—2020
9	智能缝制设备	35	9.46	2006—2021
10	电子信息	32	13.81	2008—2020
11	时尚休闲	24	9.67	2011—2020
12	新型橡塑	23	9.96	2013—2021
13	轨道交通	10	5.40	2014—2020
14	新能源电动车	10	10.10	2010—2020
15	航天航空	2	16.50	2018—2019

2.1.8.5　区域分布分析

图 2.1.32 为台州市各区域海外专利申请数量分析图。就申请数量来看，椒江区专利海外布局数量最多，达到 333 项；其次是临海市、温岭市，分别为 280 项和 246 项；天台县、仙居县、三门县海外专利布局数量则较少。椒江区和临海市分别制定了相关奖励政策，对海外专利申请进行奖励，这些奖励政策也刺激了专利海外布局的积极性。

2.1.8.6　创新主体分析

通过对海外专利申请人按海外专利数量的排名分析（如表 2.1.12 所示），可以总体上获知台州市参与海外竞争的主要创新主体，这些专利所分布的行业、区域，在哪些国家/地区进行了专利布局等。由表 2.1.12 可知，

椒江区和临海市均有 3 家企业入榜，玉环市有 2 家，天台县和黄岩区各 1
家；从所属产业来看，医药健康产业有 5 家，高端装备产业有 2 家，其后依
次是汽车、缝制设备、橡胶和塑料制品产业，各有 1 家企业。医药健康产业
排名最高的为浙江海正药业股份有限公司，海外专利申请量为 1129 件，进
入的海外国家/地区包括美国、欧洲、日本和印度等。汽车产业的浙江吉利
汽车研究院有限公司，海外专利申请量为 573 件，进入的国家/地区包括美
国、欧洲、日本等。缝制设备产业排名最高的为杰克科技股份有限公司，
海外专利申请量为 270 件，其进入欧洲地区的专利最多，其中以德国为主。
高端装备产业的浙江双友物流器械股份有限公司，海外专利申请量为 123
件，进入的国家/地区包括欧洲、美国、澳大利亚等。橡胶和塑料制品产业
的浙江天台海伦塑胶有限公司，海外专利申请量为 44 件，进入的国家/地区
为欧洲、日本、澳大利亚、巴西、韩国等。海外申请专利件数超过 100 件的
创新主体有 7 个，三家属于医药健康产业，其中浙江海正药业股份有限公司
海外专利申请量最多，为 1129 件，其发明人数和进入国家/地区数也最高，
平均权利要求数排名第二，这说明其相对于台州市其他申请人在海外市场
的竞争力更强。

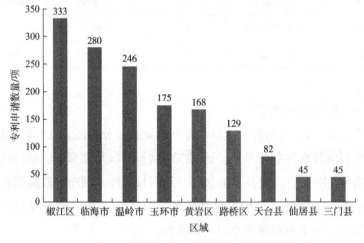

图 2.1.32 台州市各区域海外专利申请数量

表 2.1.12　台州市海外专利前 10 名创新主体

排名	申请人	区域	专利数量/件	平均权利要求数/件	申请持续时间/年	发明人数/人	所属产业	进入国家/地区/组织及专利数量
1	浙江海正药业股份有限公司	椒江区	1129	13.50	2004—2021	831	医药健康	DE (9)、AT (9)、HK (195)、AU (318)、JP (795)、WO (1112)、CN (1053)、EP (956)、CA (393)、US (1007)、IL (235)、IN (463)、KR (305)、ZA (139)、CL (212)、MX (241)、MY (139)、NZ (190)、UA (216)、SG (139)、PE (139)、EA (215)、BR (123)、RU (142)、NO (88)、PT (97)、DK (97)、ES (98)、PH (97)
2	浙江华海药业股份有限公司	临海市	619	10.39	2006—2021	193	医药健康	TW (14)、IL (14)、AU (14)、IN (24)、JP (85)、KR (20)、WO (611)、CN (570)、EP (541)、CA (14)、DE (13)、US (534)、ES (166)
3	浙江吉利汽车研究院有限公司	临海市	573	11.65	2014—2020	31	汽车	JP (527)、WO (573)、CN (525)、EP (558)、PL (75)、US (568)、ES (212)、HU (33)、TR (46)
4	浙江九洲药业股份有限公司	椒江区	313	11.99	2008—2021	198	医药健康	RU (30)、PT (52)、IN (69)、JP (236)、KR (65)、CN (179)、EP (243)、MX (47)、ES (88)、BR (79)、AU (107)、WO (300)、PL (71)、CA (107)、US (219)、IL (22)、SG (26)、EA (26)、DE (5)、AR (4)
5	杰克科技股份有限公司	椒江区	270	8.04	1903—2021	70	缝制设备	WO (35)、CN (15)、DE (212)、EP (51)、PT (1)、DK (1)、ES (5)、US (33)、AT (12)、ZA (11)、CA (11)

续表

排名	申请人	区域	专利数量/件	平均权利要求数/件	申请持续时间/年	发明人数/人	所属产业	进入国家/地区/组织及专利数量
6	浙江双友物流器械股份有限公司	玉环市	123	11.80	2005—2020	19	高端装备	DE (37)、AT (6)、WO (97)、CN (121)、EP (40)、ES (6)、AU (52)、US (81)、CA (34)、JP (19)
7	玉环胜友工具有限公司	玉环市	120	10.57	2019—2020	2	高端装备	WO (120)、CN (120)、US (120)
8	浙江天宇药业股份有限公司	黄岩区	49	9.65	2008—2022	51	医药健康	JP (24)、WO (24)、CN (47)、EP (40)、AU (2)、CA (6)、US (23)、PT (11)、IN (15)、KR (12)、ES (11)
9	浙江奥翔药业股份有限公司	临海市	49	29.24	2011—2021	10	医药健康	JP (44)、SI (21)、KR (47)、WO (49)、CN (38)、EP (47)、PL (21)、US (47)、ES (21)
10	浙江天台海伦塑胶有限公司	天台县	44	7.91	2015—2019	4	橡胶和塑料制品	BR (34)、DE (34)、RU (13)、AU (42)、JP (42)、KR (34)、EP (42)、FR (34)、NZ (34)、CA (34)、WO (10)、CN (10)、US (29)、PT (20)、DK (20)、HU (20)、ES (20)

注: 国家/地区/组织代码含义见附录3。

2.2　台州市制造业商标分析

　　商标在市场经济中发挥着重要的作用。它联系着卖方和买方，有着指示商品或服务来源、降低消费者搜寻成本的功能。商标作为品牌的核心和品牌的法律概念，在制造业发展中，具有特别重要的意义。为了推动台州市商标品牌战略的实施，《台州市十四五规划》指出，到 2025 年，全市累计新增"品字标"企业 200 家以上，建成功能全、服务优、全链条、全覆盖的品牌指导服务站 50 家。❶ 本部分选取台州市自 1980 年至 2022 年 5 月的注册商标申请数据，从申请趋势、商标运营、法律状态、商标类型、申请人构成、区域构成等角度进行分析。

2.2.1　商标类型

　　根据商标的构成要素，商标可以分为文字商标、图形商标、颜色商标以及组合商标。文字商标是指构成商标的标志是由文字构成的。文字商标的优点是便于口头指称，易于记忆、传播，但是不够形象，视觉冲击力不太强。图形商标是指单纯由图形构成的商标。图形商标的优点在于其商标本身可能就是一件艺术作品，不受语言的约束，生动、鲜明，利于跨国界传播；其缺点是不便于口头陈述，不便于相互交流。颜色商标是指构成商标的标志是由颜色构成。组合商标是由文字、图形或颜色组合而成的商标。组合商标兼具文字商标、图形商标和颜色商标的优点，在实际生活中被大量采用。组合商标中的文字与图形、颜色相互协调、密切联系，形成一个和谐整体，使得商标既便于称呼，又非常形象，便于跨国界传播。❷

　　由于文字商标和图形商标可以合并使用，且在申请实务中，组合商标中不论是文字还是图形，仅有一个要素缺乏显著性，则整个商标有被驳回风险。因此，组合商标的注册选择较少。但是如果企业需要形成品牌以及

　　❶　台州市人民政府办公室.台州市人民政府办公室关于印发台州市制造业高质量发展"十四五"规划的通知[EB/OL].（2021-12-17）[2023-03-11].http://www.zjtz.gov.cn/art/2021/12/17/art_1229194871_3765401.html.

　　❷　王太平,姚鹤徽.商标法[M].北京:中国人民大学出版社,2020:4.

开拓海外市场，应当重视组合商标的申请。诸多有影响力的跨国企业的商标为组合商标，如中国铝业集团有限公司、海尔集团公司、美的集团股份有限公司等。

然而，从台州市制造业商标类型分析可以发现（如图2.2.1所示），台州市制造业的商标中文字商标占比较多，而文字图形组合商标或者图形商标占比较少，这与文字商标注册的难易度和使用便利性相关，但由于形近字、音近字等因素的影响，文字商标更易出现混淆、弱化、搭便车的情形。

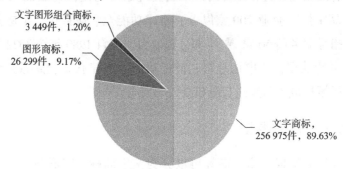

文字图形组合商标，3 449件，1.20%
图形商标，26 299件，9.17%
文字商标，256 975件，89.63%

图 2.2.1　台州市制造业各商标类型商标申请量

企业尤其是中小企业，如果商标品牌意识淡薄，创牌能力弱，无心考虑注册商标打造自己的品牌，鲜少关注商标国际注册的意义和价值，只注重产品的出口，那么对其自身发展极为不利。企业海外市场的开拓，不仅要重视产品的质量，还要重视品牌的内在建设。

2.2.2　商标申请趋势

商标的申请趋势能够反映企业对于产业发展的重视程度以及企业的商标布局情况。对台州市制造业商标申请趋势的分析，有助于了解台州市制造业企业品牌保护意识、品牌战略布局的变化与发展情况，助力企业的品牌战略实施。

截至检索日，台州市制造业商标申请共计286 674件。如图2.2.2所示，台州市的商标申请量在总体上呈增长态势，大致经历了以下三个主要阶段。

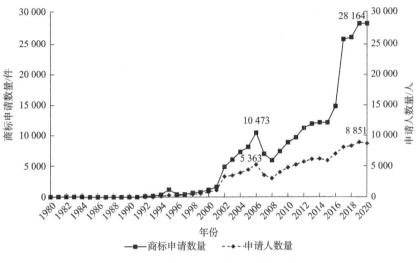

图 2.2.2　台州市制造业注册商标申请趋势

（1）萌芽期（1980—1999 年）。台州市可检索到最早的制造业商标（注册号：136325）由台州南峰药业有限公司于 1980 年申请。在此期间，企业虽有商标申请，但企业商标申请总数相对较低，除 1995 年商标申请件数达到 1203 件以外，其余各年申请总数均在 1000 件以下。

我国知识产权法律保护起步较晚，企业的知识产权保护意识不强。随着商标相关法律法规制度的建立，商标申请量整体呈上升趋势。在此阶段，商标注册主体与商标申请量增长趋势基本同步，企业在商标注册方面尚未进行布局保护。

为了鼓励商标申请，1995 年 3 月，台州市委召开扩大会议，确定"解放思想、打开'三门'（山门、海门、城门），改革创新，开拓前进，团结奋斗，振兴台州发展"的经济新思路，大力开展横向联系，加强对外交往，台州市经济迅速向外向型转变；1995 年 6 月，中国共产党台州市第一届代表大会第一次会议提出了要建设科工贸发达的现代化港口大城市；1995 年 9 月，全市实施"131"工程、发展"小巨人"企业动员大会在温岭召开，标志着台州市打破所有制界限，注重培育规模领头羊企业。台州市宏观政策的制定，在一定程度上促进了台州市制造业商标申请量的增长。1995 年，台州市制造业商标申请量达到 1203 件，企业的商标注册趋势超过了商标注册主体的增长趋势。

（2）波动上涨期（2000—2015 年）。2006 年台州市制造业商标申请总量达到 10 472 件，同时申请人数量达到 5362 个；2007—2008 年有所回落，而后呈现稳定上涨趋势，2016 年达到 14 635 件。2008 年 6 月 5 日，国务院发布了《国家知识产权战略纲要》，我国进入了内生动力主动保护的新发展阶段，我国知识产权保护事业实现了由被动接受到主动保护的转变。

（3）快速发展期（2016—2021 年）。在此期间，台州市制造业商标申请量在 2006 年和 2018 年出现了两个小高峰，如图 2.2.2 所示。结合浙江省知识产权发展来看，2005 年 9 月 29 日，时任浙江省委书记习近平在《浙江省工商局关于品牌建设政策措施的报告》中做出批示："品牌建设是转变经济增长方式、促进产业升级的关键举措，要作为工作重点，形成具体工作方案扎实推进。"❶ 同年 6 月 12 日，浙江省委、省政府下发《关于推进"品牌大省"建设的若干意见》。相关商标政策的出台和落实对台州市制造业 2006 年前后商标申请量的提升起到了一定的促进作用。

此外，国家宏观政策的出台对于商标申请量的增长也产生了一定的促进作用。2018 年 6 月 5 日国务院发布了了《国家知识产权战略纲要》，之后我国进入了内生动力主动保护的新发展阶段，我国知识产权保护事业实现了由被动接受到主动保护的转变。同年，国家工商行政管理总局印发的《商标注册便利化改革三年攻坚计划（2018—2020 年）》提出，截至 2020 年，商标申请检查周期缩短至 4 个月以内，为品牌竞争营造良好环境，在一定程度上促进了商标注册申请的积极性。与此同时，台州市制造业受国家宏观政策影响，商标申请量达到 28 164 件，出现了商标申请量的第二次高峰。

可以看到，台州市制造业商标申请主体与申请量之间是一种正向关系，当申请主体增加时，商标的申请量也随之增加。此外，商标的申请主体与申请量并不是等量关系，而是呈现倍数关系。台州市制造业企业有着比较强的品牌意识，表现为注重商标布局。

2.2.3 商标尼斯分类

商品和服务项目分类采用《商标注册用商品和服务国际分类尼斯协定》

---

❶ 【改革开放四十周年】浙江工商系统四十件大事评选（1978—2018）［EB/OL］.（2018-07-03）［2023-04-29］. https://www.sohu.com/a/239131124_692990.

（2022 文本）（以下简称《尼斯协定》）。《尼斯协定》主要规定的是商标注册用商品与服务分类法，它将商品分为 34 大类，服务项目分为 11 大类，该分类为商标检索、商标管理提供了很大方便。1988 年 11 月，我国开始使用国际商标注册用商品分类法。在 1993 年 7 月 1 日实施《中华人民共和国商标法》（以下简称《商标法》）修正案后，也开始使用国际服务分类法，1994 年 8 月 9 日我国加入《尼斯协定》。从尼斯分类号注册数据着手，可以大致了解某一地区产业集中情况体现，这在企业发展初期更为明显。当企业发展到一定规模，开展品牌布局时，随着联合商标和防御商标数量的增加，尼斯分类号数据对区域产业集中体现影响力减小。

从台州市产业尼斯分类可知（如图 2.2.3 所示），台州市制造业形成了较为稳定的产业集群，主要表现在第 25 类、第 7 类、第 9 类。其中第 25 类服装、鞋、帽的注册数据明显高于其他制造业类型，拥有商标数量 57 945件。紧随其后的是"机器和机床；马达和引擎（陆地车辆用的除外）；机器联结器和传动机件（陆地车辆用的除外）；非手动农业器具；孵化器；自动售货机"（第 7 类）和"科学、航海、测量、摄影、电影、光学、衡具、量具、信号、检验（监督）、救护（营救）和教学用装置及仪器；处理、开关、传送、积累、调节或控制电的装置和仪器"（第 9 类）。这两项尼斯分类号多用于设备制造产业和电子元器件产业。

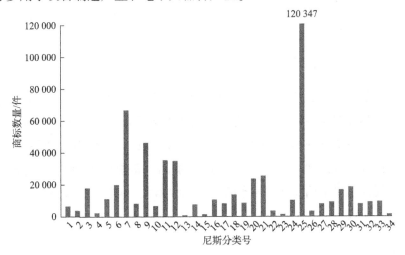

图 2.2.3　台州市制造业注册商标尼斯分类号数据

分析台州市3区3市3县的商标注册数据，结合商标分类号，有助于了解台州市制造业产业各区域商标分布情况（如图2.2.4所示）。服装、鞋、帽制造业并没有形成一定的产业聚集区，在黄岩区、椒江区、三门县、温岭市、仙居县都有相关企业布局。机器和机床、马达和引擎等商品的制造则相对集中在路桥区。设备、量具等商品的制造相对集中在临海市。作为旅游城市的玉环市，普通金属制非电气用缆线、五金具等商品的制造企业相对集中。

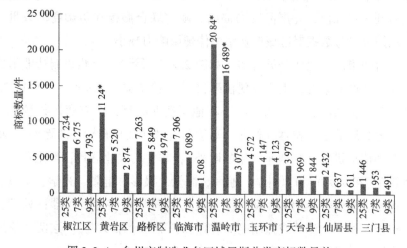

图2.2.4　台州市制造业各区域尼斯分类商标数量前3

注：＊表示该产品、服务项目为统称，不能排除这个统称在其他类别出现的可能性。

2.2.4　商标法律状态

商标的法律状态主要表现为待审、已初审、已驳回、已销亡以及已注册。商标的法律状态可以间接反映商标的申请质量。从服务业发展角度而言，商标的法律状态也可以看出一个地区的知识产权服务业水平。当然，要了解商标的法律状态，首先需要了解的是商标的注册流程。根据国家知识产权局商标局中国商标网公布的商标流程图❶，本书大体将商标流程分为以下几个阶段。

---

❶　国家工商总局商标局.商标注册流程图[EB/OL].（2009-02-05）[2023-03-11]. https://sbj.cnipa.gov.cn/sbj/sbsq/zclct/200902/t20090205_623.html.

（1）商标注册申请材料提交及费用缴纳。

（2）等待审查结果。一般提交之后 3~4 周内会被受理，商标受理机关下发受理通知书（不代表已经获准注册）。在收到受理通知书 5~6 个月后，受理机关会进行实质审查。商标形式审查状态表明商标正在进行申请资料审核，审查员审核申请人所提交的资料文件是不是符合规定，如果不符合的可能需要补正资料，也可能直接不予受理。商标实质审查是审核所申请商标是否合法，是否存在近似商标，是否具有显著性等。假如在此过程中审查员判定有一项不符合规定的话，商标都会被驳回。实质审查没通过的商标，商标法律状态显示为"已驳回"，这意味着商标注册失败。如果商标实质审查通过，则商标局会发布《初步审定公告》，此时商标的法律状态会显示为"已初审"。

（3）商标公告。商标通过实质审查之后，就会在国家知识产权局商标局网站公告。如公告期内无人提出异议，就可以核准注册，进入核准注册公告期。被核准注册的商标法律状态则显示为"已注册"。后续就是领取商标注册证。当然，公告期的目的是面向全社会公布该件商标即将被注册，看是否有人对该商标的注册持有异议，如果有异议提出，商标局会通知申请人。收到异议通知，可进行异议复审。复审通过，可注册商标，未通过或者不予复审，则商标注册失效。

此外，由于违反我国《商标法》第四十条、第四十九条而被撤销的商标，法律状态则显示为"已销亡"。原因主要包括：①商标到期未进行续展；②连续三年不使用；③商标注册人在使用注册商标的过程中，自行改变注册商标、注册人名义、地址或者其他注册事项的，由地方行政管理部门责令限期改正仍未改正的。

从商标法律状态角度，对台州市制造业商标数据进行提炼，结果如图 2.2.5 所示。台州市制造业已注册商标总计 184 862 件，超过台州制造业商标总量半数。而已销亡商标占总比 11.89%，其中有 10 家申请主体已被注销。

根据国家知识产权局 2021 年度统计数据显示，2021 年 1 月至 12 月底我国注册商标申请总量为 9 450 507 件，核准注册件数为 7 738 947 件，商标注册率为 81.89%，驳回率为 18.11%。台州市制造业商标已驳回 43 046 件，注册率为 81.11%，驳回率为 18.89%。

可以看到，台州市制造业商标的驳回率略高于全国水平。这反映了台州市制造业商标申请质量有待提升，台州市的知识产权服务业发展有待加强。随着"注意力经济"的到来，对于企业而言，台州市制造业企业应当重视商标的申请质量，避免被驳回。当然，知识产权服务业的水平对商标的申请质量有着重要的影响，政府应当重视知识产权服务业的发展。

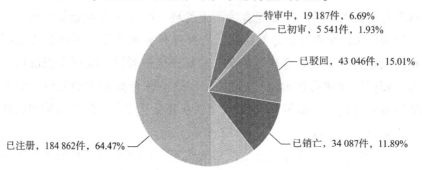

特审中，19 187件，6.69%
已初审，5 541件，1.93%
已驳回，43 046件，15.01%
已销亡，34 087件，11.89%
已注册，184 862件，64.47%

图2.2.5 台州市制造业商标法律状态数据

2.2.5 商标运营

商标权作为具有财产性质能够通过商标运营实现财产效益。商标权运营的主要方式包括转让、许可、质押等行为。我国《商标法》第四十二条、第四十三条对商标的转让与许可进行了规定。商标运营有着重要的商业价值。在品牌经济的背景下，仅靠产品与技术已经无法满足企业市场竞争的需要，以商标为基础品牌战略成为企业的重要竞争战略。如今，商标已经突破了传统的区别功能，具有开拓市场、遏制竞争对手、占领市场等多重商业价值。商标作为企业实施品牌战略的重要基础，是进入消费者心智的"黄金名片"，商标运营能力成为企业品牌运营能力的体现。

如图2.2.6所示，从整体情况来看，1980年至2022年5月，台州市制造业商标运营方式主要以转让为主，商标转让达26 259件。这里值得注意的是，由于商标许可并非强制登记备案，因此存在商标权利人进行了商标许可但未进行登记备案的情况，此处所检索到商标许可数据仅代表已经登记备案的商标许可数量。

相对于商标许可和商标质押，商标转让的情形更为多元化，如此公司与彼公司之间的商标转让、母公司与子公司之间的商标转让、公司合并后的商标转让、公司分立后的商标转让、随着公司转让附带的商标转让等。因此，商标转让的数据在一定层面上反映了台州市制造业的市场活跃程度。而商标质押相较于商标转让与商标许可，商标质押融资贷款出现的时间较晚，数量也相对较少。

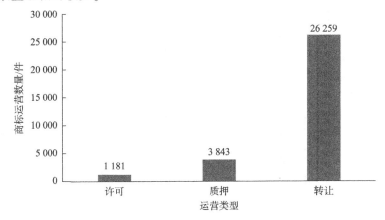

图 2.2.6　台州市制造业商标运营数量

　　商标运营的活跃程度与台州制造业布局、区域经济发展存在一定联系，如图 2.2.7 所示。温岭市的商标质押数量明显高于台州市其他区域。这一方面有赖于温岭市市场监督管理局对质押融资工作的持续推进；另一方面，作为"中国工具名城"，温岭市从事工量刃具生产的企业有 2000 多家，浙江工量刃具交易中心已发展成为全国最大的工量刃具四星级专业交易市场，2020 年交易额达 60 亿元，成交量占全国的 30% 以上。❶ 而作为资金密集型中小企业，商标的质押融资能有效为生产企业打通现金流，为企业做大做强提供更大底气。同为县级市，临海市与玉环市作为制造业相对弱的旅游城市，商标运营数量甚至低于黄岩、椒江和路桥三区。

　　（1）商标转让。

　　商标转让是注册商标专用权的一种重要取得方式。广义上的商标转让是指通过协议转让、接受赠送、继承、继受等方式从原商标注册人处取得

---

❶　赵静、共享联盟温岭站赵碧莹. 授信 10 亿元全省首笔制造业集体商标在温岭质押融资［EB/OL］.（2021 - 09 - 08）［2023 - 03 - 11］. https://tz. zjol. com. cn/tzxw/202109/t20210908_23059637. shtml.

其注册商标所有权的行为。转让注册商标，要在转让后6个月以内由转让人和受让人共同向商标主管机关申请转让注册或评估作价。商标转让的优点，在于节省了商标注册周期的时间成本，以及培育商标价值的时间成本，同时在一定程度上降低了被驳回的风险。

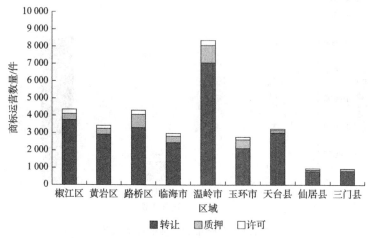

图 2.2.7 台州市制造业各区域商标运营数据

从转让主体角度看，如图 2.2.8 所示，商标转让一般存在以下类型：①个人转让给企业，如企业法定代表人转让其名下商标给所在企业，或者由于商标名称的显著性较高，企业直接购买了申请主体为个人的已注册商标；②企业转让给企业，如转让给旗下子公司或分公司，或者显著性较高的已注册商标的购买；③企业转给个人；④个人转让给个人。后两者情况相对较少，多见于显著性较高的已注册商标的购买。

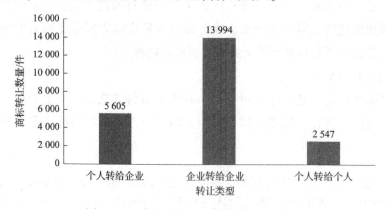

图 2.2.8 台州市制造业商标转让类型数据

从尼斯分类号的角度看，如图2.2.9所示，排名前两位的尼斯分类号同样是第25类、第7类，一般适用于服装产业和设备制造业，与台州市制造业整体注册情况一致；随后是第12类、第9类和第11类。第12类"运载工具；陆、空、海用运载装置"适用范围较广，如汽车制造业、设备制造业、航空制造业等，而第9类一般多见于电子元器件产业，这与台州市制造业的实际情况也较为符合。

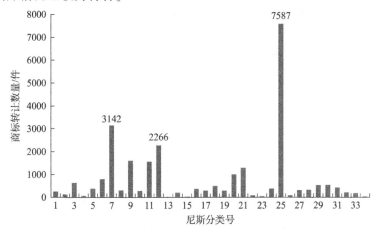

图 2.2.9 台州市制造业商标转让各尼斯分类号商标数量

从台州市行政规划上看，作为浙江省高质量发展建设共同富裕示范区第二批试点地区之一，温岭市的商标转让活动较为频繁。商标主体的新增、业务扩展、规模扩大，甚至主体注销在商标转让中有所体现，反映出市场主体活跃程度。椒江区作为台州市老城区，重点企业相对聚集，经济活动较为活跃，商标转让在数量上仅次于温岭市，排名第二位（如图2.2.10所示）。

（2）商标许可。

服务于企业发展的需要，企业在进行品牌宣传及扩张的时候，商标许可也会被纳入考量之中。商标许可又称商标使用许可，是指商标注册人通过签订商标使用许可合同，允许他人使用其注册商标的一种法律行为。在商标许可中，商标注册人为许可人，被许可使用商标的一方为被许可人，双方可签订商标使用许可合同。商标使用许可合同，仅表明被许可人取得按约定使用该注册商标的权利，并不导致商标专用权发生转移，商标专用权仍由许可人（商标注册人）所有。根据《商标法》第四十三条第三款的规定，许可他人使用其注册商标的，许可人应当将其商标使用许可报商标局备案，由商标局公告。商标使用许可未经备案不得对抗善意第三人。

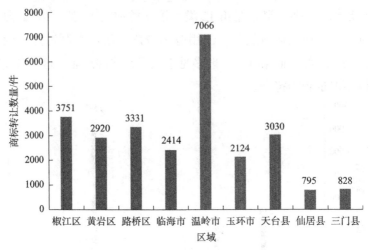

图 2.2.10　台州市制造业各区域商标转让数量

从转让主体的角度来看，商标许可与商标转让的情形一样，存在四种情况。其中个人许可企业、企业许可企业的情形较为常见。

从尼斯分类号的角度来看，商标许可仍然集中于第 12 类、第 7 类和第 25 类，这与商标转让排名前三位的尼斯分类号一样，区别在于第 12 类的商标许可明显多于第 7 类和第 25 类，数量达 340 件（如图 2.2.11 所示）。

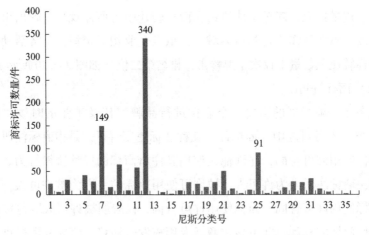

图 2.2.11　台州市制造业各尼斯分类号商标数量

从台州市行政区域划分角度看，商标许可同样在温岭市、椒江区、路桥区这三个区域中较为活跃，与商标转让活动开展情况相一致（如图 2.2.12 所示）。

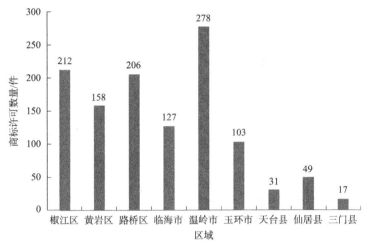

图 2.2.12　台州市制造业各区域商标许可数量

（3）商标质押。

商标质押是商标运营的第三种方式，是指具有品牌优势的企业用已经国家知识产权局商标局依法核准的商标专用权作质押物，从银行取得借款，并按约定的利率和期限偿还借款本息的一种贷款方式。

相较于劳动密集型企业而言，资金密集型企业对于质押活动开展的依赖性和需求性更强。对于台州市制造业而言，与台州市制造业的商标注册整体情况相类似，设备制造产业（第 7 类、第 11 类）和服装产业（第 25 类）的商标质押数量较多（如图 2.2.13 所示）。

商标质押的主体并不局限于普通商标。近年来，温岭市市场监督管理局扶持本地中小企业发展，在知识产权成果转化方面加大力度，与温岭农商银行等金融机构积极对接，促成知识产权成果转化。2021 年 9 月 6 日，"温西工具"集体商标以 30 亿元的评估值质押给温岭农商银行，温岭市工量刃具行业协会 200 余家会员企业获得授信 10 亿元，成为浙江省首笔制造业集体商标质押融资。❶ 此笔融资的促成，有效盘活了集体知识产权资源，

---

❶ 赵静,赵碧莹.授信 10 亿元全省首笔制造业集体商标在温岭质押融资［EB/OL］.（2021-09-08）［2023-03-11］.https://tz.zjol.com.cn/tzxw/202109/t20210908_23059637.shtml.

进一步拓宽"知产"到"资产"的转化渠道，也为金融赋能共同富裕建设提供了更多借鉴。这在台州市各区域制造业商标质押数据中也有所体现（如图 2.2.14 所示）。

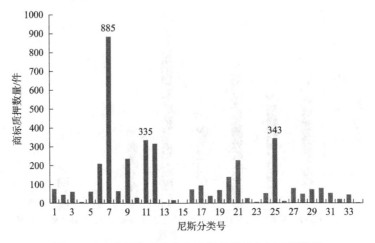

图 2.2.13　台州市制造业各尼斯分类号商标质押数量

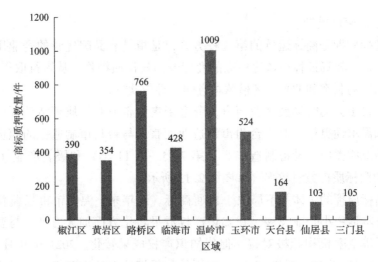

图 2.2.14　台州市制造业各区域商标质押数量

以上分析可以看到，台州市商标运营较为活跃，但也存在一些问题：一是区域差异较大；二是方式较为单一。为此，台州市制造业企业应当积极进行商标运营，政府部门应当为扩展商标运营的方式创造条件，助力迅速扩大台州市制造业企业生产和资本规模，提高市场竞争能力，进而成为行业发展的"领头雁"。

2.2.6　商标申请人构成

　　台州市是一个民营经济发达的城市，个人工商户的数量规模可以与企业数量规模比肩。根据台州市统计局发布的《台州市 2021 年国民经济和社会发展统计公报》，2021 年，台州市全市规上工业企业（年主营业务收入2000 万元及以上工业企业）4692 家，实现工业增加值 1453.90 亿元，比上年增长 12.4%。全市规上工业增加值总量排在前五位的行业，通用设备制造业、电力热力生产供应业、医药制造业、汽车制造业、橡胶和塑料制品业分别完成工业增加值 233.51 亿元、153.90 亿元、149.85 亿元、139.21 亿元和 133.96 亿元，分别比上年增长 19.5%、19.7%、3.2%、–2.0% 和11.7%。❶ 如图 2.2.15 所示，个体经营户不论在注册商标总量上还是申请主体数量上，都要高于企业注册商标量。截至 2021 年，台州市制造业法人单位数总计 60 525 家❷，而拥有商标注册的制造业企业 23 462 家，占总比38.76%，将近 2/3 的制造业企业尚未注册商标。

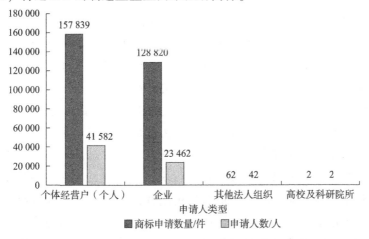

图 2.2.15　台州市制造业注册商标数量和申请人数量

---

❶　台州市统计局. 台州市 2021 年国民经济和社会发展统计公报［EB/OL］.（2022-04-25）［2023-03-11］. http://tjj. zjtz. gov. cn/art/2022/4/25/art_1229020471_58670547. html.

❷　台州市统计局. 台州统计年鉴 2022［EB/OL］.（2022-12-13）［2023-03-18］. http://tjj. zjtz. gov. cn/art/2022/12/13/art_1229020475_58671348. html.

2.3　小结

　　商标与专利同样作为知识产权，时常作为对比的对象，两者之间存在着差异和相似之处。商标和专利一经许可注册或授权都赋予了申请主体专有权，为企业投资创新活动和营销活动提供了激励。专利传递的是企业技术知识，并为企业的创新提供保护；而商标传递的则是企业营销战略的信息，以及保护其营销资产的意愿。专利和商标存在着某些共同信息，两者都是企业产品创新的标志，新产品可能同时需要专利和商标的保护。❶ 相似的，商标和专利都可以监测企业新产品投放市场。

　　对于制造业企业而言，企业投入大量资金进行技术或产品研发，当企业创新出新产品或原有产品具有巨大改进时，往往会通过申请专利的方式保护自身的产品，从而使自身的产品或技术不被竞争者模仿，进而获得一定的垄断权。对于一般消费者而言，并不清楚不同产品所包含的技术升级和创新，更加注重品牌效应，因此当企业在创新出新产品或者现有产品出现巨大改进时，企业在申请专利的同时也应做好相应商标的申请和布局，以方便消费者进行产品对比并做出购买决策。而当企业的品牌已经被消费者认可时，企业不会因产品或技术发生较小的改进而去注册新的商标，因为这可能会激发消费者评估其他制造商的产品而不是固守他们原本使用的产品。综上所述，专利申请可以表示企业的技术或产品的巨大改进或升级，而商标的注册代表着新产品进入市场。因此对于制造业企业而言，其专利申请与商标注册之间存在一定的内在关联性。通过对台州市制造业的专利和商标进行分析，可以发现其内在运行机制，发现目前存在的问题，从而完善台州市制造业知识产权保护和运用流程，推动台州市制造业企业高质量发展。根据上文对台州市制造业专利与商标的分析，本部分对台州市制造业专利与商标的整体情况进行对比总结，探究台州市制造业技术创新与品牌建设的内在运行与作用机制。

　　（1）在申请趋势方面，在2000年以前，台州市制造业的专利申请以及商标注册均处于萌芽期，专利申请量和商标注册量较低，这说明相关创新主体的技术创新能力较弱，知识产权保护意识也较为薄弱。2000—2013年，

❶ 刘紫茵.知识产权价值评价体系构建研究[D].武汉:湖北大学,2022:32-34.

台州市制造业的专利申请数量呈现快速发展态势，商标的申请量呈现波动上升的态势。2000 年以后，台州市抓住了经济全球化发展的契机，开始大力推进建设制造业基地。2003 年台州市委、市政府以党的十六大精神为指导，以加快发展为主题，以走新型工业化道路为目标，着力推进建设具有国际竞争力的现代制造业基地。自此以后，台州市着力扶持制造业相关产业的发展，加大了创新投入力度，加强技术创新和技术升级改造，着力开发有自主知识产权的产品。在此期间，台州市制造业完成了初始的技术积累，各个产业均建立了良好的品牌形象，故在 2007 年以前，专利申请量以及商标申请量均不断攀升。在 2007 年以后，由于台州市制造业已经完成了前期技术积累，不同的创新主体已经建立了许多具有自主知识产权的品牌，相关产品已经得到市场的认可，所以此时创新主体更加注重对产品或者技术的进一步改进升级，并未进行大规模的商标申请和布局，加之金融危机的影响，产业内的相关创新主体重新"洗牌"，技术创新能力较弱的创新主体逐渐被市场淘汰，故此时的商标申请量呈现波动上升态势。这与上文的理论分析结果一致。

（2）从产业分布情况来看，台州市制造业的专利申请主要涉及的产业是高端模具、电子元器件、汽车以及缝制设备等，与商标申请涉及的主要产业大致相同。由此可以看出，台州市制造业涉及的产业较多，且大部分产业的产品均是面向消费者，故上述产业的相关创新主体在注重自身技术和产品创新的同时，也会更加注重自身的品牌建设。

（3）从申请人构成来看，台州市制造业专利申请数量较多的申请人类型分别为企业和个人。其中企业类型的创新主体专利申请量最多，其专利申请量占台州市制造业专利申请总量的 54.16%。商标申请量较多的申请人类型与专利相似，其申请人类型主要也是企业和个人，但是其中个人的商标申请数量较多，企业的商标申请量较少。根据上文分析可知，台州市制造业企业当中，个体经营户（个人）的数量较多，企业数量较少。由此可以看出，对于台州市制造业中具有一定规模的企业而言，其更加注重自身技术创新，在保证产品质量和技术创新的基础上进行商标申请和布局，从而打造属于自身的品牌体系；对于小微企业而言，自身技术创新能力较为薄弱，只能通过商标的方式保护自身产品，通过品牌营销吸引消费者。

综上所述，近年来台州市制造业的技术创新能力以及品牌建设能力逐步提高，企业的知识产权保护意识也在不断加强。总体而言，台州市制造业涉及的产业门类较多，不同产业的技术创新和品牌建设之间的匹配度存在一定差异，但是对于大部分产业而言，相关创新主体在注重自身技术创新的同时也会进行商标的申请和布局，呈现出专利保护与商标保护并重的发展趋势。

第 3 章

台州市医药健康产业知识产权分析

医药健康产业是传统产业和现代产业的结合，其主要门类包括化学原料药及制剂、中药材、中药饮片、中成药、抗生素、生物制品、生化药品、放射性药品、医疗器械、卫生材料、制药机械、药用包装材料及医药商业。医药健康产业也是台州市制造业中科技含量较高、高端人才较集中、竞争力较强的产业之一，已初步形成了以医药医疗产业为主导，养生养老、健体康体为补充的大健康产业体系。台州市正致力于打造世界级的高端医药产业制造中心。目前，台州市拥有医药类规上工业企业 126 家，其中上市企业 19 家，居浙江省第一。2021 年，全市实现规上工业总产值 432.6 亿元，居全省第二。可以说，医药健康产业创新发展对台州市整体经济发展具有重大影响。

本章从专利与商标两个视角对台州市医药健康产业知识产权情况进行分析研究，深入挖掘台州市医药健康产业专利和商标信息，以期了解当前台州市医药健康产业发展现状，为台州市医药健康产业高质量发展及其专利、商标科学布局提供数据支撑。

3.1 台州市医药健康产业专利分析

截至检索日，台州市医药健康产业专利申请总量为 16 720 件，其中发明为 7532 件，实用新型为 8040 件，外观设计为 1148 件。台州市医药健康产业专利以发明和实用新型为主，这与其产业特征有关。台州市医药健康产业涵盖医药制造、医疗器械、药品研发、药材种植等领域。医药领域一般涉及药品产品、药品制备工艺、药物用途等类型的发明专利，医疗器械领域的专利以实用新型和创造性相对较高的发明专利为主。以下从台州市医药健康产业的专利申请趋势、技术热点、创新主体、重点企业专利布局、协同创新与专利运营等角度进行分析，揭示台州市医药健康产业专利申请的整体态势与现状。

3.1.1 专利申请趋势分析

台州市医药健康专利申请整体呈现增长态势。从图 3.1.1 可以看出，台州市医药健康产业专利申请趋势可分为 3 个阶段。

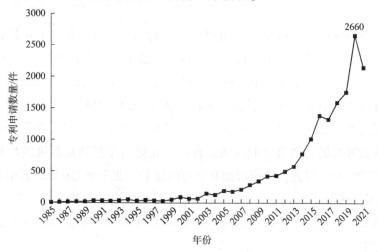

图 3.1.1 台州医药健康产业专利申请趋势

（1）初步发展期（1985—2002 年）。

台州市医药健康产业第一件专利为 1985 年 5 月 25 日申请的发明专利：

一种治疗胆囊疾病的中药生产方法。在此阶段，台州市医药健康产业申请人的专利意识薄弱，创新能力较弱，专利申请量增长缓慢。

（2）缓慢发展期（2003—2013 年）。

2000 年前后，台州市医药健康企业如雨后春笋般相继成立，如浙江华海药业股份有限公司于 2001 年成立，2003 年开始申请专利；浙江海正药业股份有限公司于 1998 年成立，2001 年开始申请专利；浙江仙琚制药股份有限公司于 2000 年成立，2003 年开始申请专利；联化科技股份有限公司于 1998 年成立，2003 年开始申请专利。各区域集中优势、密集发展，通过产业集聚逐步形成以华海药业为代表的临海区块，海正药业为代表的椒江区块，仙琚制药为代表的仙居区块，联化科技为代表的黄岩区块这四大主要产业版图。台州市主要的高校和科研院所也在这一阶段开始申请医药健康领域的专利，如台州学院和台州职业技术学院于 2008 年、浙江大学台州研究院于 2006 年分别开始申请相关专利。这一阶段，台州市医药健康产业持续发展和创新技术，高新企业成长较快，在专利申请量上呈现缓慢上升的趋势。

（3）快速发展期（2014—2021 年）。

这一阶段，台州市医药健康产业持续发展。台州市于 2015 年公布了《台州市医药产业发展规划（2014—2020）》，确定全市医药产业发展的目标定位、空间布局、发展重点，并按照"大力发展化学制剂，着力培育生物医药产业，优化升级原料药产业"的思路，逐步实现从传统原料药向特色、高附加值原料药和制剂，从单一化学药物向化学药、生物药、中医药共同发展，从仿制药、仿创药向自主创新药等转变。2015 年，中共台州市委出台了《关于加快医药产业发展的实施意见》，从政策层面扶持医药产业发展。2016 年，《台州市人民政府关于促进健康产业发展的实施意见》发布。这些政策的实施对台州市医药健康产业专利的增长起到了政策性引导作用。同时，台州市医药健康领域申请人的专利意识越来越强，更加注重保护自身的发明创造，也是基于前期的创新积累，相关专利申请量呈现快速发展的态势。

从图 3.1.2 可以看出，台州市医药健康产业外观专利较少，其增长趋势相对来说较为缓慢，而发明专利、实用新型专利则对台州市医药健康产业专利申请的总体趋势起决定性作用，与总趋势一致。其中，2018 年以来，实用新型专利申请量高于发明专利。这是因为，一方面，随着专利意识的提升，更多申请人了解到实用新型的快保护作用；另一方面，医疗器械领域的集群式发展也使得实用新型专利申请数量大幅提升。2017 年 4 月，台州医疗器械产业园挂牌成立；2019 年 4 月，台州医疗器械产业园又获批设立的"台州湾创新医疗器械服务站"，可辐射台州湾全域范围，有效助推了台州医疗器械的高质量发展。

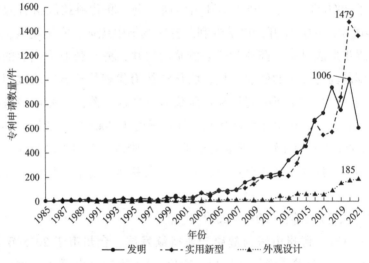

图 3.1.2　台州医药健康产业各专利类型申请趋势

3.1.2　技术热点分析

技术热点分析，主要是从专利技术的角度分析目前该产业技术分布情况，以明晰产业的重点方向、主要产品等。本部分利用国际专利分类号 IPC 对医药健康产业的专利进行技术热点分析。

表 3.1.1 为台州市医药健康产业发明专利申请量排名前 10 的 IPC 含义及专利数量。从中可看出台州市医药健康产业专利主要集中在 A61K36（含有来自藻类、苔藓、真菌或植物或其派生物，例如传统草药的未确定结构的药物制剂）上，在这一技术领域上有 280 件专利布局；其次是 A61M5（以皮下注射、静脉注射或肌内注射的方式将介质引入体内的器械；其附件，例如充填或清洁器、靠手），在这一技术领域上有 252 件专利布局；排名第三的是 A61K9（以特殊物理形状为特征的医药配制品），有 175 件专利

布局于这一技术领域。从台州市医药健康领域的重点企业华海药业、海正药业和九洲药业等所申请的发明专利涉及的主要领域来看，其主要为药物制剂、原料药等。这些重点创新主体的主要创新领域与台州市医药健康产业发明专利技术热点一致。

表 3.1.1　台州市医药健康产业发明专利申请排名前 10 的 IPC 含义及专利数量

IPC 主分类号（大组）	IPC 含义	专利数量/件
A61K36	含有来自藻类、苔藓、真菌或植物或其派生物，例如传统草药的未确定结构的药物制剂	280
A61M5	以皮下注射、静脉注射或肌内注射的方式将介质引入体内的器械；其附件，例如充填或清洁器、靠手	252
A61K9	以特殊物理形状为特征的医药配制品	175
A61K8	牙科、化妆品或类似的配制品	138
A61K35	含有其有不明结构的原材料或其反应产物的医用配制品	129
G01N30	利用吸附作用、吸收作用或类似现象，或者利用离子交换，例如色谱法将材料分离成各个组分，来测试或分析材料	126
A61B17	外科器械、装置或方法，例如止血带	107
A61K31	含有机有效成分的医药配制品	104
A61B5	用于诊断目的的测量；人的辨识	91
B23P19	用于把金属零件或制品或金属零件与非金属零件的简单装配或拆卸的机械，不论是否有变形；其所用的但不包含在其他小类的工具或设备	89

表 3.1.2 为台州市医药健康产业实用新型专利申请量排名前 10 的 IPC 含义及专利数量。从中可看出台州市医药健康产业专利主要集中在 A61M5（以皮下注射、静脉注射或肌内注射的方式将介质引入体内的器械；其附件，例如充填或清洁器、靠手），在这一技术领域上有 616 件专利布局；其次是 A61B17（外科器械、装置或方法，例如止血带），在这一技术领域上有 287 件专利布局；排名第三的是 A61M1（医用吸引或汲送器械；抽取、处理或转移体液的器械；引流系统），有 208 件专利布局于这一技术领域。

可以看出，台州医药健康产业的实用新型专利技术以注射穿刺类和检测类医疗器械为主。医疗器械领域的龙头企业，如迈得医疗工业设备股份有限公司、浙江优亿医疗器械股份有限公司、浙江拱东医疗器械股份有限公司等，均以上述热点类别的医疗器械产品为主。

表 3.1.2　台州市医药健康产业实用新型专利排名前 10 的 IPC 含义及专利数量

IPC 主分类号（大组）	IPC 含义	专利数量/件
A61M5	以皮下注射、静脉注射或肌内注射的方式将介质引入体内的器械；其附件，例如充填或清洁器、靠手	616
A61B17	外科器械、装置或方法，例如止血带	287
A61M1	医用吸引或汲送器械；抽取、处理或转移体液的器械；引流系统	208
A61G7	专用于护理的床；提升病人或残疾人的装置	192
A61B5	用于诊断目的的测量；人的辨识	180
A61F5	骨骼或关节非外科处理的矫形方法或器具；护理器材	166
A61M16	以气体处理法影响病人呼吸系统的器械，如口对口呼吸；气管用插管	158
A61B1	用目视或照相检查人体的腔或管的仪器，例如内窥镜；其照明装置	152
A61L2	食品或接触透镜以外的材料或物体的灭菌或消毒的方法或装置；其附件	138
A61J1	专用于医学或医药目的的容器	129

台州市医药健康产业发展基础扎实，特色产品优势明显。医药方面，台州药品生产能力全国领先，是全国最大的抗生素、抗肿瘤药生产基地，抗癫痫类、糖尿病类、维生素类产品市场占有率位居全球前列；台州市仿制药能力全国领先，拥有化学原料药批准上市文号 400 余个，是全国化学原料药和医药中间体产业规模最大的集聚区。医疗器械方面，台州市一次性注射器、临床实验室耗材等产品全国市场占有率达到 15% 以上，可视喉镜系列产品占据国内 70% 的份额。这与台州市医药健康领域发明和实用新型专利所反映出的技术热点相吻合。

3.1.3　创新主体分析

图 3.1.3 为台州市医药健康产业创新主体数量与专利申请量分布。台州市医药健康产业创新主体数量为 3935，其中椒江区、黄岩区、温岭市与临海市的创新主体数量均在 500 个以上，占创新主体个数总量的60.48%，专利申请量排名也位居前四。经过多年发展，台州市医药企业结构逐步优化，产业集聚明显。这四个区域的医药健康产业，通过产业集聚形成以化学原料药产业园为基础，椒江绿色药都小镇、临海国家级医化基地、温岭医养健康小镇、黄岩经济开发区等为核心的特色产业集聚区。仙居县虽然创新主体数量最少，但是其专利申请量排名第六，平均每个申请人专利拥有量为 5.95 件专利，排名第二，这与仙居县医疗器械领域较为发达有关。2017 年台州医疗器械产业园挂牌成立于仙居县，2019 年又获批设立了"台州湾创新医疗器械服务站"，对仙居县医疗器械的发展起到了很大的促进作用。

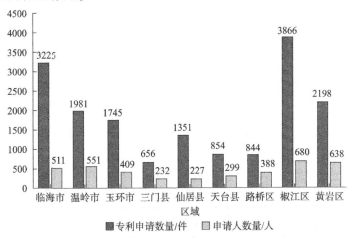

图 3.1.3　台州市医药健康产业申请人数量与专利申请量分布

由图 3.1.4 和表 3.1.3 可以看出，台州市医药健康产业中，企业的专利申请量为 8115 件，占比达到 47.2%，企业申请人数量为 1472 人；其次是个人申请，申请量为 5723 件，占比为 33.29%，但申请人数量则达到了 2340人，这与一些小微、民营企业以个人名义作为申请人申请有关。这也反映出台州市小微、民营企业较多，民营经济比较发达，其创新也比较活跃。

机关团体、大专院校和科研单位的申请量较少。机关团体有 68 家，专利申请量为 2444 件，占 14.22%，其中以医院和医疗机构为主。

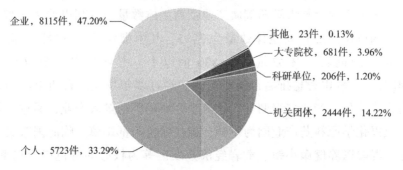

图 3.1.4　台州市医药健康产业各类型创新主体专利申请量

表 3.1.3　台州市医药健康产业专利申请人类型数量

申请人类型	企业/家	个人/人	机关团体/家	大专院校/家	科研单位/家	其他/家	申请人总数/人
申请人数量	1472	2340	68	14	29	12	3935

　　表 3.1.4 为台州市医药健康产业专利排名前 10 企业创新集中度情况。可以看出，台州市医药健康产业中所有企业专利申请量为 8115 件，其中前 10 企业专利申请量为 2550 件，占比为 31.42%；发明人方面，前 10 企业发明人数占所有企业的 38.23%。这说明，台州市医药健康领域已经形成创新能力较强的龙头企业，其研发实力也较为强劲，可以充分发挥龙头企业的引领作用，带动台州市医药健康领域的发展。

表 3.1.4　台州市医药健康产业专利企业创新集中度前 10

重点产业	前 10 企业专利申请量/件	所有企业专利申请量/件	前 10 企业专利申请量占所有企业比例/%	前 10 企业的发明人数量/人	所有企业的发明人数量/人	前 10 企业发明人数量占所有企业比例/%
医药健康	2550	8115	31.42	2627	6871	38.23

3.1.4　重点企业专利布局

　　根据上文的分析，选取台州市医药健康产业专利申请量排名前 10 的企业作为重点企业进行分析。表 3.1.5 为台州市医药健康产业排名前 10 企业创新主体专利申请情况，主要从专利申请量、近 5 年申请量、活跃度、发明人数等角度来反映排名前 10 企业的专利总量、近年来的创新活跃度和研发团队实力。从表 3.1.5 中可以看出，浙江华海药业股份有限公司、浙江海正药业股份有限公司、迈得医疗工业设备股份有限公司的专利申请量远高于其他企业；从近 5 年活跃度来看，浙江优亿医疗器械股份有限公司和浙江仙琚制药股份有限公司的专利有半数以上为近 5 年申请，而浙江九洲药业股份有限公司的活跃度则较低；发明人数方面，浙江华海药业股份有限公司和浙江海正药业股份有限公司发明人数量最多，研发实力最为强劲；浙江仙琚制药股份有限公司有 166 个发明人，应当提升研发积极性，及时布局专利保护自身发明创造；其他企业可以适当引进人才，壮大研发团队，进一步提升创新实力。

表 3.1.5　台州市医药健康产业排名前 10 企业创新主体专利申请情况

排名	申请人	区域	专利申请量/件	近 5 年专利申请量/件	活跃度/%	发明人数/人
1	浙江华海药业股份有限公司	临海市	544	180	33.09	640
2	浙江海正药业股份有限公司	椒江区	490	127	26.19	886
3	迈得医疗工业设备股份有限公司	玉环市	435	147	33.79	120
4	浙江优亿医疗器械股份有限公司	仙居县	246	146	59.35	132
5	浙江九洲药业股份有限公司	椒江区	179	23	12.85	247
6	浙江仙琚制药股份有限公司	仙居县	162	81	50.00	166
7	浙江永宁药业股份有限公司	黄岩区	158	75	47.47	199
8	浙江永太科技股份有限公司	临海市	128	45	35.16	102
9	仙居爱舟健康管理有限公司	仙居县	111	35	31.53	69
10	联化科技股份有限公司	黄岩区	97	30	30.93	66

表 3.1.6 为台州市医药健康产业排名前 10 企业技术布局情况。可以看出，华海药业和海正药业的 IPC 技术分类中最多的属于 C07D（杂环化合物）、A61K（医用、牙科用或梳妆用的配制品）的下位点组，这说明

华海药业与海正药业主要涉及医药制剂、原料药及中间体的研究；迈得医疗 IPC 技术分类中最多的属于 B65G（运输或贮存装置，例如装载或倾卸用输送机、车间输送机系统或气动管道输送机）、B23P（未包含在其他位置的金属加工；组合加工；万能机床）的下位点组，这说明其专利技术主要集中在医用耗材装配自动化设备的设计、开发与制造方面；优亿医疗 IPC 技术分类中最多的属于 A61B（诊断；外科；鉴定）和 A61M（将介质输入人体内或输到人体上的器械）的下位点组，这说明其专利技术主要集中在检测类医疗器械如内窥镜和穿刺插管类医疗器械；九洲药业 IPC 技术分类中最多的属于 C07D（杂环化合物）、C07F（含除碳、氢、卤素、氧、氮、硫、硒或碲以外的其他元素的无环，碳环或杂环化合物）的下位点组，这说明其主要涉及医药制剂、原料药及中间体的研究；仙琚制药的分类号则主要涉及 A61B（诊断；外科；鉴定）、C07J（甾族化合物）的下位点组，其研究领域主要为检测类医疗器械和甾族化合物药品的制备；永宁药业涉及 C07D（杂环化合物）的分类号较多，以研究医药制剂、中间体、原料药、中成药为主；永太科技 IPC 技术分类中最多的属于 C07C（无环或碳环化合物）、C07D（杂环化合物）的下位点组，其主要研究涉及农药和人用医药的原料药和有机中间体；爱舟健康 IPC 技术分类中最多的属于 C12N（微生物或酶；其组合物；繁殖、保藏或维持微生物；变异或遗传工程；培养基）、A61M（将介质输入人体内或输到人体上的器械）的下位点组，主要研究领域为细胞培养、遗传工程和免疫治疗仪的研发；联化科技的专利主要涉及 C07C（无环或碳环化合物）、C07D（杂环化合物）下位点组的分类号，其研究领域涉及农药、医药的原料药和中间体。整体来看，台州市医药健康产业的重点企业，大部分药企主要涉及 C07C（无环或碳环化合物）、C07D（杂环化合物）下位点组的分类号，以研究医药制剂、原料药及中间体为主，医疗器械企业则主要涉及 A61B（诊断；外科；鉴定）和 A61M（将介质输入人体内或输到人体上的器械）的下位点组，以检测类医疗器械和穿刺插管类医疗器械为主，其中仙琚制药医药和医疗器械领域均有涉足，而爱舟健康则涉足了其他企业未研究的遗传工程领域。

表 3.1.6 台州市医药健康产业排名前 10 企业技术布局情况

排名	华海药业	海正药业	迈得医疗	优亿医疗	九洲药业	仙琚制药	永宁药业	永太科技	爱舟健康	联化科技
1	A61K9 (55)	C12N1 (26)	B65G47 (76)	A61B1 (104)	C07F9 (12)	A61B1 (20)	C07D501 (10)	C12N9 (9)	C12N5 (35)	C07D213 (6)
2	C07D207 (32)	A61K31 (22)	B23P19 (39)	A61M16 (41)	C07D213 (10)	C07J1 (13)	C07D309 (8)	C07D473 (6)	A61M1 (30)	B01J19 (6)
3	C07D403 (22)	A61K9 (20)	A61M5 (29)	A61B17 (29)	C07F9 (8)	C07J7 (12)	A61K9 (8)	C07D239 (6)	C12N15 (20)	C07D231 (5)
4	G01N30 (21)	C07D471 (19)	B65B43 (16)	A61M1 (3)	C07D239 (9)	C12P33 (11)	C07D471 (8)	C07C25 (8)	A61K39 (6)	C07F96 (4)
5	A61K31 (18)	C07D401 (17)	B05C7 (15)	A61B90 (3)	C07D401 (8)	C07J5 (9)	B01J23 (7)	C07C211 (5)	A61K36 (5)	C07D257 (3)
6	C07D209 (17)	A01N43 (16)	A61M25 (15)	B23K3 (2)	C07C271 (8)	A61K9 (8)	A61K31 (6)	C07C45 (4)	G01N1 (2)	C07C51 (3)
7	C07D257 (16)	C08L67 (16)	G01M3 (14)	A61M39 (2)	C07C233 (6)	C07J21 (4)	C23F13 (6)	C07C37 (4)	C40B40 (1)	C07C39 (3)
8	C07D333 (16)	C07D493 (13)	B23P21 (14)	A61M25 (2)	C07D477 (5)	A61B5 (4)	A61K36 (5)	G03F7 (3)	G09B29 (1)	C07C309 (3)
9	C07D471 (16)	A61K36 (9)	B29C65 (13)	A61G13 (2)	C07D223 (5)	A61M11 (4)	C07D213 (5)	C07D487 (3)	G01N31 (1)	C07C209 (3)
10	B01J19 (15)	C07H15 (9)	B65B63 (9)	A61B10 (2)	C07D209 (5)	A61F5 (3)	C07D221 (4)	C07D231 (3)	G01N21 (1)	C07C17 (3)

注：括号内数字为该分类号对应的专利数量，单位为件。

3.1.5 协同创新与专利运营

3.1.5.1 协同创新分析

医药健康产业具有创新难度大、产品研发周期长、资金投入大和创新风险高等特点，在目前激烈的竞争环境中，医药健康产业的相关创新主体很难通过自身的技术创新在技术市场中占据优势地位。[1] 因此，对于医药健康产业的企业而言，通过协同创新，与企业、高校和科研院所开展合作，可以降低企业研发资金和相关资源的投入、风险共担，进而激发企业的创新活力、提升创新效率，使企业得到持续性发展。[2] 本部分通过统计台州市医药健康产业创新主体的合作申请专利，从专利的角度分析相关企业、高校和科研院所的协同创新情况，为台州市医药健康产业的产学研合作和创新发展提供决策参考。

在台州市医药健康产业的专利申请中，以台州市申请人作为第一申请人的合作申请专利共计 1300 件，占台州市医药健康产业专利总量的 7.78%，共包含 682 个创新主体，其中个人 404 个，企业 227 家，大专院校 35 家，科研单位 16 家。为进一步分析不同类型创新主体之间的合作模式，进一步统计了不同合作模式下的专利申请数量，如图 3.1.5 所示。由图 3.1.5 可知，企业合作申请专利数量为 564 件，占全部合作申请专利总量的 43.38%；其次是个人之间的合作申请，共计 260 件，占比为 20%；校企合作和科企合作申请的专利数量分别为 147 件和 96 件，占全部合作申请专利总量的 11.3% 和 7.38%；其他类型合作模式产出的专利数量较少。这说明，医药健康产业中协同创新主要发生在企业、高校和科研单位之间，个人之间合作申请的专利数量虽然较多，但是大部分个人之间的合作申请属于中小型企业内部负责人之间的合作，并不属于协同创新的范畴。故本部分重点关注企业之间、企业与大专院校或科研单位之间的协同创新情况，有个人参与的合作申请未作为本部分的关注重点。

如上文所述，根据本部分关注的重点，筛选出了企业合作、校企合作和科企合作的 807 件合作申请专利，根据专利申请人构建了上述三种合作模式的申请人合作网络，绘制了如图 3.1.6 所示的创新主体协同创新 "广度—深度" 二维矩阵图。由图 3.1.6 可知，对于台州市医药健康产业已经开展协同创新的创新主体而言，大部分创新主体位于 "高广度—高深度" 和 "高广度—低深度" 象限，这说明大部分创新主体已经建立了广泛的协同创新

---

[1] 万媛媛,等.高校与生物医药企业创新结网的影响机制——以长三角为例[J].经济地理,2022,42(7):146-158.

[2] 杨张博,王钦.结构的力量:联盟网络对企业技术创新影响研究[J].科研管理,2022,43(7):154-162.

合作关系。其中，浙江海正药业的合作广度最高，已经与 21 家创新主体建立了广泛的合作关系，共合作申请了 103 件专利；浙江华海药业的合作广度位居第二，共与 17 家创新主体建立了合作关系，共合作申请 278 件专利，其合作深度位居第一。

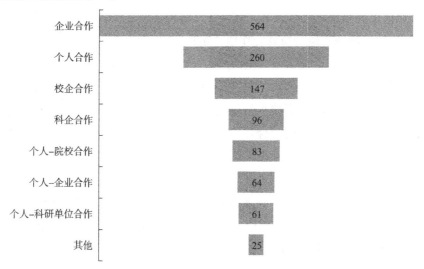

图 3.1.5　台州市医药健康产业协同创新专利不同创新主体类型数量（单位：件）

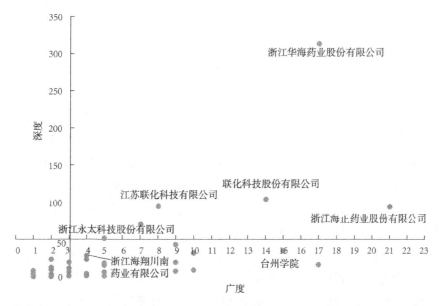

图 3.1.6　台州市医药健康产业创新主体协同创新"广度—深度"二维矩阵图

　　为进一步从微观角度分析不同创新主体之间的合作关系，进一步统计了专利合作申请数量排名前 10 的第一申请人与其他创新主体之间的合作关系，结果如表 3.1.7 所示。合作专利申请量排名第一的浙江华海药业股份有限公司，共与 17 家企业建立了合作关系，合作专利申请总量共计 278 件，其合作广度和合作深度均较高。表 3.1.7 统计了与华海药业合作专利申请量超过 10 件的创新主体，与其合作申请量在 40 件以上的浙江华海致诚药业有限公司、浙江华海天诚药业有限公司、上海奥博生物医药技术有限公司、上海科胜药物研发有限公司、浙江华海立诚药业有限公司均为其全资控股子公司，合作创新的主要技术领域为原料药、药物中间体和创新药的制备工艺。除与全资子公司进行合作外，浙江华海药业还与上海医药工业研究院建立了科企合作关系，两者共合作申请 17 件专利，合作创新的技术领域为创新药和药物中间体的制备工艺。综上，华海药业虽然合作广度和深度较高，但其合作模式主要是企业内部合作，企业的外部合作、校企合作和科企合作较少；另外，其合作创新技术领域主要涉及原料药、药物中间体、药物化合物和有机中间体的制备工艺。

　　浙江海正药业作为台州市医药健康产业的龙头企业，其协同创新的广度和深度也较高，共与 21 个创新主体建立了合作关系，专利合作申请总量达到了 103 件。表 3.1.7 仅统计了与海正药业合作深度较高的 8 个创新主体。其中，海正药业与上海医药工业研究院、上海昂睿医药技术有限公司和海正药业（杭州）有限公司的合作深度较高，专利合作申请量均在 10 件以上。与海正药业合作深度最高的创新主体为上海医药工业研究院，两者建立了较为紧密的科企合作关系，共合作申请专利 29 件，涉及的主要技术领域为药物化合物和药物中间体的制备工艺。除与上海医药工业研究院建立了紧密的科企合作关系外，海正药业还与浙江大学和中国科学院青岛生物能源与过程研究所建立了校企合作和科企合作关系，合作创新的主要技术领域为药物化合物和蛋白质工程领域。此外，海正药业还与其子公司上海昂睿医药技术有限公司、海正药业（杭州）有限公司、浙江海正动物保健品有限公司和海正药业南通有限公司建立了企业内部合作关系，涉及的主要领域为原料药、微生物工程和医疗器械领域。综上，浙江海正药业在协同创新过程中，不仅注重与企业内部子公司之间的分工协作，还注重开展科企合作和校企合作，借助外部资源弥补自身的不足，从而实现企业的全面发展。

表 3.1.7　台州市医药健康产业主要创新主体协同创新专利申请情况

序号	创新主体名称	合作专利申请总量/件	主要合作对象	合作对象区域	合作专利申请量/件	合作模式	合作创新技术领域
1	浙江华海药业股份有限公司	278	浙江华海致诚药业有限公司	台州市	65	企业内部合作	原料药、药物中间体
			浙江华海天诚药业有限公司	台州市	47	企业内部合作	原料药
			上海奥博生物医药技术有限公司	上海市	44	企业内部合作	原料药、药物中间体、药物化合物
			上海科胜药物研发有限公司	上海市	42	企业内部合作	药物化合物、药物中间体
			浙江华海立诚药业有限公司	台州市	41	企业内部合作	药物化合物、药物中间体
			上海医药工业研究院	上海市	17	科企合作	药物化合物、药物中间体
			中国科学院成都有机化学有限公司	成都市	15	企业外部合作	有机中间体
			临海市华南化工有限公司	台州市	14	企业内部合作	有机中间体
			上海华汇拓医药科技有限公司	上海市	13	企业内部合作	药物化合物
2	浙江海正药业股份有限公司	103	上海医药工业研究院	上海市	29	科企合作	药物化合物、药物中间体
			上海昂睿医药技术有限公司	上海市	17	企业内部合作	原料药
			海正药业（杭州）有限公司	杭州市	12	企业内部合作	微生物工程、医疗器械
			浙江大学	杭州市	5	校企合作	药物化合物

序号	创新主体名称	合作专利申请总量/件	主要合作对象	合作对象区域	合作专利申请量/件	合作模式	合作创新技术领域
2	浙江海正药业股份有限公司	103	中国科学院青岛生物能源与过程研究所	青岛市	5	科企合作	蛋白质工程、药物化合物
			浙江海正动物保健品有限公司	杭州市	4	企业内部合作	医疗器械
			海正药业南通有限公司	南通市	4	企业内部合作	药物化合物
			台州市劢康生物科技有限公司	台州市	3	企业外部合作	医疗器械
3	联化科技有限公司	75	江苏联化科技有限公司	台州市	39	企业内部合作	药物中间体、药物化合物
			联化科技（上海）有限公司	上海市	20	企业内部合作	药物中间体、药物化合物
			中国科学院上海有机化学研究所	上海市	4	科企合作	药物中间体
4	浙江永太科技股份有限公司	41	浙江工业大学	杭州市	21	校企合作	药物中间体
			浙江永太药业有限公司	台州市	11	企业内部合作	药物中间体
			浙江永太手心医药科技有限公司	台州市	4	企业内部合作	药物化合物
5	浙江海翔药业股份有限公司	35	浙江海翔川南药业有限公司	台州市	17	企业内部合作	原料药
			上海海翔医药科技发展有限公司	上海市	10	企业内部合作	药物中间体
6	浙江司太立制药股份有限公司	28	中国医学科学院医药生物技术研究所	北京市	24	科企合作	药物化合物
			江西司太立制药有限公司	樟树市	3	企业内部合作	造影剂
			上海司太立制药有限公司	上海市	2	企业内部合作	造影剂

续表

序号	创新主体名称	合作专利申请总量/件	主要合作对象	合作对象区域	合作专利申请量/件	合作模式	合作创新技术领域
7	浙江天宇药业股份有限公司	18	浙江诺得药业有限公司	台州市	9	企业内部合作	药物组合物、药物制剂
			上海启讯医药科技有限公司	上海市	6	企业内部合作	原料药
			上海天鹤年药业有限公司	上海市	3	企业内部合作	药物组合物、药物制剂
8	浙江九洲药业股份有限公司	16	诺华股份有限公司	北京市	4	企业外部合作	药物化合物
			浙江工业大学	杭州市	7	校企合作	药物化合物、药物中间体
			浙江瑞博制药有限公司	台州市	3	企业内部合作	药物化合物
9	浙江新银象生物工程有限公司	21	浙江工业大学	杭州市	12	校企合作	微生物工程
			浙江圣达生物药业股份有限公司	台州市	1	企业外部合作	微生物工程
10	浙江仙琚制药股份有限公司	13	浙江百安医疗科技有限公司	台州市	7	企业内部合作	医疗器械
			仙琚（嘉兴）医药科技有限公司	嘉兴市	2	企业内部合作	药物中间体

注：由于一个创新主体或与多个创新主体进行合作，故在统计过程中合作专利申请量会进行重复计数。

由于篇幅原因，本部分不再对其他企业进行详细分析，合作申请专利总量排名前 10 的创新主体间的合作关系详见表 3.1.7。结合上述分析和表 3.1.7 可知，在合作模式方面，大部分企业之间的合作模式为企业内部子母公司或控股公司之间的内部合作，较少有企业开展外部合作、校企合作以及科企合作；在合作对象的区域分布方面，大部分企业的合作对象集中在台州市、上海市和杭州市；在合作创新的技术领域方面，合作创新的技术领域主要涉及原料药、药物化合物、药物中间体、医疗器械和微生物工程等领域。

综上所述，台州市医药健康产业当中，虽然部分创新主体已经逐步开展了协同创新工作，但是大部分创新主体的协同创新依然是企业之间尤其是企业内部的协同创新，开展不同创新主体间的协同创新工作的企业较少。医药健康产业具有技术研发周期长、技术复杂度高和研发投入大等特点，所以对于医药健康类企业而言，在提升企业自身技术创新能力的同时，也要广泛与外部资源进行合作，通过与外部资源合作的方式弥补自身的不足。高校和科研院所具有较强的创新能力与创新活力。对于医药健康企业而言，可以加强与高校以及科研院所的合作，构建以企业需求为主导的产学研深度融合创新体系，实现优势互补、资源融合，进而赋能企业高质量发展。

3.1.5.2 专利运营分析

（1）专利转让。

不同于其他传统产业，医药健康产业具有投入大、风险高、周期长、技术强等特点，产业的生产活动更依赖于新技术的内在发展动力，而非资本和劳动，因此医药健康产业的产业化和市场化更加依赖于技术成果的共享和转化。❶台州市医药健康产业的产学研合作专利申请数量在五大重点产业中位居首位，由此可以说明，相较于其他传统产业，医药健康产业的专利转让活动发生较为频繁。分析医药健康产业的专利转让情况，可以为台州市医药健康产业的产业化、市场化提供相应建议，从而促进台州市医药健康产业的可持续发展。

为从微观角度分析台州市医药健康产业中高校、科研机构和企业之间的专利转让全貌，本书统计了专利转让数量排名前10的创新主体，结果如表3.1.8所示。由表3.1.8可知，转让专利总量最多的企业是浙江海正药业股份有限公司，共转让59件专利，共与10个创新主体建立了专利转让关系（表3.1.8中仅列示了主要受让人），专利的主要受让人是其控股子公司，例如上海昂睿医药技术有限、海正药业（杭州）有限公司和海正生物制药有限公司等，内部转让的专利主要涉及药物衍生物、化合物和组合物等制备工艺及用途。除内部转让外，浙江海正药业还与深圳市天维生物建立了外部转

---

❶ 谢荣.专利转让视角下的我国生物医药技术转移研究[D].上海:华东师范大学,2022:2-6.

让关系，转让专利涉及的主要技术领域为微生物工程领域。

表 3.1.8　台州市医药健康产业前 10 位专利转让人转让情况

转让人	转让专利总量/件	主要受让人	受让专利数量/件	转让模式	技术领域
浙江海正药业股份有限公司	59	上海昂睿医药技术有限公司	24	内部转让	药物衍生物
		海正药业（杭州）有限公司	10	内部转让	药物化合物、微生物工程
		深圳市天维生物药业有限公司	7	外部转让	微生物工程
		海正生物制药有限公司	7	内部转让	药物组合物
		浙江海正博锐生物制药有限公司	7	内部转让	药物组合物
台州职业技术学院	51	台州复瑞生物科技有限公司	5	外部转让	药物中间体、药物化合物
		浙江新东港药业股份有限公司	4	外部转让	药物化合物
		浙江丽晶化学有限公司	4	外部转让	药物化合物、药物衍生物
		浙江永太科技股份有限公司	3	外部转让	药物制剂、药物化合物
		台州保锦堂国医馆有限公司	2	外部转让	医疗器械
		浙江恩谱生物科技有限公司	2	外部转让	药物制剂、医疗器械
浙江华海药业股份有限公司	34	普霖贝利生物医药研发（上海）有限公司	15	外部转让	药物化合物
		浙江华海立诚药业有限公司	5	内部转让	药物化合物制备装置和系统
		临海市华南化工有限公司	5	外部转让	药物化合物制备装置和系统
		浙江华海致诚药业有限公司	4	内部转让	药物化合物制备装置和系统
		上海奥博生物医药技术有限公司	4	内部转让	药物化合物、药物中间体
温岭市智方科技有限公司	33	喻文斌	17	内部转让	按摩、理疗器械
		肖均	9	外部转让	按摩、理疗器械
		马金玉	8	内部转让	按摩、理疗器械
		麻景峰	7	外部转让	按摩、理疗器械

转让人	转让专利总量/件	主要受让人	受让专利数量/件	转让模式	技术领域
联化科技股份有限公司	31	江苏联化科技有限公司	26	内部转让	药物化合物
		联化科技（盐城）有限公司	10	内部转让	药物化合物
		联化科技（德州）有限公司	9	内部转让	药物化合物
		辽宁天予化工有限公司	7	内部转让	药物化合物
		联化科技（台州）有限公司	8	内部转让	药物化合物
台州学院	22	台州同旭生物科技有限公司	2	外部转让	药物化合物
		浙江赛孚特新材料科技有限公司	2	外部转让	药物化合物
		浙江永太科技股份有限公司	2	外部转让	药物化合物
		浙江科惠医疗器械股份有限公司	1	外部转让	医疗器械
浙江优亿医疗器械有限公司	21	浙江优亿医疗器械有限公司	21	内部转让	医疗器械
浙江海正天华新药研发有限公司	17	浙江海正药业股份有限公司	17	内部转让	药物化合物
浙江金元化医疗器械科技有限公司	17	宁波立隆橡塑有限公司	17	外部转让	医疗器械
		河南曙光健士医疗器械集团股份有限公司	7	外部转让	医疗器械
浙江友利医学科技有限公司	16	浙江拱东医疗科技有限公司	16	外部转让	医疗器械

注：表中仅列示了与专利转让人关系较为密切的主要受让人。

转让专利总量排名第二的转让人为台州职业技术学院，其共与21个创新主体建立了转让关系，与其关系较为密切的受让人为台州复瑞生物科技有限公司、浙江新东港药业股份有限公司、浙江丽晶化学有限公司和浙江永太科技股份有限公司等企业。与台州职业技术学院建立转让关系的企业大部分为浙江省内的医药健康产业的中小型企业，转让专利的主要技术领域为药物中间体、药物化合物和医疗器械等领域。

转让专利总量排名第三的转让人为浙江华海药业股份有限公司，其专利转让总量为 34 件。其专利的转让对象不仅集中在企业内部，也与外部企业构建了专利转让关系，例如其与普霖贝利生物医药研发（上海）有限公司建立了紧密的专利转让关系，转让专利主要涉及药物化合物领域。浙江华海药业专利的内部转让涉及的主要领域为药物化合物制备装置和系统、药物化合物等，转让关系较为紧密的内部企业为浙江华海立诚药业有限公司、浙江华海致诚药业有限公司和上海奥博生物医药技术有限公司。

由于篇幅原因，本部分不再对其他企业进行详细分析，不同创新主体之间的专利转让—受让关系详见表 3.1.8。结合上述分析和由表 3.1.8 可知，在转让模式方面，台州市内医药健康产业的龙头企业，更加倾向于企业内部转让，通过技术的转让实现企业内部的协作化发展，龙头企业内部专利转让主要涉及药物化合物和药物组合物等领域；中小型企业尤其是医疗器械类的中小型企业，更加倾向于与外部企业建立转让关系。究其原因，医药健康产业的龙头企业往往会掌握较多的核心技术，企业自身的资金和技术资源能够满足其技术研发的需求，故与核心产品有关的技术更加倾向于转让给内部企业，形成内部企业的协作化发展；中小型企业由于资金、技术和市场的限制，无法自行实施专利，故其更加倾向于将专利技术转让给大型企业。

表 3.1.9 显示了台州市医药健康产业前 10 位专利受让人的受让情况。由表 3.1.9 可知，在台州市医药健康产业前 10 位受让人中，既包括部分龙头企业，也包括中小型企业。在龙头企业当中，例如浙江海正药业和浙江华海药业，专利受让模式包括内部受让和外部受让，受让专利的技术领域主要包括药物化合物、药物制备工艺和药物制备装置等领域；此外，浙江海正药业和浙江华海药业不仅与外部企业建立了技术转让关系，还与温州医科大学、天津大学和上海医药工业研究院等高校和科研机构建立了技术转让合作关系。

表 3.1.9　台州市医药健康产业前 10 位专利受让人受让情况

受让人	受让专利总量/件	转让人	受让专利数量/件	受让模式	技术领域
浙江海正药业股份有限公司	38	浙江海正天华新药研发有限公司	17	内部受让	药物化合物、药物衍生物
		鲁翠涛（温州医科大学）	12	外部受让	药物脂质体
		浙江劢康生物科技有限公司	3	外部受让	药物组合物
		上海医药工业研究院	2	外部受让	药物化合物
		北京天广实生物技术股份有限公司	1	外部受让	抗体耦联药物
台州迈得科技制造有限公司	31	林军华	31	内部受让	医疗器械
江苏联化科技有限公司	29	联化科技股份有限公司	26	内部受让	药物化合物
		联化科技（德州）有限公司	10	内部受让	药物化合物
		联化科技（上海）有限公司	7	内部受让	药物化合物
浙江华海药业股份有限公司	28	上海医药工业研究院	10	外部受让	药物化合物
		临海市华海制药设备有限公司	7	内部受让	药物制备装置
		浙江华海立诚药业有限公司	5	内部受让	药物制备装置
		浙江华海致诚药业有限公司	4	内部受让	药物制备装置
		中国科学院成都有机化学有限公司	1	外部受让	药物化合物
		天津大学	1	外部受让	晶体制备
浙江拱东医疗科技有限公司	28	浙江友利医学科技有限公司	16	外部受让	医疗器械
		施慧勇	12	内部受让	医疗器械
浙江优亿医疗器械有限公司	20	王卫东	20	内部受让	医疗器械
浙江永宁药业股份有限公司	19	南通劲凌智能科技有限公司	1	外部受让	医疗器械
		龟鹿药业集团有限公司	1	外部受让	医疗器械
		广州燃烧医疗技术开发有限公司	1	外部受让	医疗器械
		上海宁瑞生化技术有限公司	1	外部受让	医疗器械
		长兴水木机电有限公司	1	外部受让	医疗器械

受让人	受让专利总量/件	转让人	受让专利数量/件	受让模式	技术领域
江苏八巨药业有限公司	18	台州市知青化工有限公司	17	内部受让	药物化合物
		浙江车头制药股份有限公司	1	内部受让	药物化合物
台州仁民中药有限公司	11	台州御济中药饮片有限公司	11	内部受让	中药制剂
浙江九洲药业股份有限公司	9	南开大学	6	外部受让	药物化合物
		浙江瑞博制药有限公司	3	内部受让	药物化合物

注：表中有的仅列示了关系密切的转让人，并未全部列示。

　　对于中小型企业类型的受让人而言，大部分受让人的专利受让模式以内部受让为主，部分受让人的受让专利来源于以企业法定代表人为原始专利权人的专利，也有部分专利是因为原始企业被注销而发生的转让，例如台州市知青化工有限公司注销后，其专利全部转让至江苏八巨药业有限公司。在受让专利技术领域方面，中小型企业类型专利受让人的受让专利主要涉及医疗器械领域。

　　综上，与龙头企业的多元化专利受让模式相比，中小型企业是以企业法定代表人向企业内部进行转让的模式为主，仅有少部分企业引进外部创新主体的技术。究其原因，与产业领域内龙头企业相比，中小型企业由于技术、资金和资源的限制，若没有外部资源的支持，很难独立引进外部企业或科研机构的技术，故中小型企业的外部受让专利数量较少。

　　对主要的转让人和受让人进行分析后发现，该领域较少有高校参与专利转让，出现这一现象的原因主要有以下两个方面：首先，浙江省内的医药类高校较少，且省内医药类高校的创新产出较少，部分高校的创新产出与企业需求不符，故转让人中较少涉及高校；其次，目前大部分高校虽然创新活力和技术创新质量较高，但是由于高校的大部分专利申请并非为保护自身的技术创新而申请，故其专利质量较低，在产业化应用过程中很难使技术或产品得到较为全面的保护。❶ 由于医药健康产业的技术研发周期长、技术创新难度大，其专利的转让金额相较于其他领域而言会更高，出于转让成本、技术垄断性、自身技术需求以及市场前景等因素的考量，企业会对高校专利进行综合评估，创新性较低的专利技术往往难以发生转让。因此，政府应进一步完善专利转让激励政策，激励高校和科研机构面向企业需求进行科技创新，提升技术创新成果的产业化水平，从而帮助医药健康企业破解技术难题，推动医药健康产业高质量发展。

（2）专利许可。

台州市医药健康产业的专利许可数量共计 161 件，其中涉及 31 个个人类许可人、28 家企业类许可人、2 家大专院校和 1 家科研机构。通过分析发现，个人类专利许可人大部分为企业法定代表人，通过专利许可的方式许可自身公司实施专利，故在后续专利许可分析中，仅对企业类、大专院校和科研单位类的专利许可人进行详细分析。表 3.1.10 显示了台州市医药健康产业前 10 位的企业、高校和科研单位类型的许可人专利许可情况。由表 3.1.10 可知，在许可模式方面，大部分企业类许可人主要以内部许可为主，外部许可较少；在技术领域方面，许可专利涉及的主要领域为医疗器械、药物制备方法、药物化合物和药物中间体等领域。

表 3.1.10　台州市医药健康产业前 10 位专利许可人许可情况

许可人	专利许可总量/件	被许可人	许可专利数量/件	许可模式	技术领域
迈得医疗工业设备股份有限公司	28	玉环天来科技有限公司	28	外部许可	药物制备装置
浙江圣达生物药业股份有限公司	15	浙江新银象生物工程有限公司	15	内部许可	医药制备装置

❶ 许治,吴俊.高校教师专利申请动机的影响因素[J].科技管理研究,2021,41(14):97-103.

续表

许可人	专利许可总量/件	被许可人	许可专利数量/件	许可模式	技术领域
浙江大学台州研究院	7	台州市好吧母婴用品有限公司	1	外部许可	医疗器械
		浙江盛时科技有限公司	1	外部许可	医疗器械
		浙江环艺电子科技有限公司	1	外部许可	医疗器械
		浙江环艺电子科技有限公司	1	外部许可	医疗器械
		台州智科飞创科技有限公司	2	外部许可	医疗器械
		台州华品智能科技有限公司	1	外部许可	医疗器械
台州职业技术学院	4	浙江丽晶化学有限公司	1	外部许可	药物制备方法
		台州煜农生物科技有限公司	2	外部许可	药物制备方法、药物提取设备
		湖南方盛制药股份有限公司	1	外部许可	药物制备方法
浙江新银象生物工程有限公司	4	浙江圣达生物药业股份有限公司	4	内部许可	霉素、氨基酸制备
浙江联盛化学工业有限公司	3	乐平市瑞盛制药有限公司	2	内部许可	药物化合物
		临海市联盛化学有限公司	1	内部许可	药物化合物
浙江华海药业股份有限公司	3	普霖贝利生物医药研发（上海）有限公司	1	内部许可	药物化合物
		上海科胜药物研发有限公司	1	内部许可	药物中间体
		浙江华海药业股份有限公司；上海科胜药物研发有限公司	1	内部许可	药物化合物
浙江沙星医药化工有限公司	2	江苏沙星化工有限公司	1	内部许可	药物中间体
		浙江先锋化工科技有限公司；浙江先锋科技有限公司	1	内部许可	药物化合物
台州汉森药品包装有限公司	2	上海运佳黄浦制药有限公司	2	外部许可	药物包装瓶

续表

许可人	专利许可总量/件	被许可人	许可专利数量/件	许可模式	技术领域
浙江九洲药业股份有限公司	2	浙江中贝化工有限公司	2	内部许可	药物中间体、药物化合物

　　本部分进一步统计了在台州市医药健康产业专利数据中，排名前 10 位专利被许可人的被许可情况，结果如表 3.1.11 所示。由表 3.1.11 可知，排名第一的被许可人为玉环天来科技有限公司，被许可专利总量为 28 件，许可人为迈得医疗工业设备股份有限公司，被许可专利涉及的技术领域为药物制备装置；排名第二的被许可人为浙江新银象生物工程有限公司，被许可专利总量为 28 件，被许可专利技术领域主要涉及药物制备装置。上述两个被许可人的许可关系与表 3.1.10 一致。另外，通过对前 10 位被许可人的许可模式分析发现，大部分被许可人的专利许可来源为个人类型的专利权人，且大部分个人类型的许可人为被许可企业的法定代表人。这说明对于大部分小微企业而言，在专利申请过程中，会以企业法定代表人作为申请人进行专利申请，在专利授权后，会通过许可或者转让的方式使自身企业获得专利实施的权利。

表 3.1.11　台州市医药健康产业前 10 位专利被许可人被许可情况

被许可人	被许可专利总量/件	主要许可人	许可专利数量/件	被许可模式	技术领域
玉环天来科技有限公司	28	迈得医疗工业设备股份有限公司	28	外部被许可	药物制备装置
浙江新银象生物工程有限公司	15	浙江圣达生物药业股份有限公司	15	内部被许可	药物制备装置
浙江灵洋医疗器械有限公司	10	胡军飞	5	内部被许可	输液器

被许可人	被许可专利总量/件	主要许可人	许可专利数量/件	被许可模式	技术领域
浙江玉升医疗器械股份有限公司	6	钱云周	6	内部被许可	输液器
浙江济民制药有限公司	6	李仙玉	6	内部被许可	血液透析、输液袋
富士特有限公司	3	林夏满	3	内部被许可	混药设备
浙江圣达生物药业股份有限公司	4	浙江新银象生物工程有限公司	4	内部被许可	霉素、氨基酸制备
浙江拱东医疗科技有限公司	4	施慧勇	4	内部被许可	采血管
台州华曙机械有限公司	4	梁启明	4	内部被许可	输液器
台州迈得科技制造有限公司	4	林军华	4	内部被许可	输液器

（3）专利质押。

医药健康产业的质押专利共有 360 件，涉及 117 个质权人，其中企业类型出质人 113 家，个人类型出质人 4 个。本书进一步从微观角度，统计了质押专利数量排名前 10 位的出质人，结果如表 3.1.12 所示。由表 3.1.12 可知，质押专利数量排名第一的出质人是迈得医疗工业设备股份有限公司，质押数量为 42 件，质押专利涉及的产品是医用运输或储存器械；排名第二的出质人是浙江华洲药业有限公司，专利质押数量为 30 件，质押专利涉及的产品为医用实验装置；排名第三的出质人是浙江江北药业有限公司，专利质押数量为 14 件，质押专利涉及的产品为医用针头和输液器；其他企业质押专利数量在 10 件左右。同时从表 3.1.12 可以看出，前 10 位质押人有 7 位都来自椒江区。

表 3.1.12 台州市医药健康产业前 10 位出质人

序号	专利权人	区域	质押专利数量/件	质押专利涉及的产品
1	迈得医疗工业设备股份有限公司	玉环市	42	医用运输或储存器物
2	浙江华洲药业有限公司	椒江区	30	医用实验装置
3	浙江江北药业有限公司	椒江区	14	医用针头和输液器
4	浙江康泰医疗器械有限公司	临海市	11	切药机、粉碎机
5	台州仁民中药有限公司	椒江区	10	振筛机、切药机
6	浙江海正药业股份有限公司	椒江区	10	抗肿瘤药、治疗代谢疾病的药物
7	浙江拱东医疗科技有限公司	椒江区	10	医学采集设备
8	浙江海翔药业股份有限公司	椒江区	10	杂环化合物、无环或碳环化合物
9	台州博大制药机械科技有限公司	椒江区	10	润药机、炒药机
10	浙江永宁药业股份有限公司	黄岩区	9	红花黄色素、胃止泻药物

综上，在协同创新方面，医药健康产业的部分创新主体已经逐步开展了协同创新工作，在协同创新合作模式方面，大部分企业之间的合作模式为企业内部子母公司或控股公司之间的内部合作，较少有企业开展外部合作、校企合作以及科企合作。在专利运营方面，相较于其他产业而言，台州市医药健康产业的专利转让数量最多，但是转让模式大都为企业内部转让，较少涉及企业外部转让；在专利许可方面，医药健康产业专利许可数量也是最多的，但是其许可模式大都为企业内部许可，较少涉及外部许可；在专利质押方面，医药健康产业的专利质押数量较多，质押专利多涉及医疗器械、药物化合物等技术领域。

3.2　台州市医药健康产业商标分析

截至检索日，台州市医药健康产业注册商标总计 6045 件，其中驰名商标 7 件。以此数据为研究基础，本部分从商标类型、商标申请趋势、医药健康产业主要商品、商标申请区域、商标运营以及台州市医药健康产业重点企业商标布局等角度，对台州市医药健康产业商标注册现状进行分析。

🎁 3.2.1　商标类型

目前台州市医药健康产业拥有普通商标 6044 件，证明商标 1 件，即由天台县天台乌药养生研究协会于 2007 年申请注册的"天台乌药"注册商标，所选注册的主要产品为"乌药"。2008 年，由原国家工商行政管理总局商标局批准，"天台乌药"入选国家地理标志产品名录。

"天台乌药"证明商标的成功核准注册，对于浙江乌药的种植、生产与销售起到了较好的保护作用。《乌药叶质量标准》的制定与发布，也对乌药产业的生产者与经营者提供了产品与服务的规制与监管。

此外，"仙琚""海正；HISUN"等 7 件注册商标先后入选驰名商标，如表 3.2.1 所示，注册产品主要集中在各种针剂、片剂、中药成药、兽医用药、医用药物和医用营养食物。其中，作为台州市医药健康产业的代表性企业，浙江海正药业股份有限公司拥有 4 件驰名商标，在企业品牌打造方面表现亮眼。

表 3.2.1　台州市医药健康产业驰名商标列表

序号	商标名称	注册号	主要产品	申请人	申请时间
1	仙琚	3161231	人用药；医用化学制剂；各种针剂；片剂；水剂；原料药；生化药品；胶丸；麻醉剂；化学避孕剂	浙江仙琚制药股份有限公司	2002-04-27
2	海正；HISUN	4883826	杀害虫剂；兽医用药；医用营养食物；培养细菌用的溶剂；放射性药品；原料药；卫生球；中药成药；化学药物制剂；医用药物；人用药	浙江海正药业股份有限公司	2005-09-08
3	WEPON	3381763	中成药；西药	万邦德制药集团有限公司	2002-11-25

序号	商标名称	注册号	主要产品	申请人	申请时间
4	海正	1220253	医用药物；化学医药制剂；各种针剂；片剂；兽医用药；消灭有害动物制剂；农药；医用营养食物；樟脑（医用）；中药成药	浙江海正药业股份有限公司	1997-09-19
5	HISUN	1220324	医用药物；化学医药制剂；各种针剂；兽医用药；消灭有害动物制剂；农药；医用营养食物；樟脑（医用）；中药成药；片剂	浙江海正药业股份有限公司	1997-09-19
		1226147	医用药物；化学医药制剂；各种针剂；片剂；兽医用药；消灭有害动物制剂；农药；医用营养食物；樟脑（医用）；中药成药	浙江海正药业股份有限公司	1997-09-19
		1648475	水剂；膏剂；原料药；中药成药；胶丸；生化药品；人用药；各种针剂；片剂；酊剂	浙江华海药业股份有限公司	2000-09-04

　　如图 3.2.1 所示，从商标形态来看，台州市医药健康产业拥有文字商标 5515 件，占总数的 91%；图形商标 426 件，文字及图形组合商标 104 件。相较于台州市制造业注册商标类型数据而言，医药健康产业的图形商标、文字及图形组合商标占比略低于制造业同类数据。

　　在对商标形态的选择方面，不同申请主体表现出不同的倾向，如表 3.2.2 所示。在文字商标的申请方面，个人作为申请主体的数量远高于法人及非法人组织，这与图形商标和文字及图形组合商标所呈现出的申请主体数据有所不同。

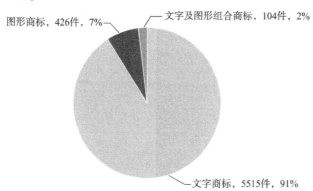

图3.2.1　台州市医药健康产业文字商标形态数据

表3.2.2　台州市医药健康产业注册商标申请人数据

商标形态	申请主体	
	自然人数量/人	法人及非法人组织数量/家
文字商标	1181	604
图形商标	24	41
文字及图形组合商标	96	142

3.2.2　商标申请趋势

台州市医药健康产业的商标注册发展经历了三个阶段，如图3.2.2所示。

（1）发展初期（1980—2001年）。1980年，台州南峰药业有限公司（以下简称南峰药业）申请注册了第一个商标——"南峰"，目前该商标依然有效。如图3.2.2所示，在发展初期，台州市医药健康产业的商标申请主体与商标申请数量基本保持同步增长。企业在进行商标品牌布局时，往往围绕企业字号先进行商标注册保护。

（2）波动期（2002—2017年）。台州市医药产业始于最初的化学工业社和肥皂厂，产业发展经历了从"化"向"医"的转变。这一阶段，由于产业定位不清晰，整个行业虽然历经数十年发展，但是产业增长一直处于小步前进的状态，也有不少医药医化上市企业，但单体规模都不够大，规上企业数量不足百家，2017 年，医药制造业企业规上企业仅 66 家。受大环境影响，台州市医药健康产业的商标数据也有所体现，虽有增幅，但总体较为波动。

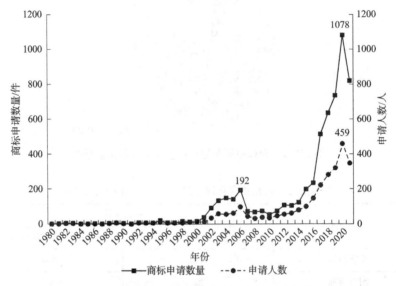

图 3.2.2　台州市医药健康产业商标申请趋势

（3）快速发展期（2018—2021 年）。2017 年，随着我国供给侧结构性改革的全面推进，创新的政策扶持力度不断加大，医药工业延续回暖态势，上升趋势良好。医药健康产业也迎来前所未有的发展机遇。台州市 "十三五" 规划的出台也给台州市医药健康产业带来一剂强心针：明确提出以国家级浙江化学原料药基地为核心，提升发展原料药，大力发展医药制剂和生物医药，加强对中药工业的改造，加速中药工业现代化，打造世界级的高端医药产业制造中心和 "中国绿色药都"；重点实施海正、华海、海翔、联化等一批医药企业转型升级项目。如图 3.2.2 所示，2017 年之后，医药健康产业不论是申请主体还是注册商标的申请在数量上都有较为明显的增幅。2017 年，商标注册申请的数量增幅超过了申请主体数量的增幅。

3.2.3　行业主要产品商标

商标申请人在注册商标过程中对于主要产品的选择在一定程度上反映

了本产业的主要产品集中情况。随着企业商标与品牌意识的提高，企业的商标保护方式开始由商标注册逐步转变为商标注册布局，反映在本产业商标注册主要产品的选择上，则是出现了上下游产业的相关产品的商标注册。

以企业在进行商标注册过程中所主动勾选的"商品服务"著录项数据为检索关键词，截至检索日，台州市医药健康产业商标注册主要产品总计2189 件，排名前 10 位的主要产品依次为人用药、医用营养品、奶瓶、医疗器械和仪器、净化剂、中药成药、口罩、兽医用药、婴儿食品和营养补充剂。在排名前 10 位的注册商标主要产品中，如图 3.2.3 所示，"奶瓶"与"婴儿食品"貌似与医药健康产业关系较弱，与其他主要产品也显得关联性不强。但其实不然，2021 年，浙江省发展和改革委员会印发的《浙江省健康产业发展"十四五"规划》，明确将"母婴护理"列入大健康产业概念。

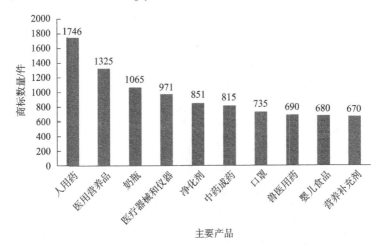

图 3.2.3　台州市医药健康产业注册商标主要产品前 10

此外，母婴产业与医药健康产业的关联性还体现在《类似商品和服务区分表》（2022 文本）之中。根据其分类，"奶瓶"与"婴儿牙龈按摩器"等同被列入第 10 类的"1005—奶嘴，奶瓶"群组，"婴儿食品"与"医用口香糖""医用营养食物"等同被列入第 5 类的"0502—医用营养品，人用膳食补充剂，婴儿食品"组。

此外，"口罩"作为"医疗用辅助器具、设备和用品"，在台州市医药健康产业注册商标数据中出现了 735 次。

3.2.4 商标申请区域

1990 年，美国经济学家波特在其著作《国家竞争优势》中提出 "产业集群" 的概念：指某一行业内的竞争性企业以及与这些企业互动关联的合作企业、专业化供应商、服务供应商、相关产业厂商和相关机构（如大学、科研机构、制定标准的机构、产业公会等）聚集在某特定地域的现象。产业集群的建设与发展，对特定产业的发展和国家竞争力的增强有重要作用。

从商标申请地址的角度分析，有助于了解台州市医药健康行业在地理空间上的分布，对于台州市医药健康行业产业集群的建立具有参考意义。如图 3.2.4 所示，台州市医药健康行业从地理空间上来看，分布相对较为平均。而黄岩区与椒江区的医药健康产业品牌发展强于其他地区，这与台州市医药健康行业发展的区域性相符合。

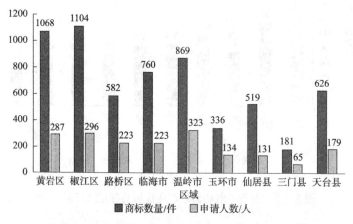

图 3.2.4 台州市医药健康产业各区域商标申请情况

黄岩区医化行业的发展已有 40 余年的历史，现已形成具有一定特色和规模的产业群体，在国内占有重要地位。椒江区作为绿色药都小镇是台州市新医药健康城的核心。《台州市健康产业发展 "十四五" 规划》明确提出 "构建'一核、一网、两翼、两带'的健康产业空间发展格局，形成各县

（市、区）发挥比较优势、突出特色、差异发展态势"。❶可见，台州市医药健康行业商标数据趋势与台州市医药健康产业发展格局基本一致。

从商标申请主体数量的构成来看，如图3.2.5所示，在商标申请量排名前两位的黄岩区和椒江区在申请人构成方面有明显差异，具体表现为黄岩区的个人申请明显高于法人申请。椒江区在申请主体构成方面差距并不明显。椒江区、临海市和仙居县的法人商标注册要比个人商标注册更为活跃，这区别于台州市其他区（市、县）。

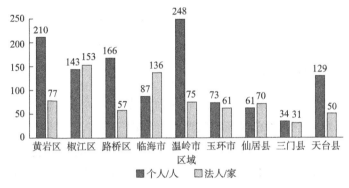

图3.2.5　台州市医药健康产业注册商标申请主体数量区域分布

在注册商标的人均拥有量方面，如表3.2.3所示，台州市医药健康企业在商标注册上，台州市各区（市、县）人均拥有商标3.21件。

表3.2.3　台州市医药健康产业各区市县人均商标注册数据

序号	区域	商标数量/件	申请主体数量		人均拥有量/件
			个人/人	法人/家	
1	黄岩区	1068	210	77	3.72
2	椒江区	1104	143	153	3.73
3	路桥区	582	166	57	2.61
4	临海市	760	87	136	3.41
5	温岭市	869	248	75	2.69

❶ 浙江省人民政府.省发展改革委关于印发《浙江省健康产业发展"十四五"规划》的通知[EB/OL].（2021-05-19）[2023-03-11].https://www.zj.gov.cn/art/2021/5/19/art_1229203592_2284894.html.

序号	区域	商标数量/件	申请主体数量		人均拥有量/件
			个人/人	法人/家	
6	玉环市	336	73	61	2.51
7	仙居县	519	61	70	3.96
8	三门县	181	34	31	2.78
9	天台县	626	129	50	3.50
	平均数				3.21

3.2.5 商标运营

在商标运营方面，台州市制造业商标转让情况远高于商标许可与质押，同样的趋势也见于台州市医药健康产业（如图3.2.6所示）。在台州市各区（市、县）商标运营数据来看（如图3.2.7所示），椒江区的商标运营较为活跃，而注册商标申请量排名第二位的黄岩区的商标转让、许可和质押活动尚不到椒江区总量的50%。从商标运营活动开展的全面性看，目前路桥区尚未检索到商标质押数据，临海市尚未检索到商标许可数据。

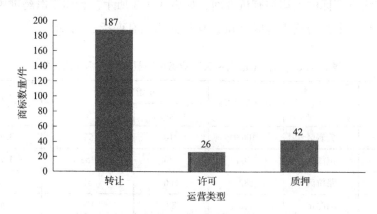

图3.2.6 台州市医药健康产业商标运营数据

虽然同为商标运营的方式，但转让不同于许可和质押。作为商品品质的载体，商标的频繁转让在某种程度上说明商标使用处于不确定状态，未形成品质传达。而许可、质押作为融资手段，证明了商标的商业价值。

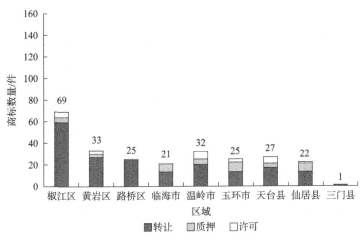

图 3.2.7　台州市医药健康产业商标运营与区域数据结合

　　在商标转让方面（如表 3.2.4 所示），海正药业、浙江乐普药业股份有限公司（以下简称"乐普药业"）和浙江天新药业有限公司（以下简称"天新药业"）位列商标转让人前三位。其中，海正药业的商标转让对象主要是其旗下子公司浙江海正博锐生物制药有限公司和浙江海昂药业有限公司；乐普药业的商标转让对象是其旗下全资子公司乐普制药科技有限公司；天新药业的转让对象主要是其法定代表人名下的另一家药企浙江新维士生物科技有限公司。

表 3.2.4　台州市医药健康产业商标转让前 10

序号	转移前权利人（转让人）	转移后权利人（让与人）	商标名称
1	浙江海正药业股份有限公司	浙江赞生药业有限公司	香通
		北京天润地良投资有限公司	伊宁曼
		浙江海正博锐生物制药有限公司	安佰诺；安瑞昔；安优乐；安瑞泽；安健宁；安佰特；利瑞达；达特灵；安佰兴；安舒正；畅达康；安佰健；安海欣；安佰锐；安佰希；安舒源；安佰欣；正迪诺；安瑞希
		浙江海晟药业有限公司	亿诺灵；速平霖；速海瑞；瑞平霖；立欣霖；海速锐

序号	转移前权利人（转让人）	转移后权利人（让与人）	商标名称
2	浙江乐普药业 股份有限公司	乐普制药科技有限公司	健力科；舒伦克；罗森泰；安博莱；科威健；安捷迅；赛邦德；优力平；康蔚；东港天乐；郁欢；乐命片；凯郁；艾民泰
3	浙江天新药业有限公司	浙江新维士生物科技有限公司	NUTRASIS；新维士；心维士；新维士 均衡营养
4	山东东阿亿福缘 阿胶制品有限公司	吴财国	旺祥堂；轩品媛
5	英国尚本国际集团有限公司	台州市冈本医疗器械有限公司	尚本 SOOBN
6	浙江仙琚制药股份有限公司	浙江百安医疗科技有限公司	玉玲珑
7	恒勃控股股份有限公司	浙江恒倍康医疗器械有限公司	恒倍康；恒倍康 HBKANG；HBKANG
8	浙江洪福堂医药 连锁有限公司	浙江洪福堂健康产业 发展有限公司	图形；洪福堂 始创于 1885 年 求真务实厚往薄来
9	宁波梅山保税港区启康投资 管理合伙企业（有限合伙）	亮贝美医疗科技集团有限公司	亮贝美
10	沈钦福、沈雷、沈江、 沈惠君、沈芳君	台州市黄岩沈宝山 国药号有限公司	沈宝山；1880

注：商标名称中为"图形"的，表示商标为图形商标，图形商标略去。下表同。

如前文所述，以旗下子公司为受让人的商标转让在商标转让活动中较为常见。区别于商标许可，受让人享有完整的商标权而不受限制，而被许可人则受许可范围和被许可人数的限制。因此，在存在关联关系的前提下，注册商标权利人会更倾向于商标转让。

而在商标许可数量方面，在可公开查询的商标许可数据中，如表 3.2.5 所示，排名第一的商标许可人为万邦德制药集团股份有限公司，许可"扶健""海龙娃"等 6 件商标；其次是台州华标作物科技有限公司、浙江洪福堂健康产业发展有限公司、浙江乐普药业股份有限公司和浙江新维士生物科技有限公司，均将旗下 2 件商标设定了商标许可。

表 3.2.5　台州市医药健康产业商标许可列表

序号	许可人	被许可人	商标名称
1	万邦德制药集团 股份有限公司	浙江东日药业有限公司	扶健；海龙娃 利欣清；集希通 美欣清；万邦信诺康
2	台州华标作物科技有限公司	台州市大鹏药业有限公司	安杰农；华标
3	浙江洪福堂健康 产业发展有限公司	云南兰茂药业有限公司； 台州仁民中药有限公司； 文山市苗乡三七实业有限公司； 安徽济善堂中药科技有限公司； 广东康洲药业有限公司； 文山市苗乡三七实业有限公司； 台州仁民中药有限公司	洪福堂 始创于 1885 年 求真务实厚往薄来；图形
4	浙江乐普药业股份有限公司	乐普制药科技有限公司	康利得
5	浙江新维士生物 科技有限公司	长白朝鲜族自治县 绿江山食品有限公司	新维士；NUTRASIS
6	迈得医疗工业设备 股份有限公司	迈得（台州）贸易有限公司	MAIDER
7	台州益达医疗器械有限公司	国药控股台州中药有限公司	御之良品
8	天台县天台乌药 养生研究协会	浙江红石梁集团天台 山乌药有限公司	天台乌药
9	浙江海正生物材料 股份有限公司	浙江海诺尔生物材料有限公司	PLABIOS
10	浙江红石梁集团天台山 乌药有限公司	浙江红石梁健康科技有限公司	扬阳
11	浙江天新药业有限公司	浙江新维士生物科技有限公司	新维士
12	浙江仙居仙乐药业有限公司	浙江远大生物科技有限公司	图形

　　在商标许可主体方面，除常见的法人商标许可外，行业协会等非法人主体作为商标权利人也可对其权属商标开展许可活动，如天台县天台乌药养生研究协会对其所属集体商标"天台乌药"（注册号：6400083）授权许可给浙江红石梁集团天台山乌药有限公司。

在商标质押方面，截至目前，台州市医药健康产业有 18 位商标权利人开展商标质押活动（如表 3.2.6 所示）。对质押人进一步分析发现，浙江司太立制药股份有限公司为上市公司（A 股，603520），而万邦德制药集团有限公司已经完成上市辅导，浙江永宁药业股份有限公司也已经完成战略融资，其余申请人主要以中小微企业为主。

表 3.2.6　台州市医药健康产业商标质押情况

序号	出质人	质押商标
1	浙江仙居君业药业有限公司	JUN YE；君业药业；JUNYE PHARM J；图形；JUNYE
2	台州康健医用器械有限公司	禾平
3	台州市星明药业有限公司	XMP
4	台州御济中药饮片有限公司	御济
5	万邦德制药集团股份有限公司	WEPON；图形
6	浙江永宁药业股份有限公司	希康宁；希若宁；希替宁
7	浙江昌明药业有限公司	昌明药业 CHANGMING PHARMACEUTICAL CM
8	浙江诚信医化设备有限公司	图形
9	浙江豆豆宝中药研究有限公司	脸匠
10	浙江海洲制药有限公司	HIZON；图形
11	浙江红石梁集团天台山乌药有限公司	台乌；台乌精
12	浙江金壳药业有限公司	图形
13	浙江灵洋医疗器械有限公司	LY；LA；灵洋
14	浙江仁翔医疗器械有限公司	仁翔；健顺；RONNASO；图形
15	浙江胜利医疗器械有限公司	德明
16	浙江司太立制药股份有限公司	STARRY；司太立；STRY
17	陈琳仁	孔雀公主 PEACOCK PRINCESS
18	王斌	宝梦安

3.2.6　重点企业商标布局

综合医药健康类商标拥有量、企业综合实力、企业知识产权情况等因素，如表 3.2.7 所示，本部分选取其中五家企业即华海药业、海正药业、新维士生物、仙琚制药和永宁药业，并以申请人为关键词对其商标进行全面检索，同时从商标类别、商标形态、商标布局等角度进行深入分析，以了解台州市医药健康产业的商标品牌布局思路，进而为产业品牌战略制定及企业商标品牌保护提供参考。

表 3.2.7　台州市医药健康类商标申请人前 10 位

序号	申请人名称	商标数/件	资质	是否上市
1	浙江华海药业股份有限公司	150	国家级高新技术企业、国家企业技术中心、国家级技术创新示范企业	是
2	浙江海正药业股份有限公司	144	国家级高新技术企业、国家企业技术中心、国家级技术创新示范企业	是
3	浙江新维士生物科技有限公司	116	国家级高新技术企业、省级专精特新中小企业、省级创新型中小企业、市级企业技术中心	否
4	浙江仙琚制药股份有限公司	75	国家级高新技术企业、省级专精特新中小企业、省级企业技术中心、省级隐形冠军企业、浙江省第二批省级先进制造业和现代服务业融合发展试点名单	是
5	浙江永宁药业股份有限公司	72	国家级高新技术企业、省级企业技术中心	否
6	万邦德制药集团有限公司	58	国家级高新技术企业、省级专精特新中小企业、省级企业技术中心	否
7	浙江圣达生物药业股份有限公司	50	国家级高新技术企业、省级专精特新中小企业、省级企业技术中心	是
8	浙江海正甦力康生物科技有限公司	42	省科技型中小企业	否
9	浙江诺得药业有限公司	41	小微企业	否
10	浙江南洋药业有限公司	37	小微企业	否

对上述五家重点医药健康企业商标数据进行补充检索，得到上述五家医药企业在医药健康类商标和非医药健康类商标申请数量对比，如图3.2.8所示。作为非上市企业，新维士生物在商标布局方面表现出相当的积极性，在非医药健康类商标方面的申请数量超过医药健康类商标数量一倍多。而作为国家级创新主体的华海药业和海正药业在非医药健康类商标注册方面则相对谨慎。

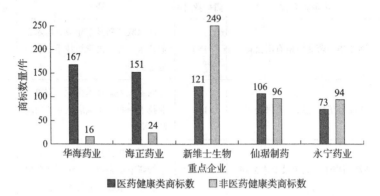

图 3.2.8　台州市医药健康产业重点企业商标申请情况

在商标类型的选择方面，由于文字商标注册的便利性、易记忆性、多变性等特点，在商标类型中成为首选，如表3.2.8所示。同时，相较于图形商标和组合商标而言，文字商标在联合布局方面则显现出更多优势，如表3.2.8所示。

表3.2.8　台州市医药健康产业重点企业商标申请类型数据　　单位：件

重点企业	华海药业	海正药业	新维士生物	仙琚制药	永宁药业
文字图形组合商标数	0	12	7	39	37
图形商标数	12	6	12	7	10
文字商标数	171	157	351	156	120

提取重点企业的图形商标图样数据，与表3.2.9进行对比，显而易见，在联合商标布局思路上，图形商标本身优势较弱，如表3.2.10所示。

表3.2.9　台州市医药健康产业重点企业联合商标布局

企业名称	联合商标布局
华海药业	艾略；艾克立宁；艾克立净；艾极；艾太；艾克立泰；艾克立康；艾克立平；艾克立欣；艾克立妥；艾克立喜；艾克立达；艾克立奇；唐艾；艾立妥；艾克立妥
	乐有必通；乐有必欣；乐有必康；乐有必泰；乐有必立；乐有必吉
海正药业	海正；海正络爽；海正内青；海正依诺；海正力星；海正添骨盖；海正立苏；海正美特；海正拉风；海正大拇指；海正镇害；海正喜洋洋；海正大赢家；海正必喜；海正金宁；海正大健康；海正动保；海正动保 HISUN；海正立特；海正韦克；海正麦克丁；海正伊达路；海正博莱欧；海正贝沙；海正美能；海正匹兰路
	HISUN；海正动保 HISUN；HISUNBABY
新维士生物	新维士；新维士 均衡营养；新维士益生元；新维士乳铁；新维士益生双效；新维士宝宝；新维士舒孕；新维士臻颜；新健康新生活新维士；新维士世界营养工厂；新维士儿童；新维士女士；新维士男士；新维士成人；新维士实实在在好营养；新维士营养家；新维士新营家；新维士睿选；新维士营养季；新维士优悦壹品；新维士营养+；新维士爱之选；新维士唯选；新维士速凝；新维士母婴营养领导者；新维士母婴营养倡导者；新维士新儿乐；新维士小幸孕；新维士食疗；新维士营养制造局
	御壹验方；太壹验方；太壹瀚方；名壹验方；名壹瀚方；翰林方
仙琚制药	仙琚；逸维仙；仙乐；仙静；仙乐滋；仙定；仙恩；关爱两性；仙琚生殖保护药品；珍重生命；X；仙琚生殖保护药品；仙乐堂；仙乐牌
	后定诺；后定安；后安芳；后安定；后定诺120
永宁药业	派佳舒；派威欣；派加舒；派奈欣；派威宁；派威齐；派威芬；派威保
	永宁；哌宁；恒宁；劲宁；共宁；比宁；定宁；庆宁；派威宁；洛可宁；希康宁；希若宁；泛莫宁；弗希宁；哌刻宁；哌洛宁；希替宁；利扶宁；永宁风起；替宁新；永一宁；永宁红；他达宁；永宁清甘果；永宁金甘果；永宁甘果；康霸永诺宁

表3.2.10　台州市医药健康产业重点企业图形商标

企业名称	图形商标
华海药业	

续表

企业名称	图形商标
海正药业	
新维士生物	
仙琚制药	
永宁药业	

　　在尼斯分类号的选择上，如表 3.2.11 所示，台州市医药健康产业重点企业的商标布局主要集中于第 5 类，即重点企业的主要产品是集中在药品而非医学设备上。此外，新维士生物在第 32 类和第 30 类进行的商标申请数量也较多，这与新维士生物企业本身的定位相符合。作为一家生产维生素，立志成为营养品品牌孵化器的企业，新维士生物在传统的粉剂、片剂的基础上还开发了代餐奶昔、维生素软糖等产品。重点企业对于尼斯分类号的选择也在一定程度上反映了企业防御商标布局的思路。

表 3.2.11　台州市医药健康产业重点企业商标申请量及对应尼斯分类号前五名

排名	华海药业	海正药业	新维士生物	仙琚制药	永宁药业
1	5（165）	5（150）	5（119）	5（90）	5（68）
2	1（3）	35（13）	30（109）	35（34）	30（14）
3	35（3）	29（3）	32（99）	10（16）	35（6）
4	42（3）	30（3）	21（4）	41（9）	10（5）

续表

排名	华海药业	海正药业	新维士生物	仙琚制药	永宁药业
5	10（2）	32（3）	25/29（4）	36（5）	1/3/6/7/8/9/13/15/20/23/24/25/29/32（3）

注：表内括号外数字为尼斯分类号，括号内的数字为对应的注册商标数量（单位为件）。

在企业名称的商标权保护方面，五家重点企业均对企业名称的核心词汇通过商标申请注册的途径予以保护，但在商标布局的思路上则有所差异。

在防御布局思路上，华海药业选择了产品类不同尼斯分类号的申请布局，如就其主要商标"华海"在第5类和第1类上进行了防御布局；其余四家重点企业则选择了在产品类和服务类全面覆盖的方式，如海正药业分别在第5类和第35类下申请了主商标"海正"。

在联合商标布局思路上，新维士生物采用了"主商标+产品名称"的方式强化文字商标，如"新维士抗糖""新维士七星茶""新维士营养制造局""新维士食疗""新维士小幸孕"等，华海药业、永宁药业也采取了同样的联合布局方式；新维士生物还采用了"中文名称+英文名称"的布局强化思路，如"新维士"和"NUTRASIS LIFE"。此外，还有常见的近似词语之间的联合商标布局，如永宁药业的"永宁"和"永一宁"，仙琚制药的"仙琚"和"华琚"等。

3.3　小结

作为台州市主导产业之一，医药健康产业起步早、门类全，其技术领域涵盖医药制造、医疗器械、中药材种植及中药研制等。目前，台州市共有规上医药企业126家，上市企业19家，全市有30余家企业近300个剂型或产品获得国外认证（注册），产品远销120多个国家和地区。台州市化学原料药及医药中间体在国内占有重要地位，化学原料药出口占全省的1/3，全国的1/10。在2022年全国医药工业信息年会上发布的"2021年度中国医药工业百强榜"中，台州市的海正药业、华海药业、仙琚制药、九洲药业均上榜。台州市医药健康企业的创新投入也在不断增加，根据《台州市健康产业发展"十四五"规划》，2020年台州市医药企业研发强度达到5.3%

左右，头部企业如华海药业在 2021 年更是达到了 16%。整体来看，无论是技术还是市场，台州市医药健康产业主要集中在产业链的中上游，大部分产能集中在中间体和原料药环节，高端医疗器械、生物医药等高附加值领域涉猎不多，制剂生产领域企业较少，与制剂相关的辅料、配料等配套能力不足，产品结构不合理。下面通过专利与商标的对比来分析台州市医药健康产业技术与品牌的发展情况。

（1）从申请趋势来看，台州市医药健康专利和商标在 2000 年以前均处于发展初期阶段，申请人的专利和商标意识薄弱，创新能力也较弱。2000年以后，台州市医药健康专利申请整体呈现平稳增长的态势，而商标则自 2007 年以后陷入了几年的低迷阶段。这一方面是受到金融危机的影响，医药和医疗器械市场低迷；另一方面，专利技术是不断更新迭代的，而商标作为品牌的标识，从法律上来讲可以进行续展，从实际应用上来讲也是一个品牌建设的积累，技术上的更新可以带来专利的产出和产品的迭代，但不一定会有商标的更替。如 1980 年，台州南峰药业有限公司申请注册的第一个商标——"南峰"，目前依然有效。因此专利和商标的发展轨迹各有特点。

（2）从产品角度来看，专利的技术分类号涉及医疗器械方面的技术较多，而商标则更多地涉及医药品类。台州市的医疗器械主要为无菌类器械，如注射类、穿刺类和内窥镜类器械，主要面向医院、诊所等医疗机构，因此对技术要求更严格；而医药类产品除了面向医疗机构和企业之外，也面向普通消费者，从商业角度来讲，普通消费者在面对不了解技术的产品时，对品牌有更强的依赖，因此在商标的布局上，医药类商标占比更高。

（3）在产业区域分布方面，经过多年发展，台州市医药企业结构逐步优化，产业集聚明显，形成了以化学原料药产业园为基础，椒江绿色药都小镇、临海国家级医化基地、温岭医养健康小镇、黄岩经济开发区等为核心的特色产业集聚区。因此椒江区在专利与商标方面均领先于其他区域，黄岩区与温岭市也处于前列，而临海市则出现专利数量排名较靠前而商标数量排名较靠后的局面。

（4）专利与商标运营方面，首先从数量上来看，专利的转让、许可和质押数量都是远高于商标的；运营的方式中，专利和商标均以转让为主，许可数量最少，可能受到许可并非强制登记备案的影响。并且医药健康这类技术复杂度较高、创新难度大的产业，由于自身具有投入大、风险高、周期长、技术强等特点，产业的生产活动更依赖于新技术的内在发展动力，技术的输入和输出活动会更加频繁，因此医药健康产业的产业化和市场化更加依赖于技术成果的共享和转化。近年来，台州深入探索知识产权融资综合创新，开创混合质押和集体商标质押融资模式，通过创新质押融资模式、打造全链服务平台、建立风险管控机制等举措，为民营经济高质量发展注入了创新活力。2021 年，台州市共办理专利质押融资 538 笔 151.1 亿元，连续 2 年居全国第一；商标质押融资 563 笔 132.9 亿元，连续 6 年居全国第一。这些举措也是医药健康产业专利和商标质押数量近几年增速较快的原因。

（5）技术创新能力与品牌建设匹配度方面，从台州市医药健康产业专利和商标的申请人类型数量进行对比可以反映出来。如表 3.3.1 所示，无论是申请人总数还是企业或个人数量，医药健康产业专利的三项指标均高于商标，说明医药健康领域的申请人更多地只申请了专利而没有进行商标的布局。这一方面反映了医药健康产业更注重于技术创新，台州市医药健康领域的申请人创新能力与品牌建设匹配度较低；另一方面也说明，作为技术难度较大的产业，从业者首先须以技术立身，医药健康产业的发展更加依赖技术成果的创新迭代。

表 3.3.1　台州市医药健康产业专利/商标申请人类型及数量　　　单位：人

专利申请人类型	企业+其他（企业）	个人	申请人总数	商标申请人类型	企业	个人（个体经营户）	申请人总数
专利申请人数量/人	1595（1472）	2340	3935	商标申请人数量/人	652	1210	1862

综上所述，台州市医药健康产业经过数十年的发展，在国内占有重要的产业地位，知识产权意识也有着很大的提升，当前台州市医药健康产业更注重于技术创新而对品牌建设的力度稍显不足。台州市医药健康产业集聚明显，形成了以化学原料药产业园为基础，椒江绿色药都小镇、临海国家级医化基地、温岭医养健康小镇、黄岩经济开发区等为核心的特色产业集聚区。大部分产能集中在产业链的中上游环节，以中间体和原料药为主，

无菌类医疗器械也较多。面对数字化浪潮，台州市医药健康产业应依托现有优势，积极突破生物医药、高端医疗器械等瓶颈，培育制剂相关配套企业，打造世界级的高端医药制造基地。

第 4 章

台州市缝制设备产业知识产权分析

台州市是中国"缝制设备制造之都",是当今中国规模最大、企业最多的缝制设备生产和出口基地。台州市拥有整机生产企业 120 余家,零部件配套企业 300 余家,从业人员 2 万余人,其中 70% 以上的缝纫机整机和零件、零部件企业均汇集于椒江区下陈街道。台州市缝制设备产业起步于 20 世纪 80 年代,凭借民营企业的机制优势和准确的市场定位,在以杰克、中捷、宝石、美机等为代表的一批大中型骨干企业的带动下,经过多年发展、投入和不断壮大,形成了机壳铸造、热处理、零件粗精加工、整机装配、产品包装及运输等相对完整的缝制机械产业链,建立了覆盖家用机、工业机、服装机械、刺绣机械、电控系统以及各类零部件等相对健全的产品链,缝制设备年销售量约占全国市场 70% 以上份额,在国际市场上也占有相当大的份额。本章通过反映制造业知识产权主要特征的专利与商标两个视角对台州市缝制设备产业知识产权情况进行分析,深入挖掘台州市缝制设备产业专利和商标信息,以了解台州市缝制设备产业发展现状,为台州市缝制设备产业高质量发展及其专利、商标科学布局提供数据支撑。

4.1　台州市缝制设备产业专利分析

截至检索日,台州市缝制设备产业专利申请总量为 9975 件,其中发明专利 2874 件,实用新型专利 5509 件,外观设计专利 1592 件。台州市缝制设备产业专利中,实用新型专利占比一半以上,主要是因为缝制设备产业多涉及设备或产品结构的改进,很多设备或产品只涉及一些比较小的改进,创造性高度不符合发明专利要求。此外,由于实用新型专利审查周期较短,能更快获得授权,因此部分申请人为了快保护,也会优先选择申请实用新型专利。以下从台州市缝制设备产业的专利申请趋势、技术热点、创新主体、重点企业专利布局、协同创新与专利运营等角度进行分析,揭示台州市缝制设备产业专利申请的整体态势与现状。

4.1.1　专利申请趋势分析

从图 4.1.1 可以看出,台州市缝制设备产业专利申请量总体呈现上升的趋势。大致可分为 3 个阶段:1988—2000 年为探索发展期,2001—2010 年为缓慢发展期,2011—2021 年为快速发展期。

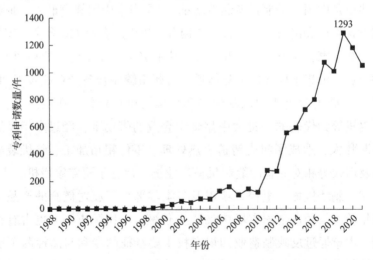

图 4.1.1　台州市缝制设备产业专利申请总趋势

(1) 探索发展期 (1988—2000 年)。台州市缝制设备产业起步于 20 世纪 80 年代，受限于起步初期技术的缓慢发展，并且我国的专利制度也刚刚起步，1988—2000 年台州市专利申请量较少，每年专利申请量不超过30 件。

（2）缓慢发展期（2001—2010 年）。自 2001 年起，缝制设备专利申请量呈现缓慢增长的趋势。2008 年国际金融危机的爆发，使得台州市缝制设备产业的发展受到了一定程度的影响，发展稍有停滞。在经历经济波动考验之后，台州市缝制设备产业坚定地走上了自动化、智能化的转型升级发展新路。

（3）快速发展期（2011—2021 年）。2011—2021 年总体呈现快速发展的趋势。这离不开相关政策的引导与支持。2011 年中国缝制机械协会发布的《中国缝制机械行业"十二五"发展规划》提出，力争到 2015 年末，行业创新能力接近国际先进水平，质量、品牌基本具备与国际知名企业在同一平台竞争的实力，产业结构与盈利水平具备支撑行业健康持续发展的能力，行业实现向世界缝制机械强国迈出关键的第一步。2018 年 5 月印发的《台州市缝制设备产业发展工作方案》提出，开展智能制造专项行动，推动缝制设备从机电一体化向智能多元化升级。台州市多年来在制造基础上加大投入，同时零部件配套体系也逐渐完善，服装产业需求也比较大，自动化、智能化技术也在蓬勃发展，这一系列的优势，使得台州市缝制设备产业快速发展壮大。这一阶段，随着国家知识产权保护政策的日益完善，申请人的专利意识不断增强，更加注重保护自身的发明创造，因此专利申请量快速增长。

图 4.1.2 为台州市缝制设备产业专利申请趋势。从图 4.1.2 可知，台州市缝制设备产业中外观专利较少，其增长趋势相对较为缓慢，而发明专利特别是实用新型专利对台州市缝制设备产业专利申请的总体趋势起决定性作用，与总趋势趋于一致。其中，实用新型专利数量最多，对专利申请总趋势的影响高于发明专利。这一方面是因为随着专利制度的普及，专利意识的提升，更多申请人了解到实用新型的快保护作用；另一方面，缝制设备产业多涉及设备或产品结构的改进，与实用新型专利的保护客体相符。

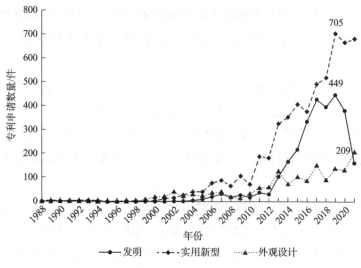

图 4.1.2　台州市缝制设备产业专利申请趋势

🎁 4.1.2　技术热点分析

　　表 4.1.1 和表 4.1.2 分别为台州市缝制设备产业发明和实用新型排名前十的 IPC 含义及其专利数量。从中可以看出，台州市缝制设备产业发明和实用新型专利大部分技术热点都集中于 D05B（缝纫）的下位点组，其中 D05B69（缝纫机用传动齿轮；控制装置）的数量最多，发明专利有 287 件，实用新型专利有 634 件；其次是 D05B29（缝纫机用压布机构；压脚）和 D05B27（缝纫机用送布机构）。可见，台州市缝纫设备产业发明和实用新型专利申请的重点主要在缝纫机用传动齿轮、缝纫机控制装置、缝纫机用压布机构、缝纫机送布机构方面。在发明专利中，D05B69（缝纫机用传动齿轮；控制装置）、D05B19（程序控制的缝纫机）和 D05B59（缝纫机中梭心绕线或更换机构的使用；有关的指示机构或控制机构）这些与控制系统有关的分类号占比也较高，说明自动化、智能化的缝制设备已经成为台州市缝制设备产业发展的热点，缝制设备的"智能制造"转型已初见成效。台州市缝制设备产业专利的 IPC 技术热点包括了缝制设备零部件、组成机构和整机设备，说明台州市缝制设备产业链较为完整。

表 4.1.1　台州市缝制设备产业发明专利排名前 10 的 IPC 含义及专利数量

IPC 主分类号（大组）	IPC 主分类号（大组）含义	专利数量/件
D05B69	缝纫机用传动齿轮；控制装置	287
D05B27	缝纫机用送布机构	272
D05B29	缝纫机用压布机构；压脚	254
D05B65	缝纫机中截断上线或下线的机构	179
D05B35	其他类不包括的缝纫机用送布或理布机构	123
D05B71	缝纫机用润滑或冷却装置	96
D06H7	用于纺织材料裁剪的，或其他切断的，专门适用于裁剪，或其他切断的装置和方法	93
D05B19	程序控制的缝纫机	93
D05B55	缝纫机用针座；缝纫机用针杆	68
D05B59	缝纫机中梭心绕线或更换机构的使用；有关的指示机构或控制机构	67

表 4.1.2　台州市缝制设备产业实用新型专利排名前 10 的 IPC 含义及专利数量

IPC 主分类号（大组）	IPC 主分类号（大组）含义	专利数量/件
D05B69	缝纫机用传动齿轮；控制装置	634
D05B29	缝纫机用压布机构；压脚	556
D05B27	缝纫机用送布机构	453
D05B65	缝纫机中截断上线或下线的机构	342
D05B71	缝纫机用润滑或冷却装置	216
D05B55	缝纫机用针座；缝纫机用针杆	190
D05B35	其他类不包括的缝纫机用送布或理布机构	171
D06H7	用于纺织材料裁剪的，或其他切断的，专门适用于裁剪，或其他切断的装置和方法	138
D05B37	缝纫机中有关切口、压槽或裁剪的机构	122
D05B47	缝纫机用上线张力装置，缝纫机中张力计的使用	101

🎁 4.1.3 创新主体分析

图 4.1.3 为台州市缝制设备产业创新主体数量与专利申请量分布。台州市缝制设备产业创新主体数量为 1021 个，其中椒江区的申请人数量与专利数量均远大于其他地区。这主要是因为台州市缝制设备产业在 20 世纪 80 年代从椒江区起步，在下陈街道逐渐发展形成产业集聚区，已形成一条完整的缝制设备产业链，涌现出一批以杰克、飞跃、宝石为龙头的现代化缝制企业。玉环市虽然申请人数量较少，但该区域的浙江中捷缝纫科技有限公司、琦星智能科技股份有限公司、浙江沪龙科技股份有限公司创新实力较强，因此其专利数量仅次于椒江区。

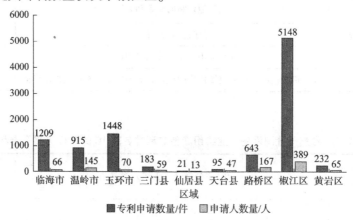

图 4.1.3 台州市缝制设备产业申请人数量与专利申请数量分布

由表 4.1.3 和图 4.1.4 可以看出，台州市缝制设备产业中，企业的专利申请量为 8646 件，占比达到 86.42%，企业申请人数量为 555；其次是个人申请，申请量为 1276 件，占比为 12.75%，申请人数量为 452。机关团体、大专院校和科研单位数量较少，专利数量也仅有 83 件。这体现出台州市缝制设备领域申请主体较为集中，企业创新实力更强，拥有大量的专利申请。

表 4.1.3 台州市缝制设备产业专利申请人数量   单位：人

申请人类型	企业	个人	机关团体	大专院校	科研单位	申请人总数
申请人数量	555	452	2	7	5	1021

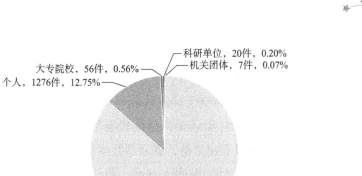

图 4.1.4　台州市缝制设备产业专利申请量及申请人类型

结合表 4.1.4，台州市缝制设备产业专利前 10 企业创新集中度来看，在台州市缝制设备产业所有企业专利申请量 8637 件中，前 10 企业专利申请量为 6218 件，占比为 71.99%。从发明人所占数量来看，前 10 企业发明人数占所有企业发明人数的 55.95%，其中仅杰克科技股份有限公司就有 3231 件专利，674 人发明人，是台州缝制设备产业规模最大、综合实力最强的企业。这说明，台州市缝制设备产业已经形成创新能力较强龙头企业，这些龙头企业的研发实力也较为强劲，可以充分发挥引领作用，带动台州市缝制设备产业发展。

表 4.1.4　台州市缝制设备产业专利前 10 企业创新集中度

重点产业	前 10 企业专利申请量/件	所有企业专利申请量/件	前 10 企业专利申请量占所有企业比例/%	前 10 企业的发明人数量/人	所有企业的发明人数量/人	前 10 企业发明人数量占所有企业比例/%
缝制设备	6218	8637	71.99	1076	1923	55.95

4.1.4　重点企业专利布局

以下选取台州市缝制设备产业专利申请量排名前 10 的企业作为重点企业进行分析。表 4.1.5 为台州市缝制设备产业排名前 10 企业创新主体专利申请情况，主要从专利申请量、近 5 年申请量、活跃度、发明人数等角度来反映前 10 企业的专利总量、近年来的创新活跃度和研发团队实力。从

表 4.1.5 可以看出，杰克科技股份有限公司的专利申请量和发明人数量远高于其他企业，活跃度从数值上看虽然不是最高，但近 5 年专利申请量仍远超其他企业，达到了 1361 件，是毫无疑问的台州市龙头企业。从近 5 年活跃度来看，飞跃集团有限公司、浙江美机缝纫机有限公司、琦星智能科技股份有限公司有半数以上为近 5 年申请，创新活跃度较高，而宝石五大洲科技集团有限公司的活跃度则较低。发明人方面，浙江中捷缝纫科技有限公司的发明人数量为 177 个，排名第二；其他企业发明人数量较少，可以适当引进人才，壮大研发团队，进一步提升创新实力。

表 4.1.5　台州市缝制设备行业排名前 10 企业创新主体专利申请情况

排名	申请人	区域	专利申请量/件	近 5 年专利申请量/件	活跃度/%	发明人数/人
1	杰克科技股份有限公司	椒江区	3231	1361	42.18	674
2	浙江中捷缝纫科技有限公司	玉环市	770	276	36.85	177
3	飞跃集团有限公司	椒江区	709	398	60.58	24
4	浙江美机缝纫机有限公司	温岭市	544	326	59.93	57
5	琦星智能科技股份有限公司	玉环市	355	222	62.71	26
6	宝石五大洲科技集团有限公司	椒江区	176	8	4.68	49
7	浙江中森缝纫机有限公司	路桥区	117	51	43.59	15
8	浙江沪龙科技股份有限公司	玉环市	113	44	38.94	35
9	浙江川田缝纫机有限公司	椒江区	106	20	18.87	10
10	台州市速普机电有限公司	椒江区	97	66	68.04	9

表 4.1.6 为台州市缝制设备产业排名前 10 企业技术布局情况（括号内为该分类号对应的专利数量）。从表 4.1.6 可以看出，台州市缝制设备产业的重点企业大部分都集中于 D05B（缝纫）的下位点组。其中 D05B69（缝纫机用传动齿轮；控制装置）的数量最多，其次是 D05B29（缝纫机用压布机构；压脚）和 D05B27（缝纫机用送布机构）。这说明台州市缝制设备产业重点企业专利申请的重点主要在缝纫机用传动齿轮、缝纫机控制装置、缝纫机用压布结构、缝纫机送布结构方面。飞跃集团的技术则主要在 B65G（运输或贮存装置，例如装载或倾卸用输送机、车间输送机系统或气动管道

输送机）和 A41H（缝制衣服的工具或方法，如其他类目不包含的制作女服用的、裁制用的）的下位点组，其重点主要在成衣吊挂与输送系统。中森缝纫机和川田缝纫机在这方面也有一定的研发占比。此外，杰克科技在 D06H7（用于纺织材料裁剪的，或其他切断的，专门适用于裁剪，或其他切断的装置和方法）方面也有布局。前 10 之外的其余 IPC 所涉及的专利在自身占比并不高，但相对于其他企业在专利数量上更多。因此，杰克科技的技术布局研发实力更强，技术分布更为全面。

表 4.1.6　台州市缝制设备行业排名前 10 企业创新主体技术布局

排名	杰克科技	中捷缝纫科技	飞跃集团	美机缝纫机	琦星智能科技	宝石五大洲	中森缝纫机	沪龙科技	川田缝纫机	速普机电
1	D05B69 (356)	D05B29 (99)	B65G35 (128)	D05B29 (108)	D05B69 (137)	D05B69 (18)	D05B27 (17)	D05B69 (38)	D05B69 (16)	D05B65 (30)
2	D05B29 (331)	D05B69 (79)	B65G17 (46)	D05B69 (78)	D05B27 (65)	D05B55 (17)	A41H37 (10)	D05B65 (11)	D05B37 (11)	D05B29 (20)
3	D05B27 (308)	D05B27 (75)	A41H42 (34)	D05B27 (59)	D05B57 (28)	D05B27 (16)	D05B69 (8)	D05B29 (9)	D05B35 (11)	D05B69 (18)
4	D05B65 (209)	D05B65 (55)	B65G47 (33)	D05B65 (47)	D05B29 (23)	D05B29 (11)	D05B71 (7)	D05B71 (5)	D05B29 (10)	H02K15 (2)
5	D05B71 (136)	D05B71 (46)	A41H43 (25)	D05B55 (34)	D05B81 (6)	D05B71 (10)	D05B29 (7)	D05B19 (4)	D05B21 (10)	D05B71 (2)
6	D05B35 (124)	D05B37 (33)	B65G1 (21)	D05B71 (31)	D05B65 (6)	D05B65 (9)	D05B75 (6)	D05B59 (3)	A41H43 (7)	H05K7 (1)
7	D05B55 (102)	D05B55 (24)	B65G23 (16)	D05B47 (18)	D05B19 (6)	D05B35 (7)	D05B65 (6)	D05B27 (3)	D05B71 (6)	H05K5 (1)
8	D05B59 (92)	D05B47 (21)	F16B7 (11)	D05B73 (16)	H02K1 (5)	D05B81 (5)	D05B55 (6)	G01D5 (2)	D05B65 (6)	H02K3 (1)
9	D05B19 (86)	D05B35 (18)	D06F58 (9)	D05B35 (15)	H05K7 (3)	D05B59 (5)	D05B35 (6)	D05B73 (2)	D05B59 (6)	H01H36 (1)
10	D06H7 (78)	D05B59 (14)	A47G25 (7)	D05B37 (11)	H02K11 (3)	D05B73 (4)	D05B33 (6)	H02K5 (1)	D05B57 (4)	G01D5 (1)

注：括号外字母数字为 IPC 分类号，括号内数字为对应的专利数量（单位为件）。

4.1.5 协同创新与专利运营

4.1.5.1 协同创新分析

缝制设备产业作为传统制造业，在"智能制造发展规划"和"中国制造2025"战略规划的背景下，正在面临产业转型升级、适应经济高质量发展的关键时期。如何推动缝制设备产业深入贯彻制造强国战略，有效践行"十四五"高质量发展远景目标规划，完善自主核心技术体系，持续提升创新驱动力，成为缝制设备产业当前面临的重大课题。在当前政策背景和市场条件下，缝制设备产业只依靠单一的主体和要素的创新模式难以适应市场日新月异的创新需求和国家制造业高质量发展的需求，只有建立协同创新机制才能实现利益、目标最大化[1]。因此从专利视角，分析台州市缝制设备产业的协同创新发展现状，可以为台州市缝制设备产业转型升级、实现高质量发展提供决策参考。

台州市缝制设备产业中，以台州市内的申请人作为第一申请人的合作申请专利共计126件，占台州市缝制设备产业专利总量的1.26%，合作申请专利数量占比较低。在合作申请专利中，共包含64个创新主体，其中个人41个，企业19家，大专院校2家，科研单位2家。不同合作模式下的专利申请数量如图4.1.5所示。由图4.1.5可知，企业合作申请专利数量为74件，占全部合作申请专利总量的58.73%；其次是个人合作申请，共计23件，占比为18.25%。这说明，从专利视角来看，台州市缝制设备产业协同创新主要以企业之间的合作为主，其他类型的合作模式，例如校企合作和科企合作较少，并未形成完善的产学研协同创新体系。在未来产业转型升级过程中，相关企业要积极向当地高校和科研单位寻求合作，通过外部资源的补充，提升企业自身的创新能力，构建以企业为主导的产学研协同创新体系，进而助力台州市缝制设备产业转型升级，实现创新驱动发展和高质量发展。

如上文所述，根据台州市缝制设备产业专利合作模式的特点，选取企业合作与校企合作申请的专利，绘制了如图4.1.6所示的创新主体协同创新

---

[1] 孙超,王燕.产业协同集聚对区域创新效率的空间溢出效应[J].统计与决策,2022,38(20):43-47.

"广度—深度"二维矩阵图。由图 4.1.6 可知，与其他重点产业不同，由于台州市缝制设备产业的协同创新专利较少，且大部分企业的合作模式为企业内部合作，故大部分参与协同创新的企业合作广度较低。合作深度最高的为浙江贝斯曼缝纫机有限公司和浙江中捷缝纫机有限公司，两家企业的合作深度达到了 144，但其合作模式仅限于企业内部合作。

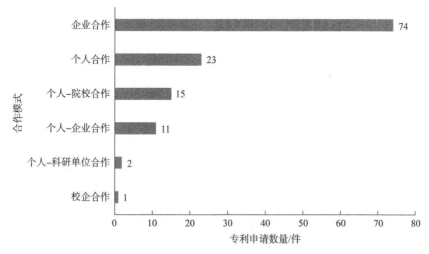

图 4.1.5　台州市缝制设备产业不同合作模式下专利申请数量

　　为进一步从微观角度分析不同创新主体之间的合作关系，进一步统计了专利合作申请数量排名前五的第一申请人与其他创新主体之间的合作关系，结果如表 4.1.7 所示。合作专利申请量排名第一的浙江中捷缝纫科技有限公司，作为台州市缝制设备产业的龙头企业，目前已经生产了多种类型的智能缝制设备产品，拥有了较为完善的自主技术体系，共与 2 家企业建立了合作关系，合作专利申请总量共计 72 件，占台州市缝制设备产业合作专利申请总量的 57.14%。与浙江中捷缝纫科技有限公司合作的两家企业均为其全资控股子公司，合作创新的技术领域为缝纫机整体及内部结构的改进。合作专利申请数量排名第二的创新主体为台州学院，其共与 6 个创新主体开展了协同创新，合作专利申请量为 6 件，其中包含 2 家企业类创新主体和 4 个个人类创新主体，表 4.1.7 仅列示了 2 家企业类创新主体。台州学院与浙江盛田机械有限公司合作申请 2 件专利，涉及的技术领域为缝纫机的升降锁紧装置；与温岭市思升机械有限公司合作申请 1 件专利，涉及的技术领域为铰孔机。

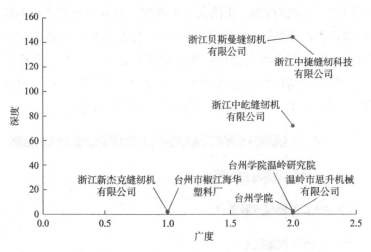

图 4.1.6　台州市缝制设备产业创新主体协同创新"广度—深度"二维矩阵图

表 4.1.7　台州市缝制设备产业主要创新主体协同创新专利申请情况

序号	创新主体名称	合作专利申请总量/件	主要合作对象	合作对象区域	合作专利申请量/件	合作模式	合作创新技术领域
1	浙江中捷缝纫科技有限公司	72	浙江中屹缝纫机有限公司	玉环市	72	企业内部合作	缝纫机整体及内部结构
			浙江贝斯曼缝纫机有限公司	玉环市	72	企业内部合作	缝纫机整体及内部结构
2	台州学院	6	浙江盛田机械有限公司	温岭市	2	校企合作	升降锁紧装置
			温岭市思升机械有限公司	临海市	1	校企合作	铰孔机
3	黄岩通用机械厂	3	王贤文	台州市	3	个人-企业合作	针织圆机的坯布牵拉装置、针织机的舌针
4	台州市椒江海华塑料厂	2	浙江新杰克缝纫机有限公司	椒江区	2	企业外部合作	缝纫机针距标盘、缝纫机夹线螺母

续表

序号	创新主体名称	合作专利申请总量/件	主要合作对象	合作对象区域	合作专利申请量/件	合作模式	合作创新技术领域
5	临海盛田洗涤机械有限公司	1	浙江盛田科技有限公司	临海市	1	企业内部合作	熨斗

注：由于一个创新主体会与多个创新主体合作，故在统计过程中合作专利申请量可能会重复计数。

由于篇幅原因，本节不再对其他创新主体的合作专利申请情况进行详细分析。合作专利申请数量排名前五的第一申请人与其他创新主体之间的合作关系详见表4.1.7。总体来看，台州市缝制设备产业并未形成完善的协同创新体系，大部分协同创新模式为企业内部合作创新，未建立起校企合作和科企合作的合作模式和机制。在未来产业发展过程中，相关企业要积极寻求与高校和科研单位进行合作，同时产业龙头企业也要加强与产业链上游中小企业的合作，从而保障产业的可持续性发展。

综上所述，台州市缝制设备产业当中，虽然部分创新主体已经逐步开展了协同创新工作，但是大部分创新主体的协同创新依然是企业之间，尤其是企业内部的协同创新，较少有企业开展不同创新主体间的协同创新工作。在经济高质量发展背景下，由于缝制设备相关创新主体规模较小，企业自身的研发团队规模较小，研发人员素质较低，因此在高质量发展背景下大部分创新主体面临转型升级的困境。因此，台州市缝制设备产业的相关创新主体应该积极与科技创新能力较强的高校和科研院所展开合作，从而通过外部资源的补充助力企业转型升级，实现高质量发展。

4.1.5.2　专利运营分析

（1）专利转让。

在台州市缝制设备产业当中，共有918件专利发生过转让，涉及122家企业，139个个人，2家大专院校和1家科研单位。为从微观视角分析不同创新主体之间的专利转让情况，本部分统计了台州市缝制设备产业当中转让专利数量排名前10位创新主体的专利转让对象、转让模式和转让专利涉及的技术领域，如表4.1.8所示。

表4.1.8　台州市缝制设备产业主要创新主体协同创新专利申请情况

序号	转让人	转让专利总量/件	主要受让人	受让专利数量/件	转让模式	技术领域
1	中捷缝纫机股份有限公司	284	浙江中捷缝纫科技有限公司	151	内部转让	缝纫机中截断机构、压布机构、绷缝一体机
			浙江中屹缝纫机有限公司	145	内部转让	缝纫机中截断机构、压布机构、绷缝一体机
			浙江贝斯曼缝纫机有限公司	60	内部转让	缝纫机中截断机构、压布机构、绷缝一体机
			苏州市众禾缝纫科技有限公司	2	外部转让	缝纫机用传动齿轮
			浙江好耶科技有限公司	1	外部转让	缝纫机针杆驱动器
			浙江格立得缝纫机有限公司	1	外部转让	缝纫机针杆驱动器
			浙江恒一科技有限公司	1	外部转让	绷缝机绷针传动轴密封结构
2	浙江上工宝石缝纫科技有限公司	112	浙江宝石机电股份有限公司	95	内部转让	缝纫机用针座、缝纫机用传动齿轮
			浙江宝石缝纫机有限公司	29	内部转让	缝纫机用润滑或冷却装置、缝纫机用针座
			上工缝制机械（浙江）有限公司	4	内部转让	缝纫机中截断机构、缝纫机压布机构、缝纫机送布机构

续表

序号	转让人	转让专利总量/件	主要受让人	受让专利数量/件	转让模式	技术领域
3	杰克科技股份有限公司	46	浙江杰克智能缝制科技有限公司	14	内部转让	缝纫机压布机构、缝纫机送布机构
			浙江新杰克缝纫机股份有限公司	13	内部转让	缝纫机用线张力装置、缝纫机中有关切口、压槽或裁剪的机构
			胜家有限公司	13	外部转让	缝纫机外观设计
			浙江威比玛智能缝制科技有限公司	2	外部转让	缝纫机中裁断机构、压布机构
			浙江衣科达智能科技有限公司	4	外部转让	缝纫机压布机构
4	台州安卓缝纫机有限公司	26	台州朗进缝纫机电有限公司	26	外部转让	缝纫机专用导线器、缝纫机切口、压槽或裁剪的机构
			台州安卓缝纫机有限公司	7	内部转让	缝纫机送布机构
5	浙江青本缝纫机有限公司	21	浙江耐拓机电科技有限公司	15	外部转让	缝纫机用针座、送布或理布机构、缝纫机支架
			浙江振盛缝制机械有限公司	6	外部转让	针杆驱动器、缝纫机中裁断机构、送布机构
6	新通宇缝纫机股份有限公司	14	台州通宇服装机械科技有限公司	10	外部转让	压布控制构件、裁剪机构
			浙江长兴绿色电池科技有限公司	3	外部转让	压布控制构件、裁剪机构
			郎溪品旭科技发展有限公司	1	外部转让	裁剪机构
			湖州度信科技有限公司	1	外部转让	带有自动控制与线缝机构有关的衣片传送装置的运动
			吴江市菀坪鑫鑫机械有限公司	1	外部转让	压布控制构件

序号	转让人	转让专利总量/件	主要受让人	受让专利数量/件	转让模式	技术领域
7	台州市创先电子科技有限公司	10	曹县青晨食品有限公司	3	外部转让	鞋楦承载器
			曹县雅天工艺品有限公司	2	外部转让	鞋楦承载器
			山东菏泽茂盛木业有限公司	3	外部转让	鞋楦承载器
			山东省雅尚名品家居有限公司	2	外部转让	鞋楦承载器
8	台州朗进缝纫机电有限公司	9	台州安卓缝纫机有限公司	9	外部转让	缝纫机限位装置
			台州朗进缝纫机电有限公司	7	内部转让	缝纫机限位装置
9	台州市椒江嘉宏缝纫机厂	6	台州市斯柏特自动化科技有限公司	6	外部转让	缝纫机加热装置
10	台州市兴中九光电科技有限公司	6	台州市凯宏光电科技有限公司	6	外部转让	缝纫机外观设计、缝纫机送布机构

注：由于同一件专利会转让给不同的受让人，故受让专利数量可能会重复计数。

由表 4.1.8 可知，在台州市缝制设备产业中，转让专利总量排名第一的创新主体为产业中的龙头企业——中捷缝纫机股份有限公司，转让专利总量为 284 件，共与 7 家企业建立了专利转让关系。从转让数量来看，其专利转让多是内部转让模式，主要的受让人有浙江中捷缝纫科技有限公司、浙江中屹缝纫机有限公司和浙江贝斯曼缝纫机有限公司，均为中捷股份控股的全资子公司；除内部转让外，其也有少量专利进行了外部转让，主要的外部转让对象包括苏州市众禾缝纫科技有限公司、浙江好耶科技有限公司、浙江格立得缝纫机有限公司和浙江恒一科技有限公司。在转让专利的技术领域方面，内部转让涉及的技术领域均为缝纫机整机制造或内部结构的改进等核心技术领域，外部转让涉及的技术领域为缝纫机针杆驱动器或密封结构等较为边缘的技术领域。

转让专利数量排名第二位的创新主体为浙江上工宝石缝纫科技有限公司，转让专利总量为 112 件，共与 3 家企业建立了专利转让关系。从转让数量来看，浙江上工宝石缝纫科技有限公司的专利转让多是内部转让模式，其中受让专利数量最多的企业为浙江宝石机电股份有限公司，受让专利数量为 95 件；从转让专利的技术领域来看，主要涉及缝纫机针座、齿轮、冷却装置、压布机构和送布机构等。

总体来看，在转让人类型方面，在台州市缝制设备产业转让专利数据中，大部分转让人为企业或个人，高校和科研单位类的转让人较少；在转让模式方面，大部分专利的转让模式为内部转让，较少有企业将专利转让给外部企业；在转让专利的技术领域方面，转让专利涉及的技术领域较为分散，由于不同企业的产品不同，其技术创新的方向也不尽相同，故不同企业转让专利涉及的技术领域也有所差异，但就整体而言，转让专利涉及的技术领域多为缝纫机专用的送布机构、压布机构以及缝纫机专用电机设备等。

（2）专利许可。

台州市缝制设备产业的许可专利共计 87 件，涉及 14 个创新主体，其中企业 4 家，个人 10 人，表 4.1.9 显示了台州市缝制设备产业前 10 位许可人专利许可情况。通过分析后发现，在台州市缝制设备产业中，个人类专利许可人大部分为企业法定代表人，通过专利许可的方式许可自身公司实施专利。在台州市缝制设备产业中，拓卡奔马机电科技有限公司的专利许可总量最多，共计 60 件，占台州市缝制设备产业许可专利总量的 68.97%，其中 40 件专利许可给同样是杰克缝纫机股份有限公司全资控股的浙江衣科达智能科技有限公司，许可专利涉及的技术领域包括缝纫机切口、压槽或裁剪的机构、缝纫机用送布或理布机构等；另外有 20 件专利许可给杰克缝纫机股份有限公司，涉及的技术领域主要包括缝纫机用送布或理布机构、缝纫机用上线张力装置等。

表4.1.9　台州市缝制设备产业前10位许可人专利许可情况

序号	许可人	专利许可总量/件	被许可人	许可专利数量/件	许可模式	技术领域
1	拓卡奔马机电科技有限公司	60	浙江衣科达智能科技有限公司	40	内部许可	缝纫机切口、压槽或裁剪的机构、缝纫机用送布或理布机构
			杰克缝纫机股份有限公司	20	内部许可	缝纫机用送布或理布机构、缝纫机用上线张力装置
2	陈晓波	8	通宇缝纫机股份有限公司	8	内部许可	缝纫机外观设计
3	尤春林	3	贵溪泰来科技发展有限公司	3	内部许可	缝纫机电机装置
4	刘永华	3	台州飞跃双星成衣机械有限公司	3	外部许可	缝纫机衣架放出机构
5	吕新	3	台州飞跃双星成衣机械有限公司	3	内部许可	缝纫机成衣吊挂系统
6	中捷缝纫机股份有限公司	2	中屹机械工业有限公司	2	内部许可	缝纫机控制装置
7	王金树	2	浙江金纱纺织品有限公司	2	内部许可	缝纫机绣花装置
8	管立勇	1	浙江汇宝缝纫机股份有限公司	1	内部许可	缝纫机控制装置
9	应仙文	1	浙江青本缝纫机有限公司	1	外部许可	缝纫机电机装置
10	曹忠泉	1	浙江大洋衣车有限公司	1	内部许可	裁剪机保油装置

从整体来看，台州市缝制设备产业专利中，在许可模式方面，企业类许可人和个人类许可人更多地倾向于内部许可，企业类许可人的专利许可多发生在企业内部子公司之间或者子公司与母公司之间，个人类许可人的

专利多为企业法定代表人向其所有的公司进行许可，企业的外部许可较少；在技术领域方面，许可专利涉及的主要领域为缝纫机相关的理布机构、上线张力装置、电机装置、控制装置和绣花装置等。这说明，台州市缝制设备产业与其他产业相比，专利的许可数量较少，许可模式大都集中在内部许可，并未形成多元化的发展模式。在未来发展过程中，缝制设备产业内的龙头企业可以在保证掌握核心技术的同时，将部分专利许可给同产业的中小型企业，从而助力中小型企业转型升级，更好地促进相关产业链的完善和可持续发展。

（3）专利质押。

缝制设备产业的质押专利数量共计 100 件，涉及出质人 48 人，其中企业类型出质人 46 人，个人类型出质人 2 人。本书进一步从微观角度，统计了质押专利数量排名前 10 位的出质人，结果如表 4.1.10 所示。由表 4.1.10 可知，质押专利数量排名第一的出质人是浙江耐拓机电科技有限公司，质押数量为 14 件，质押专利涉及的技术领域是缝纫机套圈机构的转动齿轮；排名第二的出质人是浙江杜马缝纫机股份有限公司，专利质押数量为 13 件，质押专利涉及的技术领域是缝纫机压布控制构件；排名第三的出质人是浙江三德纺织服饰有限公司，专利质押数量为 5 件，质押专利涉及的产品为以特殊纱线为原料的织物，其他企业质押专利数量均在 5 件以下。同时从表 4.1.10 可以看出，前 10 质押人有 9 人都来自椒江区。

表 4.1.10　台州市缝制设备产业前 10 位出质人

序号	出质人	区域	质押专利量/件	主要技术领域
1	浙江耐拓机电科技有限公司	椒江区	14	缝纫机套圈机构的转动齿轮
2	浙江杜马缝纫机股份有限公司	椒江区	13	缝纫机压布控制构件
3	浙江三德纺织服饰有限公司	椒江区	5	以特殊纱线为原料的织物
4	浙江新顺发缝纫机科技股份有限公司	椒江区	4	压布控制构件
5	浙江川田缝纫机有限公司	椒江区	3	压布控制构件
6	叶朋成	椒江区	3	其他类不包括的缝纫机用送布或理布机构
7	浙江翔科缝纫机股份有限公司	椒江区	2	压布控制构件

续表

序号	出质人	区域	质押专利量/件	主要技术领域
8	浙江台绣服饰有限公司	椒江区	2	绣花或簇绒产品；专用于绣花的底布
9	浙江沪龙科技股份有限公司	玉环市	2	压布控制构件
10	台州市速普机电有限公司	椒江区	2	缝纫机中截断上线或下线的机构

综上，在协同创新方面，缝制设备产业的部分创新主体已经逐步开展了协同创新工作，在协同创新合作模式方面，大部分企业之间的合作模式为企业内部子母公司或控股公司之间的内部合作，较少有企业开展外部合作、校企合作以及科企合作。在专利运营方面，专利转让模式大都为企业内部转让，较少涉及企业外部转让；在专利许可方面，其许可模式也大都为企业内部许可，较少涉及外部许可；在专利质押方面，缝制设备产业的质押专利主要集中在缝纫机整机及其内部结构方面。

4.2　台州市缝制设备产业商标分析

截至检索日，台州市缝制设备产业注册商标总计 4522 件，其中驰名商标 5 件。以此数据为研究基础，本节将从商标类型、商标申请趋势、缝制设备产业主要商品、商标申请区域、商标运营以及台州市缝制设备产业重点企业商标布局等角度，对台州市缝制设备产业商标注册现状进行分析与研究。

4.2.1　商标类型

截至检索日，台州市缝制设备产业拥有注册商标 4522 件，其中集体商标 2 件。这 2 件集体商标均是由台州市椒江区缝制设备配件产业协会提出申请，先后于 2007 年和 2008 年注册完成，分别为文字商标"椒江缝配"和

图形商标""。此外，"ZOJE；中捷""MAQI"等 5 件注册商标先

后入选驰名商标，如表 4.2.1 所示。注册产品主要集中在缝纫机、包缝机等。

表 4.2.1　台州市缝制设备产业驰名商标列表

序号	商标名称	注册号	主要产品	申请人	申请时间
1	ZOJE；中捷	3130148	缝纫机；缝纫机传动踏板；缝合机；包缝机；锁扣机；裁布机；撬边机；工业缝纫机台板；非陆地车辆传动马达；马达和发动机冷却器	浙江中捷缝纫科技有限公司	2002-04-01
2	MAQI	3925937	缝纫机；非陆地车辆发动机；发电机；缝纫机踏板传动装置；自行车电机；电流发电机；工业缝纫机台板；非陆地车辆传动马达；包缝机；撬边机	浙江美机缝纫机有限公司	2004-02-24
3	GEMSY	1321983	缝纫机；包缝机；裁布机；锁扣机；工业缝纫机；缝合机；下料机；烫衣机；缝纫机传动踏板；工业缝纫机台板	浙江宝石机电股份有限公司	1998-05-26
4	杰克 JACK	1390894	缝纫机	杰克科技股份有限公司	1998-11-26
5	飞跃	325709	缝纫机；包缝机	飞跃集团有限公司	1987-07-27

在商标类型上，如图 4.2.1 所示，文字商标依然是商标的主要类型，总计 4297 件，占总比 95%，图形商标为 200 件，文字图形组合商标为 25 件。

不同申请主体对于商标形态的选择倾向也有所不同，如表 4.2.2 所示。文字商标的主要申请主体集中在个人申请，但在商标的人均持有量方面，个人商标人均持有量低于企业商标人均持有量。在图形商标和文字图形组合商标的申请主体数量对比上，企业法人申请量要略高于个人申请量。

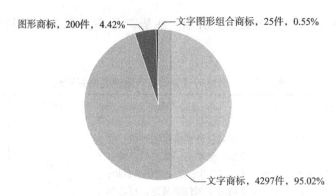

图形商标，200件，4.42% — 文字图形组合商标，25件，0.55%

文字商标，4297件，95.02%

图 4.2.1 台州市缝制设备产业商标类型及数据

表 4.2.2 台州市缝制设备产业注册商标申请人数据列表

商标类型	申请主体数量（商标数）	
	个人/人（商标数量/件）	法人/家（商标数量/件）
文字商标	775（2092）	444（2205）
图形商标	67（82）	76（118）
文字图形组合商标	6（10）	13（15）

4.2.2 商标申请趋势

从台州市缝制设备商标申请数据着手，同时参考商标申请人数的同步变化，可以了解台州市缝制设备产业品牌发展的路径，以及企业品牌保护策略的变化。从总趋势上看，台州市缝制设备产业注册商标申请大致分为三个阶段，如图 4.2.2 所示。

（1）萌芽期（1986—1999 年）。台州市缝制设备产业的第一件商标申请出现于 1986 年，由浙江黄工缝制设备厂提出商标申请的文字商标"黄工"，是以企业名称为商标内容，这也是大多数企业在商标注册的时会选择的模式，即对企业字号进行保护。在此期间，台州市缝制设备产业刚刚起步。大多数中小企业从小作坊做起，初期由于土地、资金等条件的限制，产业发展速度相对较慢。1993 年至 1995 年，缝制设备企业品牌意识逐步提升，不再拘泥于"一个企业一件商标"的品牌保护思路，商标申请数量增幅超过了商标申请人数的增幅。

（2）波动发展期（2000—2008 年）。台州市缝制设备企业商标在 2004 年出现小高峰，如图 4.2.2 所示。这与台州市缝制设备产业自身的发展密切相关。凭借民营企业的机制优势和准确的市场定位，在以飞跃、中捷、杰克等为代表的一批大中型骨干企业的带动下，经过多年发展投入和不断壮大，台州市缝制设备产业形成了机壳铸造、热处理、零件粗精加工、整机装配、产品包装及运输等相对完整的缝制机械产业链，得以快速发展。

图 4.2.2　台州市缝制设备产业商标申请趋势示意

（3）发展中后期（2009 年—2021 年）。2008 年国际金融危机爆发以来，行业结束近 10 年的快速发展，全面步入高速和转型升级的阶段。2013 年，台州市缝制设备企业开始了转型升级的探索。在此期间，商标申请量的增幅与商标注册人数的增幅基本同步，但商标申请量远高于商标申请人数。可见，伴随着缝制设备企业转型升级的，还有缝制设备企业的品牌意识的提升。

4.2.3　产业主要产品商标

以企业在进行商标注册过程中所主动勾选的"商品服务"著录项为检索关键词，截至检索日，台州市缝制设备产业商标注册主要产品总计 454 种，排名前 10 位的主要产品依次为缝纫机、包缝机、裁布机、锁扣机、工业缝纫机台板、撬边机、缝合机、熨衣机、卷边机和缝纫机踏板传动装置，主要集中在缝前设备和缝中设备的生产制作与销售上（如图 4.2.3 所示）。

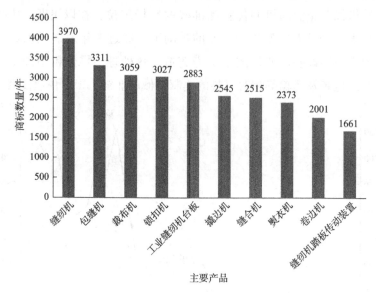

图 4.2.3　台州市缝制设备产业主要产品前 10

🎁 4.2.4　商标申请分布区域

在区域分布方面，台州市缝制设备企业主要集中在椒江区，如图 4.2.4 所示。作为产业聚集区，结合图 4.2.4、图 4.2.5 和表 4.2.3，椒江区在申请总量和人均申请量方面均列第一位。作为产业聚集区，椒江区缝制设备企业的商标保护意识也相对较高。如表 4.2.3 所示，在台州市缝制设备产业中，法人人均商标申请量大都高于个人人均商标申请量。

从台州市各区域商标申请人分布来看，相较于个人申请人，在玉环市之外的其他区域内，法人申请人更为活跃，如图 4.2.5 所示。而在人均商标申请量方面，如表 4.2.3 所示，法人申请人人均商标申请量普遍高于个人申请人申请量。

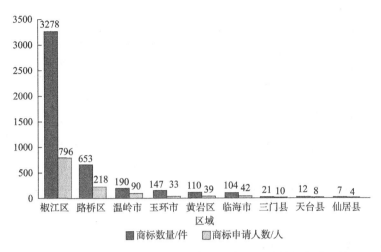

图 4.2.4　台州市缝制设备产业各区域商标申请数与申请人数

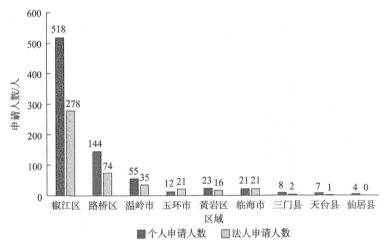

图 4.2.5　台州市缝制设备产业各区域商标申请人数

表 4.2.3　台州市缝制设备产业各区域商标申请情况

序号	区域	申请人数/人	个人申请商标数/件	个人人均申请商标数/件	法人申请商标数/件	法人人均申请商标数/件
1	椒江区	796	1586	3.06	1692	6.09
2	路桥区	218	370	2.57	283	3.82
3	温岭市	90	68	1.24	122	3.49
4	玉环市	33	24	2.00	123	5.86

续表

序号	区域	申请人数/人	个人申请商标数/件	个人人均申请商标数/件	法人申请商标数/件	法人人均申请商标数/件
5	黄岩区	39	60	2.61	50	3.13
6	临海市	42	41	1.95	63	3.00
7	三门县	10	19	2.38	2	1.00
8	天台县	8	9	1.29	3	3.00
9	仙居县	4	7	1.75	0	0

注：人均申请商标量＝对应商标申请数/对应商标申请人数。

4.2.5　商标运营

与台州市制造业整体商标运营情况相似，按运营数量，台州市缝制设备产业商标运营方式依次为转让、质押和许可，如图4.2.6所示。

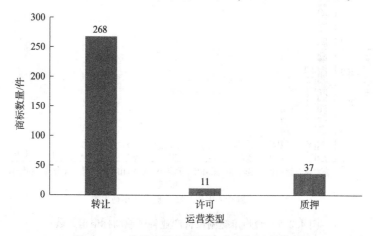

图4.2.6　台州市缝制设备产业商标运营数据

从区域分布角度看，如图4.2.7所示，椒江区的商标运营活动明显比其他区域更为活跃。这与椒江区作为产业聚集区所集中的缝制设备企业数量较多密切相关。

在商标转让模式方面，台州市缝制设备产业商标转让模式主要是以内部转让为主，如表4.2.4所示，表现为：①以关联企业之间的转让为主。如浙江川田缝纫机有限公司、浙江顺发衣车有限公司等转让人与受让人之间均为关联企业。②母子公司之间的商标转让。如中捷缝纫机股份有限公司面向其全资子公司浙江中捷缝纫科技有限公司所进行的商标转让。③公司与股东之间的商标转让。如台州市椒江凯宇衣车有限公司注销后，旗下商标转让给原公司持股股东郑友建。此外，也存在外部转让的情形：①转让给原股东设立的新公司。如浙江青本缝纫机有限公司注销后，旗下商标转让给浙江振盛缝制机械有限公司（股东均为洪萍）和浙江耐拓机电科技有限公司（股东为原浙江青本缝纫机有限公司的总经理）。②企业字号或者主要产品名称被他人抢注，通过商标转让的方式获取商标权。如台州市金碟光电科技有限公司转让给台州三屹精工机电有限公司的商标"三屹精工SANSEIKO"。③企业注销后，商标转让给新的企业主体。如台州市路桥佳辰缝纫机厂注销后，将商标"安科"转让给台州佳辰缝制设备科技有限公司。

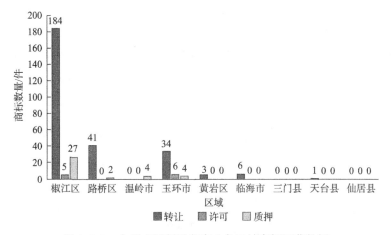

图 4.2.7　台州市缝制设备产业各区域商标运营数据

在商标许可方面，如表 4.2.5 所示，主要表现为内部之间的许可使用：①关联企业间的商标许可。如浙江中捷缝纫科技有限公司向其关联企业浙江多乐缝纫机有限公司许可使用商标"BSM"和"ZOJE"；②法人代表的商标许可，如黄正生许可其担任法人代表的企业浙江伟杰服装设备有限公司使用商标"黄正生"；以及企业名称被他人抢先注册后的商标许可，如徐军注册的"朗邦缝纫机 RONBOW"，正巧与台州市椒江朗邦缝纫机有限公司企业名称中的关键词"朗邦缝纫机"相同。

表 4.2.4　台州市缝制设备产业商标转让人前 10

序号	转让人	受让人	关系	商标名称
1	中捷缝纫机股份有限公司	浙江中捷缝纫科技有限公司	全资关联企业子公司	中杰；森森 SUNSUN；路凯 LUKI；　美崎；ZOJE；中捷；LUKI；　胜特；胜克；中捷；　SOEE；ZHONG JIE；SINKER；ZOJE
2	浙江川田缝纫机有限公司	浙江川田智能科技有限公司	关联企业	炫红 9000；凯拉利；TTK；KAL；NEXIO；T；川田；JUITA；；富皇；名马；欧派；DUPE；　JUITA；诺贝克 BEWK；龙辉 FIONA；
3	浙江顺发衣车有限公司	浙江新顺发缝纫机科技股份有限公司	关联企业	顺发；SHUNFA；；YONG-GONG；永工
4	浙江中屹缝纫机有限公司；中屹机械工业有限公司	浙江中捷缝纫科技有限公司；浙江中屹缝纫机有限公司	关联企业	BSM；中屹；JOYEE；MAXDO；B S M；BRISK；贝斯曼；布莱斯克；索易；中屹 JOYEE；中屹；JOYEE；
5	台州嘉合缝纫机有限公司	浙江嘉合缝纫机有限公司	关联企业	捷斯特 GESTE；JARHOO；嘉合；捷思特；；西力；鑫标；万事兴；

续表

序号	转让人	受让人	关系	商标名称
6	浙江力通洲际科技有限公司；浙江宝石机电股份有限公司；浙江宝石缝纫机股份有限公司	浙江力通洲际科技有限公司；浙江宝石机电股份有限公司	关联企业	NEW GEMSY；新宝石；宝石豹；宝石虎；JEMSY；好时机；宝石；
7	浙江青本缝纫机有限公司	浙江振盛缝制机械有限公司	注销后新投资	QINGBEN；青本；；DALUDAO；QINGBEN；广田；
7	浙江青本缝纫机有限公司	浙江耐拓机电科技有限公司	注销后新投资	NICERBT；耐拓
8	浙江宝石缝纫机股份有限公司	浙江宝石机电股份有限公司	关联企业	GEMSY；　；GEMSY SPECIAL；C；GEMSY；
9	上海赫岱斯智能设备有限公司	浙江衣拿智能科技股份有限公司	关联企业	赫岱斯；　；　；
10	台州市椒江凯宇衣车有限公司	郑友建	持股股东	森悦；悍宇；华马；凯立

表 4.2.5　台州市缝制设备产业商标许可数据

序号	商标	许可人	被许可人	关系
1	BSM	浙江中捷缝纫科技有限公司	浙江多乐缝纫机有限公司	关联企业
2	ZOJE			
3	ZOJE；中捷			
4	中屹			
5	JOYEE			
6	贝斯曼			

续表

序号	商标	许可人	被许可人	关系
7	朗邦缝纫机 RONBOW	徐军	台州市椒江朗邦缝纫机有限公司	外部
8	铁氟龙	黄正生	浙江伟杰服装设备有限公司	法定代表人
9	铁氟龙			
10	汇宝	浙江汇宝缝纫机股份有限公司	汇宝科技集团有限公司	关联企业
11	PRECIOUS			

在商标质押方面，截至检索日，台州市缝制设备产业 18 位商标权利人开展商标质押活动，质押商标总计 37 件，如表 4.2.6 所示。其中上市企业有 3 家，个人商标质押活动也具有一定的活跃度。

表 4.2.6　台州市缝制设备产业商标质押列表

序号	出质人	质押商标	备注
1	浙江曼克斯缝纫机股份有限公司	MAX；MAX-PROFEEL	新三板上市
2	浙江伟杰服装设备有限公司	图形；WEIJIE；伟杰；伟杰银星	
3	浙江沪龙科技股份有限公司	HMC；沪微 HMC	新三板上市
4	洪敏	图形；TEAKI；天琪	台州天琪缝纫机有限公司法定代表人
5	浙江宝宇缝纫机股份有限公司	奔马；BONHORSE	新四板上市
6	浙江和生荣智能科技有限公司	CORNERSTONE；凯利伺通	
7	陈方兵	信宇	台州市路桥信宇缝纫机厂经营者
8	陈海林	科曼 CAYMAN	
9	江维斌	罗保	浙江罗保机械有限公司投资人
10	邱新	斯巴特 SPATT	台州斯巴特缝纫机有限公司法定代表人
11	阮光辉	富商 HIKIPL	
12	台州市路桥友德机械有限公司	YDHF YOUDEHAOFENG	
13	台州卓瑞缝纫机有限公司	卓瑞	

续表

序号	出质人	质押商标	备注
14	温岭市永祥编织机械有限公司	WLYXBZJ	
15	叶剑波	中工；ZHGO；ZG	台州市椒江中工缝纫机厂经营者
16	浙江汇宝缝纫机股份有限公司	PRECIOUS	
17	浙江佳克缝纫机有限公司	JIKET	
18	浙江中拓缝纫机有限公司	ZOTO	

4.2.6　重点企业商标布局

台州市缝制设备企业商标数、资质情况等，如表 4.2.7 所示。本部分选取其中五家企业即杰克科技、大洋衣车、伟杰服装设备、美机缝纫机和佳岛缝纫机并以申请人为关键词对其商标进行全面检索，同时从商标类别、商标形态、商标布局等角度进行深入分析，以了解台州市缝制设备产业的商标布局思路，进而为本产业品牌战略制定及企业商标品牌保护提供参考。

表 4.2.7　台州市缝制设备企业商标申请量前 10

序号	申请人名称	商标数/件	资质	是否上市
1	杰克科技股份有限公司	130	高新技术企业、企业技术中心、创新示范企业、重点实验室、制造业单项冠军企业、服务型制造示范企业	是
2	浙江大洋衣车有限公司	95	小微企业	否
3	浙江伟杰服装设备有限公司	56	企业技术中心、小微企业	否
4	浙江美机缝纫机有限公司	54	高新技术企业、企业技术中心、专精特新企业、隐形冠军企业	是
5	浙江佳岛缝纫机有限公司	45	高新技术企业、创新型中小企业、科技型中小企业	否

序号	申请人名称	商标数/件	资质	是否上市
6	浙江中捷缝纫科技有限公司	33	高新技术企业、企业技术中心	否
7	台州市速普机电有限公司	32	高新技术企业、专精特新企业、科技型中小企业	否
8	台州迪松机械有限公司	30	小微企业	否
9	台州市求实服装设备有限公司	28	小微企业	否
10	台州市兄弟缝纫机制造有限公司	24	小微企业	否

对上述其中五家重点缝制设备企业商标数据进行补充检索，得到上述五家缝制设备企业在缝制设备类商标和非缝制设备类商标申请数量对比，如图4.2.8所示。杰克科技与大洋衣车在非缝制设备类商标方面的申请与缝制设备类商标申请数量相当。而伟杰服装设备、美机缝纫机和佳岛缝纫机的商标布局则集中于本产业的商标申请。

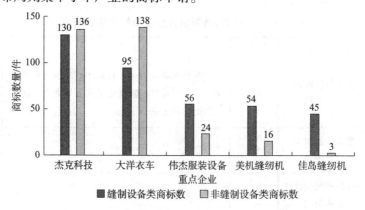

图4.2.8 台州市缝制设备产业重点企业商标申请数

在商标类型的选择方面，由于文字商标注册本身的特性成为企业在进行商标申请时的首选，这在台州市缝制设备重点企业中也有所体现，如图4.2.9所示。而在图形商标和文字图形组合商标的申请方面，除了大洋衣车之外，其余重点企业并未将过多关注点放在图形商标和文字图形组合商标的申请上。

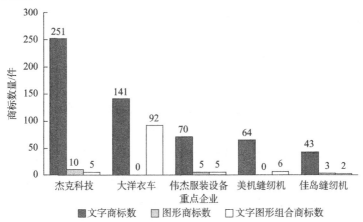

图 4.2.9　台州市缝制设备重点企业商标类型申请数

文字商标往往与企业字号深度绑定，且与商标申请的联合布局相关，如表 4.2.8 所示。缝制设备企业围绕企业字号关键词均进行了联合布局，其中大洋衣车以文字图形组合的方式进行了防御布局，围绕"DAYANG"拼音字样进行了联合商标布局。

表 4.2.8　台州市缝制设备产业重点企业联合商标布局

企业名称	联合商标布局
杰克科技	安利达；安利卡；ERICA；安美达 AMANDA
	布达丝；布鲁斯；布鲁斯 BRUCE；布鲁斯工业缝纫机
	杰克；杰克 JACK；杰克 JACK+；杰克 JAOK；杰克；NEW JACK；杰克班；杰克坊；杰克风；杰克服务；杰克蓝；杰克龙；杰克梦；杰克阮；杰克三兄弟；杰克王；杰克王子；杰克新品；杰克智联；杰克智能；杰美乐；新杰克
	迅驰；迅达；SHURA；迅利；SHIRLEY；迅轮；SHARON
大洋衣车	DA YANG；DAXYANG；DAYANG；DAYANG BRUTE CLASS 750
	白金刚；宝石金刚；博士金刚；超越金刚；大洋金刚；黑金刚；红金刚；黄金刚；吉利金刚；极速金刚；蓝金刚；绿金刚；乌金刚；钨金刚；宇宙金刚；钻石金刚；金刚
伟杰服装设备	伟杰；伟杰省电王；伟杰银星

企业名称	联合商标布局
美机缝纫机	美机；美机 MAQI；美机精品
	优乐马克；优品马克；优纫马克
佳岛缝纫机	佳岛；佳岛 JAKI；佳机；佳机 JIAKI；佳凌；佳鹿；JARI

在尼斯分类号的选择上，如表4.2.9所示，台州市缝制设备产业重点企业的商标布局主要集中于第7类"机器机械"。根据《类似商品和服务区分表》（2022文本），第7类下设54个群组，涉及产品较多。因此相较于医药健康产业，缝制设备重点企业在第7类的申请布局方面尤为侧重。在跨类别方面，多数企业仍然倾向于覆盖"产品+服务"的防御布局。而在产业链路径方面，作为缝制设备下游产业的服装产业即第25类"服装鞋帽"的商标申请不足。

表4.2.9 台州市缝制设备产业重点企业商标申请尼斯分类号前5

排名	杰克科技	大洋衣车	伟杰服装设备	美机缝纫机	佳岛缝纫机
1	7（142）	7（108）	7（31）	7（57）	7（46）
2	35（37）		8（30）	12（4）	12（1）
3	9（5）	2/3/10/11（4）	9（9）	37（3）	35（1）
4	11/13/25（4）		11（4）	42（3）	—
5			16/17/21（2）	26（2）	—

注：表中括号外数字为尼斯分类号，括号中数字为对应的商标数量（单位为件）。

在防御商标的布局思路上，台州市缝制设备产业重点企业表现为两个路径，如表4.2.10所示，分别是：①企业名称关键词与尼斯分类号相结合，如杰克科技围绕其"杰克"和"JACK"在多项尼斯分类号上进行了商标申请布局；以及同样为企业名称关键词，但是以文字图形组合商标来进行防御布局的大洋衣车。②企业主打产品名称与尼斯分类号的结合，如伟杰服装设备的主打产品"卡西玛"和"KASHIMA"。

表 4.2.10　台州市缝制设备产业重点企业防御布局列表

企业名称	商标	尼斯分类号
杰克科技	JACK	2、45、40、39、42、36、38、41、27、23、4、13、9、7、35、20、31、24、19、22、17
	杰克	45、37、40、38、39、27、41、42、26、36、24、21、23、4、1、8、19、16、15、9、6、13、12、35、7、11、10、22、17
	杰克；JACK/杰克 JACK	37、35、7、22、11、23、26、19、16、24、9、21、8、15、27、17
	迈卡	7、35
大洋衣车	大洋 DAYANG	43、30、40、29、31、34、45、35、20、19、22、7、6、11、16、5、28、24、3、2、21、23、17、18、12、10、9、43、44、25、36、27、15、26、13、41、14、1、37、4、8
	DAYANG	7、32、14、11、26、18、44、2、3、4、6、27、34、36、24、43、1、35、45、29、8、30、33、40、38、37、28、21、19、20、22、23、25、17、10、15、13、16、9、42
伟杰服装设备	WEIJIE SILVER STAR	21、7、8、9、11、17
	WEIJIEDINO	7、8
	卡西玛	7、8
	KASHIMA	7、8、9
美机缝纫机	美机	7、8、37
佳岛缝纫机	佳岛 JAKI	7、35

4.3　小结

　　缝制设备产业作为台州市起步较早、规模较大的制造业主导产业之一，目前已形成相对完整的产业链，缝制设备年销售量约占全国市场 70% 以上份额，在国际市场上也占有相当大的份额，产品远销 140 多个国家和地区。然而，大而不强、全而不专、优而不实、博而不精，让台州缝制企业只能在中低端市场徘徊。近年来，随着智能制造技术的蓬勃发展，台州缝制设备产业正面临传统产业优化升级的关键时期，因此紧抓机遇，提升产业自身的创新能力，深度挖掘智能化、差异化、国际化发展红利，进一步提升产业的品牌影响力，是推动台州市缝制设备产业行业转型升级和高质量发展的关键之路。正如上文所述，技术创新是制造业企业不断优化发展的核心要素，企业品牌的建设和优化发展也需要企业自身技术创新的推动。本部分根据上文台州市缝制设备产业专利与商标的分析，对台州市缝制设备产业专利与商标的整体情况进行对比总结，探究台州市缝制设备产业技术创新与品牌建设的内在关联。

（1）从申请趋势来看，台州市缝制设备产业的专利和商标 2000 年以前均处于初期发展阶段，申请人的专利和商标意识薄弱，创新能力也较弱。2001—2007 年，台州市缝制设备产业的专利申请呈现缓慢的发展态势。在此期间，一批大中型的缝制设备骨干企业涌现出来，在骨干企业的带动下，台州市缝制设备产业的产业链逐渐完善，呈现出技术创新与品牌建设双轮驱动的发展态势。2008—2010 年，随着全球金融危机的爆发，受内需低迷、外需疲软和生产要素成本持续上涨等因素影响，台州市缝制设备产业的发展进入瓶颈期，该时期台州市缝制设备产业的专利申请与商标申请均呈现波动下降的态势。2010 年以后，随着全球经济的回暖以及技术的变革，台州市缝制设备产业也迎来了产业转型升级发展的新阶段。在此期间台州市缝制设备产业的专利申请量逐年攀升，呈现快速发展态势。2011—2013 年，商标申请也呈现快速发展的态势，但在 2013—2016 年，商标申请量呈现下降态势。究其原因，2011—2013 年，是台州市缝制设备产业转型的关键时期，在此期间缝制设备产业完成了产业转型升级所需的技术积累，在技术创新的同时也推动了产业品牌的建设，使得台州市缝制设备产业拥有了较为核心的自主品牌。在形成自主核心品牌后，相关企业已经具备相对稳定的受众，此时相关产品或技术创新无须不断更换商标，故在 2013—2016 年商标申请量有所下降。2016 年以后，由于智能制造技术的不断发展，缝制设备产业也紧跟技术发展的步伐，不断进行技术更新及产品的转型升级，在此期间大部分企业也开始重新进行品牌布局，故专利申请量以及商标申请量均呈现不断攀升的态势。

（2）从产品角度来看，台州市缝制设备产业的专利申请主要集中在缝纫机相关的整机设备及其内部机构、装置及零件等，商标申请主要集中在缝纫机、包缝机以及裁布机等整机设备。缝制设备的内部相关机构、装置及设备等无须面对消费者，主要是内部技术的创新和升级，从而实现降低企业制造成本、提升产品性能等目标，故上述技术设备、机构和装置等产品的创新无须过多地进行商标布局。而缝制设备的整机设备，需要直面消费者，故在整机设备不断进行创新的同时，也要加强品牌建设，以形成一定的品牌效应。

（3）在产业区域分布方面，经过多年的发展，台州市缝制设备产业已经形成了较为成熟的产业集群分布，其中椒江区是全国缝制设备的主产地，产业特色鲜明。近年来，椒江区缝制设备产业狠抓质量提升，推动缝制设备产业向高端化、自动化、智能化转型升级，故椒江区缝制设备产业的专利申请量和商标申请量均居首位。玉环市、温岭市和临海市的专利申请量虽然名列前茅，但是其商标申请量均低于路桥区。究其原因，这与台州市不同地区的商业模式和商业特点有关。玉环市、温岭市和临海市的制造业企业较多，比较注重技术研发，故其专利申请量较多；而路桥区较为注重商业开发和品牌运营，故其商标申请量较多。

（4）从知识产权运营方面看，专利的转让、许可和质押数量均高于商标转让、许可和质押数量。在运营模式方面，专利和商标的运营模式都是以转让和质押为主，而且在转让过程中，转让的模式都是以企业内部转让为主。这说明台州市缝制设备产业较为注重企业内部的协作化发展及品牌建设。

（5）在技术创新能力与品牌建设匹配度方面，如表 4.3.1 所示，申请人总数和个体经营户数量，缝制设备产业商标的上述两项指标均高于专利。这说明在缝制设备产业当中，小微企业较多，由于小微企业自身资源的限制，缺乏创新团队，故其技术创新能力较弱，侧重于通过商标的方式保护自身产品，通过品牌营销吸引消费者。

表 4.3.1　台州市缝制设备产业专利、商标申请人类型数量对比　单位：人

申请人类型	企业+其他（企业）申请人数	个人申请人数	申请人总数	申请人类型	企业申请人数	个人（个体经营户）申请人数	申请人总数
专利申请人数	562（549）	451	1013	商标申请人数	447	779	1226

综上所述，台州市缝制设备产业经过数十年发展，已经形成了较为完整的产业链，相关创新主体的技术创新能力以及品牌建设意识逐年增强，缝制设备产业的发展也呈现出技术创新推动品牌建设的发展态势。未来，台州市缝制设备产业需要突破发展限制，抓住智能化和数字化转型契机，不断进行技术改造和技术创新，进一步提升自身的核心竞争力和品牌影响力，同时要通过政策扶持小微企业发展，提升小微企业的创新能力。

第 5 章

台州市高端模具产业知识产权分析

　　模具是用来制作成型物品的工具。这种工具由各种零件构成，不同的模具由不同的零件构成。它主要通过所成型材料物理状态的改变来实现物品外形的加工。在市场经济条件下，台州市模具逐渐形成一个历史悠久、产品丰富的传统优势产业。经过 60 多年的不断发展，塑料模具产业已成为区域的支柱产业，在国内外享有较高的知名度。作为我国最大的塑料模具生产基地，台州市黄岩区是国家火炬塑料模具特色产业基地，中国模具产业升级示范基地，全省 21 个产业集群转型升级示范区之一，享有"中国模具之乡"的美誉。在产业基础和产能方面，台州市模具在产业规模、生产方式、专业化水平等方面都处于全国同行业领先地位。目前，台州市拥有模具产业链相关企业 2000 多家，其中规上企业 82 家，亿元以上企业 19 家；以生产塑料模具为主，其中注塑模具生产量占全国的 1/3 以上，挤塑模具占80% 以上，吹塑模具占全国 40% 以上。以下将从申请趋势、技术热点、创新主体、重点企业布局、协同创新等角度对台州市的模具专利情况展开分析。本章从反映制造业知识产权主要特征的专利与商标两个视角对台州市高端模具产业知识产权情况进行分析，深入挖掘台州市高端模具产业专利和商标信息，以了解台州市高端模具产业发展现状，为台州市高端模具产业高质量发展及其专利、商标科学布局提供数据支撑。

5.1　台州市高端模具产业专利分析

截至检索日，台州市高端模具产业专利申请总量为 7915 件，其中发明专利 1941 件，实用新型专利 5842 件，外观设计专利 132 件。台州市高端模具产业专利中，实用新型专利占比达到了 73.81%，主要是因为高端模具产业多涉及设备或产品结构的改进，而创造性高度又不符合发明专利要求；此外，由于实用新型专利审查周期较短，能更快获得授权，因此部分申请人为了快保护，也会优先选择申请实用新型专利。以下从台州市高端模具产业的专利申请趋势、技术热点、创新主体、重点企业专利布局、协同创新与专利运营等角度进行分析，揭示台州市高端模具产业专利申请的整体态势与现状。

5.1.1　专利申请趋势分析

图 5.1.1 是台州市高端模具产业专利的总申请趋势。由图 5.1.1 可知，台州市高端模具产业专利申请量总体呈现增长的态势。其大体可分为 3 个阶段：1986—2005 年为发展初期，2006—2013 年为缓慢增长期，2014—2021 年为快速发展期。

（1）发展初期（1986—2005 年）。我国于 1985 年建立专利制度，1986 年黄岩县金清实验电器厂提出第一件关于"一种离心铸造的模具"的专利申请。这一阶段台州市高端模具产业处于萌芽阶段，技术创新比较缓慢，专利年申请量较少，创新主体也较为分散，其中大部分为个人申请人。

（2）缓慢发展期（2006—2013 年）。2006—2013 年是台州市高端模具产业的缓慢增长期。该时期部分企业，如凯华模具、精诚模具等开始走上数字化改革道路，通过大数据提质增效。随着更多新型塑料模具的问世，以及电子、航空、航天、机械、船舶、汽车等领域的蓬勃发展，台州市模具的申请量开始稳步上升。2010—2013 年，年申请量达到了 300 件左右。

（3）快速发展期（2014—2021 年）。2014 年后台州市的专利申请量呈快速增长的趋势，说明台州在这一时期高端模具技术发展迅猛，竞争力正快速提升。这一方面可能在于进入 21 世纪以来中国的经济、工业得到了巨大的发展，同时政府高度重视台州市制造业产业的发展，发布实施多件政策规划，积极引导并推动台州市制造业产业的发展壮大，如部署了《台州市加快推进制造业高质量发展若干政策》《台州市黄岩区模具产业品牌发展战略规划（2017—2022）》等相关战略规划；另一方面，近年来，台州市模具产业数字化水平已有所提升，模具数控化率为全国最高，达到了 85%以上，更高层级的智能化和标准化成为更为迫切的需求，同时也是整个产业的机遇和挑战，这也激发了创新的积极性。

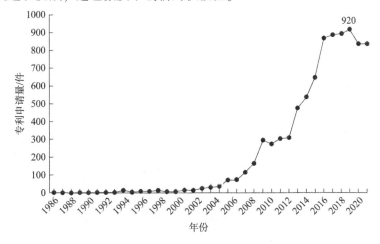

图 5.1.1 台州市高端模具产业专利总申请趋势

　　图 5.1.2 是台州市高端模具产业各类型专利的申请趋势。由图 5.1.2 可知，各类型专利的申请趋势与总专利的申请趋势基本保持一致。台州市高端模具产业中外观设计专利较少，其增长趋势相对较为缓慢，而发明专利、实用新型专利则对台州市高端模具产业专利申请的总体趋势起决定性作用。实用新型专利的总量远高于发明和外观设计，这既与模具行业本身大多在于结构上的改进，又与实用新型专利能更快授权保护创新有关。2017 年以来，发明专利的波动也与模具的智能化和标准化转型挑战有关，相关技术大多涉及控制系统、方法等，创造性更高，并且相关方法也只能申请发明专利。

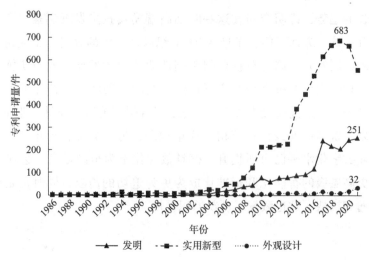

图 5.1.2　台州市高端模具产业各类型专利申请趋势

5.1.2　技术热点分析

表 5.1.1 和表 5.1.2 分别为台州市高端模具产业发明和实用新型专利申请数量排名前 10 的 IPC 含义及其专利数量。从中可看出台州市高端模具产业发明和实用新型专利主要集中在 B29C（塑料的成型连接；塑性状态材或料的成型，不包含在其他类目中的；已成型产品的后处理，例如修整）的下位点组。这说明台州市高端模具产业技术主要集中在塑料模具方面。其中 B29C45（注射成型，即迫使所需成型材料容量通过注口进入闭合的模型）的数量最多，在这一技术领域上有 812 件发明，3270 件实用新型。从台州市高端模具领域的重点企业浙江凯华模具有限公司、台州市黄岩炜大塑料机械有限公司和西诺控股集团有限公司等所申请的专利主要涉及注塑模具及其相关工艺来看，该情况较为符合台州市高端模具产业专利的技术热点。此外，在发明和实用新型专利前 10 分类号中，也有 B21D（金属板或管、棒或型材的基本无切削加工或处理；冲压金属）、B22C（铸造造型）、B22D（金属铸造；用相同工艺或设备的其他物质的铸造）这些与金属成型模具有关的下位点组分类号。这说明金属材料及模具加工也是台州市高端模具产业中的重点。台州市高端模具产业专利的 IPC 技术热点包括了模具的零部件、整机设备以及相关的成型工艺，这说明台州市高端模具产业链较为完整，具备涵盖技术研发、设备生产和供应体系在内的完整工业体系。

表 5.1.1　台州市高端模具产业发明专利申请量前 10 的 IPC 含义及专利数量

序号	IPC 大组	IPC 大组含义	专利数量/件
1	B29C45	注射成型，即迫使所需成型材料容量通过注口进入闭合的模型；所用的设备	812
2	B29C49	吹塑法，即在模型内将预型件或型坯吹成要求的形状；所用的设备	148
3	B21D37	作为本小类所包括的机器的部件的工具	76
4	B29C33	模型或型芯；其零件或所用的附件	71
5	B21D28	用加压切割方式成型；穿孔	48
6	B29C43	压力成型，即施加外部压力使造型材料流动；所用的设备	39
7	B22C9	铸型或型芯；造型工艺	35
8	B29C39	浇注成型，即将模制材料引入模型或没有显著模制压力的两个封闭表面之间；所用的设备	32
9	B29C47	转入 B29C48/00—B29C48/14	32
10	B29C48	挤出成型，即挤出成型材料通过模子或喷嘴，模子或喷嘴给出要求的形状；所用的设备	26

表 5.1.2　台州市高端模具产业实用新型专利申请量前 10 的 IPC 含义及专利数量

序号	IPC 大组	IPC 大组含义	专利数量/件
1	B29C45	注射成型，即迫使所需成型材料容量通过注口进入闭合的模型；所用的设备	3270
2	B29C49	吹塑法，即在模型内将预型件或型坯吹成要求的形状；所用的设备	366
3	B29C33	模型或型芯；其零件或所用的附件	304
4	B21D37	作为本小类所包括的机器的部件的工具	265
5	B21D28	用加压切割方式成型；穿孔	95
6	B29C43	压力成型，即施加外部压力使造型材料流动；所用的设备	90
7	B29C47	转入 B29C48/00—B29C48/14	87
8	B22D17	压力铸造或喷射模铸造，即铸造时金属是用高压压入铸模的	79
9	B22C9	铸型或型芯；造型工艺	74
10	B21D22	用冲压、旋压或拉深的无切削成型	56

5.1.3 创新主体分析

图 5.1.3 为台州市高端模具产业创新主体数量与专利申请量分布。台州市高端模具产业创新主体数量为 1769 个，其中黄岩区的创新主体数量与专利数量均远大于其他地区。被誉为 "中国模具之乡" 的黄岩区，模具产业的发展可以追溯到 20 世纪 50 年代。黄岩区背靠台州中国塑料日用品之都的广阔市场需求，以专注细分领域市场拓展的方式，持续发展塑料模具产业，在强化生活、工业、医用塑料制品生产所需模具生产能力的同时，还逐渐培育出了一批国内技术领先的模具企业，如浙江凯华模具有限公司、西诺控股集团有限公司等。黄岩模具也已经涉足高精尖零件的生产环节，形成了一条完整的产业链。

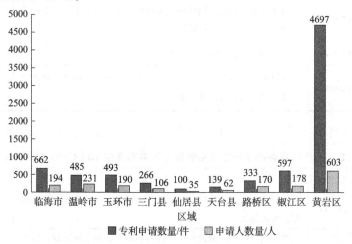

图 5.1.3 台州市高端模具产业创新主体数量与专利申请量分布

由图 5.1.4 和表 5.1.3 可以看出，台州市高端模具产业中，企业的专利申请量为 6504 件，占比达到 80.97%，企业申请人数量为 1182 人；其次，个人申请量为 1322 件，占比为 16.46%，申请人数量为 569 人。机关团体、大专院校和科研单位数量与专利数量均较少。可见台州市高端模具创新主力军为企业，个人申请专利的积极性也较高，而大专院校、机关团体、科研单位较少。

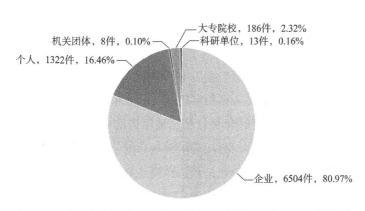

图 5.1.4　台州市高端模具产业专利主要创新主体类型及专利申请量

表 5.1.3　台州市高端模具产业专利申请人类型数量　　　　单位：人

申请人类型	企业	个人	机关团体	大专院校	科研单位	申请人总数
申请人数量	1182	569	4	12	2	1769

　　由表 5.1.4 可知，台州市高端模具产业中企业专利申请量为 6485 件，其中前 10 企业专利申请量为 1202 件，占比为 18.54%。发明人方面，前 10 企业发明人数占所有企业的 8.12%。这说明，台州市高端模具产业尚未形成创新能力较强的龙头企业。排名在前 20 的企业，如浙江黄岩红旗塑料模具厂、浙江宏振机械模具集团有限公司和浙江正立塑模有限公司并未与前 10 企业有太大的差距。前 10 企业中，浙江凯华模具有限公司、西诺控股集团有限公司、浙江伟星新型建材股份有限公司的实力较强，可以选择培育成为龙头企业，以充分发挥龙头企业的引领作用，带动台州市高端模具产业的发展。

表 5.1.4　台州市高端模具产业专利申请量前 10 企业创新集中度

重点产业	前 10 企业专利申请量/件	所有企业专利申请量/件	前 10 企业专利申请量占比/%	前 10 企业的发明人数量/人	所有企业的发明人数量/人	前 10 企业发明人数量占比/%
高端模具	1202	6485	18.54	241	2967	8.12

5.1.4 重点企业专利布局

下面选取台州市高端模具产业专利申请量排名前 10 的企业作为重点企业进行分析。表 5.1.5 主要从专利申请量、近 5 年申请量、活跃度、发明人数等角度来反映前 10 企业的专利总量、近年来的创新活跃度和研发团队实力。从表 5.1.5 中可以看出，浙江凯华模具有限公司和西诺控股集团有限公司的专利申请量远高于其他企业；其活跃度从数值上看虽然不高，但近 5 年专利申请量仍领先大部分企业，均为 73 件；二者发明人数量不多，这两家企业可以通过引进人才提升创新实力，进一步发展成为台州市龙头企业。从近 5 年活跃度来看，浙江伟星新型建材股份有限公司、浙江台州美多模具有限公司有半数以上为近 5 年申请，而浙江德玛克机械有限公司的活跃度则较低，应当提升研发积极性，及时布局专利保护自身发明创造。发明人方面，永高股份有限公司的发明人数量最多，为 88 人；其他企业发明人数量较少，应适当引进人才，壮大研发团队，进一步提升创新实力。

表 5.1.5　台州市高端模具产业专利申请量前 10 企业情况

排名	申请人	区域	专利申请量/件	近 5 年专利申请量/件	活跃度/%	发明人数/人
1	浙江凯华模具有限公司	黄岩区	252	73	28.97	17
2	西诺控股集团有限公司	黄岩区	233	73	31.33	26
3	浙江伟星新型建材股份有限公司	临海市	140	77	55.00	43
4	永高股份有限公司	黄岩区	134	49	36.57	88
5	浙江台州美多模具有限公司	黄岩区	89	59	66.29	29
6	浙江德玛克机械有限公司	黄岩区	79	4	5.06	5
7	浙江艾彼科技股份有限公司	黄岩区	76	16	21.05	7
8	台州市黄岩星泰塑料模具有限公司	黄岩区	74	24	32.43	9
9	浙江赛豪实业有限公司	黄岩区	71	34	47.89	11
10	浙江精诚模具机械有限公司	黄岩区	54	18	33.33	6

表 5.1.6 为台州市高端模具产业专利申请量前 10 企业技术布局情况（括号内为该分类号对应的专利数量）。可以看出，台州市高端模具产业的

重点企业专利大部分都集中于 B29C（塑料的成型连接；塑性状态材或料的成型，不包含在其他类目中的；已成型产品的后处理，例如修整）的下位点组。这说明台州市高端模具产业的重点企业专利申请的重点主要在塑料模具方面，塑料模具方面又以 B29C45（注射成型，即迫使所需成型材料容量通过注口进入闭合的模型）为主。精诚模具的技术则主要在 B29C47（转入 B29C48/00—B29C48/14）、B29C48（挤出成型，即挤出成型材料通过模子或喷嘴，模子或喷嘴给出要求的形状；所用的设备），即挤出成型方面，伟星新型建材和永高股份在这方面也有一定的研发占比。此外，德玛克机械在 B29C49（吹塑法，即在模型内将预型件或型坯吹成要求的形状；所用的设备）方面也有布局。

表 5.1.6　台州市高端模具行业专利申请数量前 10 企业技术布局情况

排名	凯华模具	西诺控股	伟星新型建材	永高股份	美多模具	德玛克机械	艾彼科技	星泰塑料模具	赛豪实业	精诚模具
1	B29C45 (219)	B29C45 (142)	B29C45 (98)	B29C45 (107)	B29C45 (87)	B29C45 (44)	B29C45 (75)	B29C45 (53)	B29C45 (60)	B29C47 (33)
2	B29C33 (16)	B29C33 (7)	B29C48 (14)	B29C47 (9)	B29C33 (2)	B29C49 (31)	B29C33 (1)	B29C33 (7)	B29C33 (6)	B29C48 (17)
3	B23P15 (1)	F15B15 (4)	B29C47 (7)	B29C33 (7)		F15B15 (1)		B23Q3	B23Q1	B29C44 (2)
4	B22D17 (1)	B24B41 (4)	B29C33 (7)	B29C70 (4)		B29C47 (1)		B29C49 (2)	G05B19 (1)	B29C33 (1)
5	B22C9 (1)	F16M1 (2)	B29C57 (5)	B29C48 (3)		B29C43 (1)		B29C44 (2)	B30B15 (1)	B21D37 (1)
6			B29C69 (2)	B29C44 (1)				B25H3 (2)	B21D37 (1)	
7			B29C49 (2)	B22D17 (1)				B23H1 (2)		
8			B29C65 (1)	B21D39 (1)				G01M19 (1)		

续表

排名	凯华模具	西诺控股	伟星新型建材	永高股份	美多模具	德玛克机械	艾彼科技	星泰塑料模具	赛豪实业	精诚模具
9			B29C63 (1)	B21D28 (1)				B65G35 (1)		
10			B29C43 (1)					B23Q16 (1)		

注：表中括号外数字字母组合为 IPC 分类号，括号内数字为对应的专利数量（单位为件）。

5.1.5 协同创新与专利运营

5.1.5.1 协同创新分析

　　模具产业作为台州市制造业的支柱产业，其产业链完整，已经形成了一定规模的产业聚集区。模具产业作为"工业之父"，在我国工业发展过程中占据着重要地位。近年来，中国经济进入高质量发展阶段，对模具产业的发展提出了更高的要求。如何使模具产业进入智能化时代，实现智能化发展，成为台州市政府和相关创新主体日益关注的问题。模具产业作为最为传统的制造业产业，由于缺乏高端技术研发人才，产业内相关企业依靠自身能力很难真正实现智能化转型发展。因此，台州市模具产业的相关企业必须提升协同创新能力，通过与当地高校、科研单位或者大型企业合作，借力外部资源，才能更快地向高质量、智能化的高端模具制造业迈进。

　　在台州市高端模具产业专利数据中，以台州市申请人作为第一申请人的合作申请专利共计 231 件，占台州市高端模具产业专利总量的 2.92%，合作申请专利数量占比较低。在合作申请专利中，共包含 75 个创新主体，其中个人 44 个，企业 28 家，大专院校 3 所。为进一步分析不同类型创新主体之间的合作模式，进一步统计了不同合作模式下的专利申请数量，如图 5.1.5 所示。由图 5.1.5 可知，企业合作申请专利数量为 82 件，占全部合作申请专利总量的 35.50%；其次是个人和院校之间的合作申请，共计 61 件，占比为 26.41%；校企合作的专利数量为 25 件，占全部合作申请专利总量的 10.82%。这说明，在台州市高端模具产业中，目前依然是以企业之间的协同创新为主，在个人与大专院校的合作中，大部分是高校教师既作为发明人也作为申请人，其与高校作为共同申请人进行专利申请。此外，在合作申请的专利中，校企合作和科企合作的专利数量较少，说明在台州市高端模具产业中，目前并未形成完善的产学研合作体系。因此，在台州市高端模具产业未来发展过程中，相关企业要提升自身的协同创新能力，建设以企业需求为主导的产学研深度融合体系，进而助力高端模具产业高质量发展。

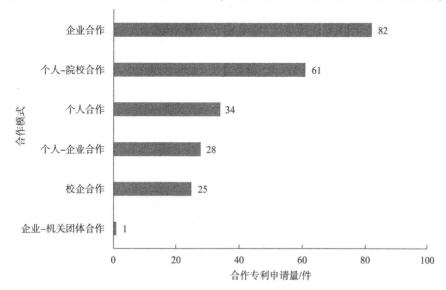

图 5.1.5　台州高端模具产业不同合作模式下合作专利申请数量

根据上文所述，在台州市高端模具产业的协同创新专利中，个人参与的协同创新大部分为高校教师与高校进行合作申请或者是企业法人与自身企业进行合作，故本部分重点关注企业合作、校企合作以及企业与机关团体之间的合作情况，进而探究不同创新主体之间的协同创新合作广度与深度。由上述三种合作模式下不同创新主体的协同创新"广度—深度"二维矩阵图（如图 5.1.6 所示）可知，在高端模具产业中，大部分创新主体的合作广度较低，合作广度在 1~2，说明大部分企业仅与少量的创新主体合作。其中合作广度最高的企业为浙江吉利控股集团有限公司，其合作广度为 5，合作深度达到了 69，说明浙江吉利控股集团有限公司的合作创新专利申请较多，合作伙伴也较多。通过进一步分析可以发现，浙江吉利控股集团有限公司的合作伙伴多为其下属子公司，即其合作创新多为内部合作。不同创新主体间合作情况详见表 5.1.7。

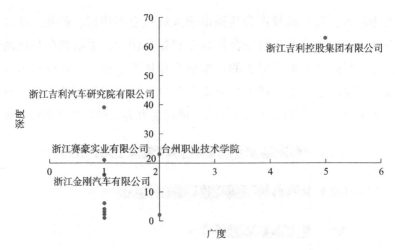

图 5.1.6　台州市缝制设备产业创新主体协同创新"广度—深度"二维矩阵图

表 5.1.7　台州市缝制设备产业主要创新主体合作专利申请情况

序号	创新主体名称	合作专利申请总量/件	主要合作对象	合作对象区域	合作专利申请量/件	合作模式	合作创新技术领域
1	台州职业技术学院	68	浙江赛豪实业有限公司	台州市	22	校企合作	模具加工设备
			浙江万隆模具有限公司	台州市	2	校企合作	注塑模具
2	浙江吉利控股集团有限公司	69	浙江吉利汽车研究院有限公司	台州市	39	内部合作	热成形模具、模具加工设备
			浙江金刚汽车有限公司	台州市	16	内部合作	模具加工设备、汽车模具
			浙江豪情汽车制造有限公司	台州市	6	内部合作	模具存放限位装置、模具调节装置
			浙江福林国润汽车零部件有限公司	台州市	8	外部合作	轮罩冲孔模
			浙江陆虎汽车有限公司	台州市	1	内部合作	冷冲压模具挂架
3	台州学院	6	浙江盛田机械有限公司	台州市	1	校企合作	定位模具
			华侨大学	泉州市	1	校校合作	拉深模

序号	创新主体名称	合作专利申请总量/件	主要合作对象	合作对象区域	合作专利申请量/件	合作模式	合作创新技术领域
4	永高股份有限公司	4	天津永高塑业发展有限公司	天津市	4	内部合作	加热线圈机构、定位销
5	台州市路桥豪达汽车电器有限公司	3	豪达（浙江）汽车配件有限公司	台州市	3	内部合作	汽车线束成型模

注：由于一个创新主体会与多个创新主体进行合作，故在统计过程中合作专利申请量会进行重复计数；表中仅列示了企业类合作对象。

为进一步从微观角度分析不同创新主体之间的合作关系，本书统计了专利合作申请数量排名前五的第一申请人与其他创新主体之间的合作关系，结果如表 5.1.7 所示。合作专利申请量排名第一的创新主体为台州职业技术学院，其合作申请专利共计 68 件，其中与企业合作申请专利 24 件，与个人合作申请 44 件，本部分列示了与台州职业技术学院合作申请专利较多的两家企业。与其合作申请专利数量最多的企业为浙江赛豪实业有限公司，二者共合作申请专利 22 件，合作创新的技术领域主要为模具加工设备。合作专利申请总量排名第二的创新主体为浙江吉利控股集团有限公司，其大部分合作对象为其控股子公司，与其合作申请专利数量最多的企业为浙江吉利汽车研究院有限公司，两者共合作申请专利 39 件，涉及的主要技术领域为热成形模具和模具加工设备等。

总体来看，在台州市高端模具产业当中，目前合作模式主要还局限于企业与企业之间的内部合作，企业与外部企业、高校和科研单位的合作较少；在合作创新技术领域方面，大部分合作创新涉及的技术领域为模具加工设备及其内部结构的改进或者针对某一特定产业的模具产品。在未来产业发展当中，台州市高端模具产业的相关企业，要加强与当地高校和科研院所的合作，提升自身协同创新能力，实现企业的高质量转型升级，同时，积极与特定产业领域的龙头企业开展协同创新，面向特定产业的需求进行技术创新，实现企业的多元化发展。

5.1.5.2 专利运营分析

（1）专利转让。

在台州市高端模具产业专利数据中，共有660件专利发生转让，共涉及358个创新主体，包括161家企业类转让人，4所大专院校类转让人和193个个人类转让人。为从微观视角探究不同创新主体之间的转让关系，统计了台州市高端模具产业专利转让数量排名前10位的主要创新主体及其转让关系，如表5.1.8所示。

表5.1.8 台州市高端模具产业前10位转让人专利转让情况

序号	转让人	转让专利总量/件	主要受让人	受让专利数量/件	转让模式	技术领域
1	德玛克控股集团	34	德玛克（长兴）注塑系统有限公司	26	内部转让	注塑成型机及其相关结构
			德玛克（长兴）包装机械有限公司	8	内部转让	注塑成型机及其相关结构
2	台州市西得机械模具有限公司	21	浙江宏振机械模具集团有限公司	18	内部转让	吹塑机脱模机构、进料机构
			黄岩城关振兴塑料机械模具厂	3	内部转让	吹塑机脱模机构、进料机构
3	台州职业技术学院	19	浙江赛豪实业有限公司	10	外部转让	塑料模具
			台州市黄岩天熙塑模有限公司	3	外部转让	吹塑模具
			浙江台州市黄岩恒鑫模塑有限公司	1	外部转让	瓶胚模具
			浙江钧天信息科技有限公司	1	外部转让	压铆机下模
			台州市百达电器有限公司	1	外部转让	汽车电机爪模具
			台州市黄岩圭泰模塑有限公司	1	外部转让	塑料模具
			台州市玉泰电子有限公司	1	外部转让	注塑机温控装置
			台州华晶光电科技有限公司	1	外部转让	塑料珠串模具

续表

序号	转让人	转让专利总量/件	主要受让人	受让专利数量/件	转让模式	技术领域
4	黄岩永明车灯模具厂	16	浙江永明模具有限公司	16	内部转让	车灯模具及其加工设备
5	浙江科佳模架制造有限公司	15	科佳（长兴）模架制造有限公司	15	内部转让	压铸模具加工设备
6	浙江伟星新型建材股份	13	上海伟星新型建材有限公司	2	内部转让	管件加工模具
			临海伟星新型建材有限公司	11	内部转让	管件加工模具
7	台州科技职业学院	16	台州五麦香生物科技有限公司	3	外部转让	铸型或型芯
			台州黄岩德而特模塑科技有限公司	3	外部转让	塑料加工
			台州市黄岩优增塑料模具厂	3	外部转让	金属加工、压力机
			沈阳市青辉科技有限公司	2	外部转让	塑料加工
8	浙江金典模具有限公司	12	台州黄岩艾彼模具有限公司	12	外部转让	注塑模具抽芯机构和脱模机构
9	台州贝力得模塑有限公司	12	台州汇力普模塑有限公司	12	内部转让	灯罩模具
10	台州市黄岩亿联塑料模具有限公司	10	台州市黄岩亿德塑模有限公司	10	外部转让	汽车格栅模具

注：表中有的受让人只列示了部分主要的，未全部列示。

由表 5.1.8 可知，专利转让数量排名第一的转让人是德玛克控股集团，其主要受让人为其子公司德玛克（长兴）注塑系统有限公司和德玛克（长兴）包装机械有限公司，两家企业受让专利数量分别为 26 件和 8 件，涉及的技术领域包括注塑成型机及其相关结构；排名第二的转让人为台州市西得机械模具有限公司，其转让专利的主要受让人为浙江宏振机械模具集团有限公司和黄岩城关振兴塑料机械模具厂，两家受让人企业均与台州市西得机械模具有限公司为同一法定代表人，转让专利涉及的技术领域为吹塑机脱模机构和进料机构；专利转让数量排名第三的创新主体为台州职业技术学院，其转让专利数量为 19 件，主要的受让人为浙江赛豪实业有限公司，受让专利数量为 10 件，台州职业技术学院的转让专利涉及的主要技术领域为塑料模具、吹塑模具和瓶胚模具等。

整体而言，台州市高端模具产业的专利转让活动较为活跃，转让人类型不仅包括企业和个人，也包含部分当地的大专院校，例如台州职业技术学院和台州科技职业学院等。在专利转让模式方面，大部分企业的专利转让模式为内部转让，较少有企业进行外部转让；在技术领域方面，转让专利涉及的主要技术领域为模具加工设备以及特定产业的模具产品等。

（2）专利许可。

台州市高端模具产业许可专利共计 91 件，其中涉及 41 个创新主体，包括 26 个个人类许可人、13 家企业类许可人、2 家大专院校类许可人。通过分析后发现，个人类专利许可人大部分为企业法人，通过专利许可的方式许可自身公司实施专利，故在后续专利许可分析中，本书主要对企业类和大专院校类的专利许可人进行详细分析。表 5.1.9 显示了台州市高端模具产业前 10 位的企业和大专院校类型的许可人专利许可情况。专利许可总量排名第一的许可人为台州职业技术学院，共有 6 件专利许可给浙江赛豪实业有限公司，涉及的技术领域为模具加工温控系统、车灯面罩模具等；专利许可总量排名第二的许可人为玉环禾田汽车橡塑有限公司，共有 3 件专利许可给内部分公司实施，涉及的技术领域为注射成型模具的加工设备。

表 5.1.9　台州市高端模具产业前 10 位许可人专利许可情况

序号	许可人	专利许可总量/件	被许可人	许可专利数量/件	许可模式	技术领域
1	台州职业技术学院	6	浙江赛豪实业有限公司	6	外部许可	模具加工温控系统、车灯面罩模具
2	玉环禾田汽车橡塑有限公司	3	芜湖禾田科技有限公司	1	内部许可	注射成型模具加工设备
			芜湖禾田汽车工业有限公司	2	内部许可	注射成型模具加工设备
3	台州市黄岩双盛塑模有限公司	2	浙江杉盛模塑科技有限公司	2	内部许可	脱模机构
4	德玛克控股集团有限公司	2	德玛克（长兴）自动化系统有限公司	2	内部许可	塑料吹瓶机限位和安装机构
5	浙江天台祥和实业股份有限公司	1	富适扣铁路器材（浙江）有限公司	1	内部许可	浇注成型模具
6	浙江金刚汽车有限公司	1	浙江福林国润汽车零部件有限公司	1	内部许可	模具安装槽清理装置
7	浙江哈勃电子科技有限公司	1	台州市中亚曲轴制造有限公司	1	外部许可	金属模具
8	台州科技职业学院	1	台州暾盛机器人科技有限公司	1	外部许可	模具外观设计
9	台州友驿科技有限公司	1	浙江旺潮科技有限公司	1	外部许可	粉笔模具刮平装置
10	浙江金刚汽车有限公司	1	浙江福林国润汽车零部件有限公司	1	内部许可	模具安装槽清理装置

注：表中所列前 10 位许可人排名为企业类和大专院校类许可人排名，不涉及个人类许可人。

总体来看，在许可人类型方面，大部分许可人为个人，其次是企业，大专院校和科研单位类许可人较少；在许可模式方面，台州市高端模具产业的专利许可主要集中在企业与企业之间的内部许可，较少涉及企业对外许可；在技术领域方面，许可专利涉及的技术领域主要为模具加工温控系统、模具加工设备的内部限位装置和清理装置等。

本部分进一步统计了台州市高端模具产业专利数据中排名前 10 位的被许可人专利被许可情况，结果如表 5.1.10 所示。由表 5.1.10 可知，排名第一的被许可人为浙江精诚模具机械有限公司，被许可专利总量为 11 件，许可人为该企业的法定代表人，被许可专利涉及的技术领域为模具加工设备内部调节机构；排名第二的被许可人为浙江东方州强塑模实业有限公司，被许可专利总量为 9 件，被许可专利技术领域主要涉及挤吹、拉吹成型机。另外，通过对前 10 位被许可人的许可模式分析发现，大部分被许可人的专利许可来源为个人类型的专利权人，且大部分个人类型的许可人为被许可企业的法定代表人。这说明对于大部分高端模具产业的中小微企业而言，在专利申请过程中，会以企业法定代表人作为申请人进行专利申请，在专利授权后，会通过许可或者转让的方式使自身企业获得专利实施的权利。

表 5.1.10 台州市高端模具产业前 10 位被许可人专利被许可情况

序号	被许可人	被许可专利总量/件	主要许可人	许可专利数量/件	被许可模式	技术领域
1	浙江精诚模具机械有限公司	11	梁斌	11	内部被许可	模具加工设备内部调节机构
2	浙江东方州强塑模实业有限公司	9	施金亨	5	内部被许可	挤吹、拉吹成型机
3	浙江庄晨电器有限公司	6	郑恬晨	6	内部被许可	抽芯和挤出机构
4	浙江赛豪实业有限公司	6	台州职业技术学院	6	外部被许可	模具加工温控系统、车灯面罩模具
5	浙江千禧光塑料模具有限公司	6	林作钱	6	内部被许可	注射器外套模具

续表

序号	被许可人	被许可专利总量/件	主要许可人	许可专利数量/件	被许可模式	技术领域
6	台州市黄岩远大机械制造有限公司	6	陈顺君	6	内部被许可	塑料拉伸吹瓶机
7	台州市黄岩金塑模具有限公司	6	孙金军	6	内部被许可	脱模机构
8	浙江中捷管业有限公司	3	余张法	3	内部被许可	管件环压模具
9	台州市黄岩炜大塑料机械有限公司	3	张欢庆	3	内部被许可	塑料注射模具
10	浙江杉盛模塑科技有限公司	2	台州市黄岩双盛塑模有限公司	2	内部被许可	脱模机构

（3）专利质押。

根据第 2 章分析可知，在台州市五大重点产业中，高端模具产业的质押专利数量最多，质押专利达到了 536 件。其中涉及 153 个出质人，出质人类型均为企业。这说明在台州市高端模具产业中，专利质押活动较为活跃，大部分企业通过专利质押获得一定的资金支持，进而助力企业进行技术创新和转型升级。

表 5.1.11 为台州市高端模具产业前 10 位的出质人专利质押情况，质押专利数量排名第一的出质人为浙江台州美多模具有限公司，质押专利总量为 30 件，涉及的技术领域主要为模具加工设备抽芯机构和脱模机构；排名第二的出质人为浙江凯华模具有限公司，质押专利量为 21 件，涉及的主要技术领域为模具加工设备抽芯机构和脱模机构；排名第三的出质人为浙江坤泰模具股份有限公司，质押专利数量为 19 件，涉及的主要技术领域为注塑模具注塑设备和脱模结构。总体来看，台州市高端模具产业质押专利中，涉及较多的技术领域为模具加工设备及其内部机构，质押专利数量较多的区域为黄岩区。

表 5.1.11 台州市高端模具产业前 10 位出质人质押专利情况

序号	出质人	区域	质押专利量/件	主要技术领域
1	浙江台州美多模具有限公司	黄岩区	30	模具加工设备抽芯机构、脱模机构
2	浙江凯华模具有限公司	黄岩区	21	模具加工设备抽芯机构、脱模机构
3	浙江坤泰模具股份有限公司	黄岩区	19	注塑模具注塑设备、脱模结构
4	台州市黄岩恒大塑胶有限公司	黄岩区	15	园艺用注塑模具结构、注塑设备
5	浙江天雁控股有限公司	黄岩区	14	五金模具机构
6	浙江誉隆科技发展有限公司	黄岩区	14	车用模具注塑设备
7	浙江永明模具股份有限公司	黄岩区	15	车用模具注塑设备
8	浙江艾彼科技股份有限公司	黄岩区	13	车用模具注塑设备
9	台州市黄岩汉威塑料模具有限公司	黄岩区	12	模具加工设备脱模机构
10	浙江宇亚模具股份有限公司	黄岩区	11	汽车灯罩模具

综上，在协同创新方面，模具产业与其他产业相比，其协同创新专利较少，且其合作模式多为企业与企业之间以及个人与院校之间的合作，较少有企业开展产学研协同创新。在专利运营方面，台州市模具产业的专利转让活动较为活跃，转让人类型多为企业，其次为高校；在专利许可方面，台州市模具产业的专利许可数量较少，且大部分专利的许可模式为企业内部许可；在专利质押方面，台州市高端模具产业中，专利质押活动较为活跃，大部分企业会通过专利质押获得一定的资金支持，进而助力企业进行技术创新和转型升级。

5.2 台州市高端模具产业商标分析

截至检索日，台州市高端模具产业注册商标总计 1359 件。以此数据为研究基础，本部分将从商标类型、商标申请趋势、高端模具产业主要商品、商标申请区域、商标运营以及台州市高端模具产业重点企业商标布局等角度，对台州市高端模具产业商标注册现状进行分析。

5.2.1 商标类型

截至检索日，台州市高端产业拥有注册商标 1359 件，其中集体商标 2 件，均是由台州市黄岩模具行业协会提出申请，均为文字商标，如表 5.2.1 所示。

表 5.2.1 台州市高端模具产业集体商标情况

名称	尼斯分类	商品服务	申请年份	商标形态	申请人名称
HIY	7	加工塑料用模具	2011	文字	台州市黄岩模具行业协会
台州市黄岩模具行业协会	7	加工塑料用模具	2020	文字	台州市黄岩模具行业协会

在商标形态上，文字商标依然是商标的主要形态，总计 1091 件，图形商标为 222 件，文字图形组合商标为 46 件（如图 5.2.1 所示）。

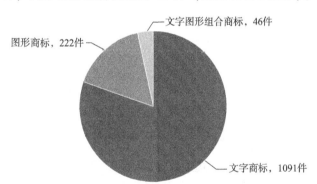

图 5.2.1 台州市高端模具产业商标数据

不同申请主体对于商标形态的选择倾向也有所不同，如表 5.2.2 所示。相较丁前文所提及的医药健康产业以及缝制设备产业而言，高端模具产业的商标申请主要集中于法人申请人；在商标形态的选择上，不论是文字商标、图形商标还是文字图形组合商标，法人申请数量均高于个人申请数量。在文字图形组合商标方面，个人申请数量为 0。

表5.2.2 台州市高端模具产业注册商标申请人数据

商标类型	个人申请人/人（商标数量/件）	法人申请人/人（商标数量/件）
文字商标	13（21）	670（1070）
图形商标	6（6）	187（216）
文字图形组合商标	0（0）	40（46）

5.2.2 商标申请趋势

截至检索日，台州市高端模具产业注册商标申请总量1359件，从总趋势上看，台州市电子元器件产业注册商标申请大致分为三个阶段，如图5.2.2所示，即发展初期、曲折发展期和快速增长期。商标数量与申请人数量增长趋势基本持平。

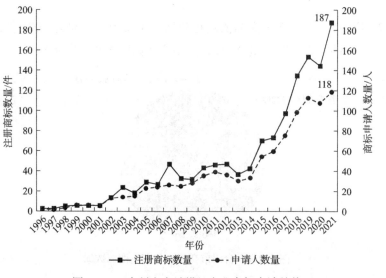

图5.2.2 台州市高端模具产业商标申请趋势

（1）发展初期（1996—2001年）。1996年台州市椒江金盾塑料设备厂提出第一件商标申请，商标名称为"振宇"（注册号：1047391），开启了台州市高端模具的品牌之路。这一阶段，虽然台州市高端模具产业已经有大量企业，但规上企业数量并不多，企业品牌保护意识也较为薄弱。从图5.2.2可以看到，本阶段的商标注册数量和申请人数量均未超过20。

（2）缓慢发展期（2002—2016 年）。"一带一路"倡议的提出为国内本土企业走出国外，加强国际交流提供了机会。台州市高端模具产业受到国内模具行业发展的积极影响，企业数和从业人数均有明显增幅。企业品牌保护意识较上一阶段也有所提升。这一阶段，台州市高端模具的商标申请量从 2002 年的 14 件发展到 2012 年的 47 件。同时，商标申请人数量也呈稳定增长态势。

（3）快速发展期（2017—2021 年）。国家"十三五"规划促进了国内知识产权保护。2017 年，台州市高端模具的商标申请量为 97 件，申请人增加至 75 人。在注册审批周期上，国家市场监督管理总局办公厅印发的《商标注册便利化改革三年攻坚计划（2018—2020 年）》，明确提出"2018 年年底前我国商标注册审查周期缩短至 6 个月，到 2020 年缩短至 4 个月以内"，有效地提升了企业品牌保护的积极性。2020 年，受国内外疫情影响，台州市高端模具产业商标申请量有所降低。

5.2.3　产业主要产品商标

以企业在进行商标注册过程中所主动勾选的"商品服务"著录项为检索关键词，截至检索日，台州市高端模具产业商标注册主要产品总计 731 种，排名前 10 位的主要产品依次为加工塑料用模具、注塑机、模压加工机器、金属加工机械、塑料加工机器、塑料切粒机、制塑料桶（罐）设备、干塑模压瓦机、电子冲塑机（塑料印刷表面处理）和压铸模，如图 5.2.3 所示。

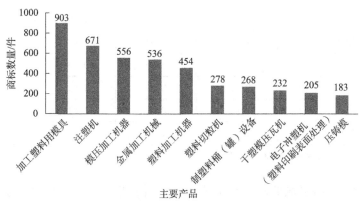

图 5.2.3　台州市制造业高端模具产业商标注册主要产品

5.2.4 商标申请区域

在区域分布方面，如表5.2.3和图5.2.4所示，黄岩区商标申请量和申请主体总数稳居第一位，这与"黄岩智能模具小镇"的发展相符合。台州市其余区域虽也有高端模具企业及商标申请，但在数量上仍与黄岩区有明显差距。

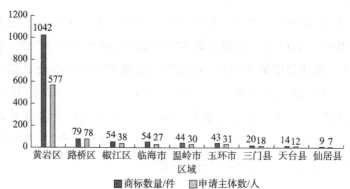

图5.2.4 台州市高端模具产业各区域商标申请情况

表5.2.3 台州市高端模具产业各区域商标申请情况

序号	区域	申请主体数/人	个人申请人数/人（商标数／件）	个人申请人人均申请数/件	法人申请人数/人（商标数／件）	法人申请人人均申请数/件
1	黄岩区	577	9 (15)	1.67	568 (1027)	1.81
2	路桥区	78	2 (3)	1.50	76 (76)	1.00
3	椒江区	38	1 (1)	1.00	37 (53)	1.43
4	临海市	27	3 (4)	1.33	24 (50)	2.08
5	温岭市	30	1 (1)	1.00	29 (43)	1.48
6	玉环市	31	1 (2)	2.00	30 (41)	1.37
7	三门县	18	0 (0)	0.00	18 (20)	1.11
8	天台县	12	0 (0)	0.00	12 (14)	1.17
9	仙居县	7	1 (1)	1.00	6 (8)	1.33

注：人均申请数=商标数/对应申请人数。

从台州市各区域商标申请主体分布来看，相较于个人申请，法人申请更为活跃，如图5.2.5所示。而在人均商标拥有量方面，如表5.2.3所示，法人人均申请量普遍高于个人的。

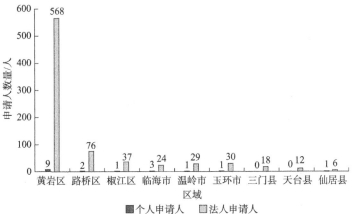

图 5.2.5　台州市高端模具产业各区域申请主体数量

5.2.5　商标运营

在公开可查询的数据范围内，按运营数据多少，台州市高端模具产业商标运营方式依次为商标转让、商标质押和商标许可，如图 5.2.6 所示。

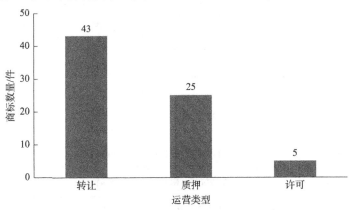

图 5.2.6　台州市高端模具产业商标运营情况

从区域分布的角度来看，如图 5.2.7 所示，毋庸置疑，作为产业聚集区的黄岩区的商标运营活动最为活跃。而在商标许可、质押方面，椒江区、临海市、三门县和天台县的数据均为零。

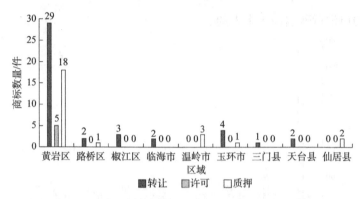

图 5.2.7　台州市高端模具产业各区域商标运营情况

台州市高端模具产业商标转让相关情况，如表 5.2.4 所示。台州市高端模具产业商标转让具体表现为以下几个特点。

表 5.2.4　台州市高端模具产业商标转让数据

序号	转让人	受让人	转让模式	商标名称
1	冯胜利；浙江胜利塑胶有限公司	浙江胜利塑胶有限公司；冯胜利	内部转让	FONTAL；冯泰
2	黄岩岩君模具有限公司	台州市岩君模具有限公司	外部转让	岩君模具；YJM
3	台州市黄岩景贸塑胶制品厂	台州市黄岩景贸塑胶股份有限公司	外部转让	MONKEY SUN；太阳猴
4	台州市金泓森智能科技有限公司	凌金国	外部转让	金鼎莱；KINGDINLEI
5	浙江天际橡胶有限公司	浙江天际橡塑有限公司	外部转让	天际 TJ
6	冯胜利	浙江胜利塑胶有限公司	内部转让	FONTAL
7	胡喜华	台州市泰越注塑科技有限公司	外部转让	华越 HYQL
8	黄正军	浙江正立塑模有限公司	内部转让	正立塑模
9	李玉菲	玉环北风塑业有限公司	外部转让	全欣爱

续表

序号	转让人	受让人	转让模式	商标名称
10	卢佩佩	台州市乔博机械模具有限公司	外部转让	乔博 JOBO
11	孙杰	浙江后起模塑有限公司	内部转让	后起模具 HOKIMOLD
12	台州市皇世婴童用品有限公司	台州市玺亲塑业有限公司	外部转让	玺亲
13	台州市黄岩恒洲机械模具厂	台州市华丹包装机械有限公司	外部转让	华丹机械 HVVADAN HD
14	台州市黄岩品腾模具厂	台州市品腾模具有限公司	内部转让	图形
15	台州市黄岩万豪模具厂（普通合伙）	浙江万豪模塑有限公司	内部转让	万豪 PLASTIC MOULD
16	台州市黄岩小霞模具厂	台州市黄岩小霞模具有限公司	外部转让	小霞模具
17	台州市黄岩轩亚塑胶模具厂	台州市黄岩轩亚模业有限公司	外部转让	轩亚
18	台州市黄岩跃鹏模具厂	台州市黄岩跃鹏模具有限公司	内部转让	图形
19	台州市黄岩展猛模具配件厂	台州市黄岩展猛模具配件有限公司	外部转让	展猛 ZM
20	台州市黄岩正诚达模具机械有限公司	台州精岳模具机械有限公司	内部转让	正成达
21	台州市黄岩正道塑料模具厂	台州市正道模具有限公司	外部转让	正道
22	台州市黄岩中茵模业有限公司	浙江华佳模业有限公司	内部转让	MCB
23	台州市路桥詹氏塑化经营部	浙江飞塑电子商务有限公司	内部转让	飞塑

序号	转让人	受让人	转让模式	商标名称
24	台州市三联模业有限公司	浙江柯氏模业有限公司	内部转让	柯氏
25	台州市万维模塑有限公司	台州市黄岩细尔模具有限公司	外部转让	细尔模具 XI'ER MOULD
26	台州统发机械有限公司	浙江同发塑机有限公司	内部转让	统发
27	台州统发机械有限公司；玉环同发塑机有限公司	浙江同发塑机有限公司；台州统发机械有限公司	内部转让	TONVA
28	台州中科瓯华新材料科技有限公司	台州标新铝塑工业有限公司	内部转让	SAMATEK
29	王军伟	台州市黄岩正伟模具有限公司	内部转让	图形
30	武汉马尔基娜科技有限公司	浙江三乐塑业有限公司	外部转让	MORGIANA
31	夏正红	台州市黄岩振辉塑模有限公司	内部转让	振辉
32	应光奇	台州俪盛塑料有限公司	内部转让	盛业
33	浙江德库玛机械有限公司	西诺控股集团有限公司	内部转让	DAKUMAR
34	浙江科达塑料模具机械有限公司	台州市富高模具机械有限公司	外部转让	浙科
35	浙江顺美塑业有限公司	台州市高美塑业有限公司	内部转让	顺美；S
36	浙江泰发机电实业有限公司	浙江泰鸿机电有限公司	内部转让	TOHIGH
37	浙江长雄塑料有限公司	台州长雄塑料有限公司	外部转让	长雄

（1）企业与其法定代表人之间的商标转让。如浙江胜利塑胶有限公司的法定代表人冯胜利，就其权属商标"FONTAL"和"冯泰"在其间转让。以"冯泰"（注册号：3513730）为例，根据国家商标总局所公开的《商标

转移/转让公告》显示，该商标前后经历过三次转让：①2006 年 10 月 28 日，该商标由申请人冯胜利转让给浙江胜利塑胶有限公司；②2018 年 2 月 6 日，由浙江胜利塑胶有限公司转让给冯胜利；③2021 年 7 月 27 日，由冯胜利转让给浙江胜利塑胶有限公司。

（2）企业注销后，商标由注销前企业法定代表人重新设立的新公司受让。如台州市黄岩景贸塑胶制品厂关于"岩君模具"的商标转让。

（3）企业原股东退出企业后，受让原企业所属商标，如台州市金泓森智能科技有限公司。

（4）因原商标所有人所属商标与其他企业字号相同而发生的商标转让。如台州市乔博机械模具有限公司关于商标"乔博 JOBO"的受让。

（5）关联企业之间的商标转让。如台州市黄岩万豪模具厂（普通合伙）与浙江万豪模塑有限公司之间关于商标"万豪 PLASTIC MOULD"的转让。

在商标许可模式上，如表 5.2.5 所示，仅有两位许可人，且均为内部许可。其中台州市黄岩泰禾塑料厂与浙江泰禾家居用品有限公司为关联企业，前者的法定代表人邱小蔚为后者主要股东及监事；而冯胜利为浙江胜利塑胶有限公司（现用名：浙江冯泰科技股份有限公司）的法定代表人。

表 5.2.5　台州市高端模具产业商标许可情况

序号	许可人	被许可人	关系	商标
1	台州市黄岩泰禾塑料厂	浙江泰禾家居用品有限公司	关联企业	亿禾尚品 EYIHOO
2	台州市黄岩泰禾塑料厂	浙江泰禾家居用品有限公司		图形
3	冯胜利	浙江胜利塑胶有限公司	法定代表人	FONTAL
4	冯胜利	浙江胜利塑胶有限公司		冯泰
5	冯胜利	浙江胜利塑胶有限公司		冯泰

在商标质押方面，如表 5.2.6 所示，截至目前，台州市高端模具产业总计有 16 位商标出质人，共质押商标 25 件。对出质人进一步分析发现，开展商标质押的出质人均为小微企业，其中新四板上市企业有两家；超过一半的出质人为高新技术企业，在知识产权方面已取得一定成果。

表 5.2.6　台州市高端模具产业商标质押情况

序号	质押商标	出质人	备注
1	KEMEI MOULD	台州市黄岩科美模业有限公司	小微企业
2	SUASE	台州市黄岩双盛塑模有限公司	高新技术企业、小微企业
3	科满园	台州市精宏模具有限公司	小微企业
4	遇尚	台州市优诺模塑有限公司	科技型中小企业、小微企业
5	遇尚轻奢		
6	遇尚运动		
7	遇尚小飞象		
8	三厨	台州亿家喜橡塑制品有限公司	小微企业
9	鸿霏机械 HF	温岭市鸿霏机械制造有限公司	小微企业
10	图形	温岭市旭日滚塑科技有限公司	高新技术企业、专精特新企业、创新型中小企业、企业技术中心、科技型中小企业、小微企业
11	变色龙；ANOLE HOTRUNNER；A	西诺控股集团有限公司	高新技术企业、专精特新小巨人企业、企业技术中心、小微企业
12	ANOLE		
13	BAINA	浙江百纳橡塑设备有限公司	新四板、高新技术企业、企业技术中心、专精特新企业、科技型中小企业、小微企业
14	百纳		
15	博大	浙江黄岩冲模有限公司	高新技术企业、专精特新企业、企业技术中心、小微企业
16	建厦	浙江黄岩建厦塑料制品厂	小微企业
17	千禧光	浙江千禧光塑料模具有限公司	新四板、高新技术企业、创新型中小企业、科技型中小企业、小微企业

序号	质押商标	出质人	备注
18	日成；RCMD	浙江日成模具有限公司	高新技术企业、科技型中小企业、小微企业
19	荣信	浙江荣信模具塑料有限公司	高新技术企业、企业技术中心、科技型中小企业、小微企业
20	R		
21	赛豪；SAIL	浙江赛豪实业有限公司	高新技术企业、专精特新小巨人、企业企业技术中心、隐形冠军企业
22	赛豪		
23	朔豪模塑 S SHUOHAOPLASTLCMOULD	浙江朔豪科技股份有限公司	高新技术企业、科技型中小企业、专精特新企业、创新型中小企业、小微企业
24	朔豪科技 SHUOHAOPLASTLCMOULD		
25	图形		

5.2.6　重点企业商标布局

综合高端模具类商标拥有量、企业综合实力、企业知识产权情况等因素，如表5.2.7所示，本部分选取其中5家企业即精诚模具、西诺控股、公元股份、海翔模具和黄岩奥杰模塑，并以申请人为关键词对其商标进行全面检索，同时从商标类别、商标形态、商标布局等角度进行深入分析，以了解台州市高端模具产业的商标品牌布局思路，进而为本产业中小企业商标品牌保护提供参考。

表5.2.7　台州市高端模具企业商标申请数量前5

序号	申请人名称	商标数量/件	资质	是否上市
1	浙江精诚模具机械有限公司	27	高新技术企业、专精特新小巨人、火炬计划、制造业单项冠军	否
2	西诺控股集团有限公司	14	高新技术企业、专精特新小巨人	否
3	公元股份有限公司	10	高新技术企业、企业技术中心、火炬计划	是
4	台州海翔模具有限公司	10	高新技术企业	否

序号	申请人名称	商标数量/件	资质	是否上市
5	台州市黄岩奥杰模塑股份有限公司	9	高新技术企业	否

对上述5家重点高端模具企业商标数据进行补充检索，得到上述5家高端模具企业在高端模具类商标和非高端模具类商标申请量对比，如图5.2.8所示。由图5.2.8可知，5家企业的非高端模具类商标申请量均高于高端模具类商标申请量，其中以公元股份的申请量差距最为明显。

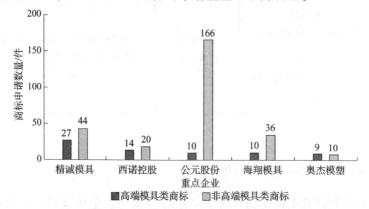

图5.2.8 台州市重点企业高端模具类商标与非高端模具类商标申请量对比

在商标类型的选择方面，如图5.2.9所示，台州市高端模具重点企业更倾向于文字商标的申请，在图形商标和文字图形组合商标的申请方面并不积极。其中，西诺控股、公元股份和奥杰模塑未在文字图形组合商标方面进行布局。

如前文所述，文字商标对于企业商标申请的联合布局有着密切关联。为防止"搭便车"的情况出现，一般情况，企业会围绕主商标进行音似或者形似的变化进行布局，以降低商标被侵权的风险。如表5.2.8所示，台州市高端模具重点企业的联合商标布局主要表为：①多数企业选择围绕自己企业名称的关键词作为文字联合商标布局的支点，如精诚模具、公元股份等；②选择主要产品作为文字联合商标布局的支点，如公元股份；③文字商标布局主要围绕文字和文字拼音的结合进行联合布局，如"精诚""精诚模具JINGCHENG"和"AOJIE""奥杰"。

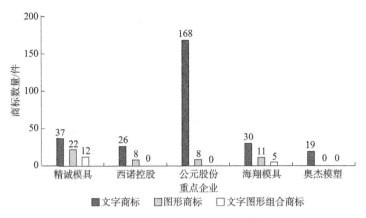

图 5.2.9　台州市重点企业商标申请类型数据

表 5.2.8　台州市高端模具重点企业联合商标布局

企业名称	联合商标布局名称
精诚模具	精诚 JCTIMES、JCTIMES、精诚、精诚模具 JINGCHENG、精诚时代、JCTIMES
西诺控股	德库玛 DKM、DKM DAKUMAR、德库玛机械 DKM、DKM DAKUMAR MACHINERY、DAKUMAR
公元股份	公元、ERA、公元优家、公元优管家、公元安芯管、优管才优家 EBA、FBA
海翔模具	海创翔、海润翔、海创翔 TAIZHOU HAIXIANG MOULD CO., LTD.、海誉翔
奥杰模塑	A.J.M.、AOJIE、奥杰

在尼斯分类号的选择上，如表 5.2.9 所示，台州市高端模具重点企业商标布局主要集中布局在第 7 类 "机器机械"。作为五家重点企业中唯一一家上市企业的公元股份，高端模具仅是其主要业务之一，且产品主要面对市场，因此在尼斯分类号的选择方面并未将第 7 类作为主要类别，而是选择了第 17 类（"橡塑制品"）作为主要尼斯分类号。

表 5.2.9　台州市高端模具重点企业商标申请量尼斯分类号前 5

序号	精诚模具	西诺控股	公元股份	海翔模具	奥杰模塑
1	7（28）	7（16）	17（29）	7（10）	7（7）
2	9（9）	9（3）	19（25）	16（9）	40（6）

序号	精诚模具	西诺控股	公元股份	海翔模具	奥杰模塑
3	42 (9)	20 (3)	11 (19)	20 (9)	21 (3)
4	35 (7)	21 (3)	20 (11)	40 (9)	42 (3)
5	21 (3)	35 (3)	6/7/21 (7)	42 (9)	—

注：表中括号外数字为尼斯分类号，括号中数字为对应的商标数（单位为件）。

从排名前 5 企业商标申请的尼斯分类号的选择上来看，4 家企业选择了"产品"+"服务"的主要布局，仅有公元股份首选的前 5 类尼斯分类号集中在"产品"商标的布局上。

具体来说，如表 5.2.10 所示，台州市高端模具重点企业的防御商标布局主要表现为：①围绕企业字号关键词在主要商标类别上对具体商品和服务进行申请，如精诚模具在"精诚"上以第 7 类为主要分类进行了不同商品的防御商标布局；②围绕企业字号关键词在商品和服务上进行了防御商标布局，如公元股份围绕其字号关键词"公元"在商品类和服务类商标上均进行了申请。

表 5.2.10　台州市高端模具重点企业联合商标布局

序号	企业名称	商标名称	尼斯分类号
1	精诚模具	JC. SHARIT	9、42、7
		JC+	9、42、7、38、35
		JCTIMES	35、7、41、42、7
		JINGYI	9、40、21
		诚一	12、40、21、19、42
		精诚	0748、0726、0729、0753、0731、0749
2	西诺控股	HC	6、7
		5HMOLDING	7、35
		SINOPF	7、10、12、20

续表

序号	企业名称	商标名称	尼斯分类号
3	公元股份	EBA	17、19、17、21、11、7、11、6、36、20
		YOTRON	11、19、20、17
		个安	11、2、1、6、20、35、19、17、9
		公元	11、30、38、35、17、6、7、19、42、43、40、44、37、36
		公元 ERA	17、19、11、16、7、28、20、21
		公元；ERA	8、2、21、19、17、5、4、6、3、22、7、20、11
		公元安芯管	17、19
		公元优管家	41、42、45、19、36、8、7、2、11、4、12、25、17、21、6、45、16、19、36、22、33、40、38、32
		公元优家	19、5、28、25、20、16、11、4、36、19、5、8、6、40、21、3
4	海翔模具	晟优学成	7、42、20、40、16
		海创翔	7、42、40、20、16
		海创翔 TAIZHOU HAIXIANG MOULD CO LTD	16、40、20、42、7
		海润翔	7、42、40、20、16
		海誉翔	7、40、20、42、16
5	奥杰模塑	AOJIE	40、7、42、21
		奥杰	7、21、42、40

5.3　小结

现代工业的发展离不开模具，模具是工业之母。模具在机械、电子、轻工、汽车、纺织、航空、航天等工业领域里，日益成为使用最广泛的工业化生产的主要工艺装备，它承担了这些工业领域中 60%～90% 的产品零件、组件和部件的加工生产。其产生的价值往往是模具自身价值的几十倍、上百倍，被誉为"效益放大器"。模具产业作为台州市历史较为悠久的支柱型产业，经过 60 余年的发展，已经具备一定市场规模。台州市拥有模具产业链相关企业 2000 多家，其中规上企业 82 家，亿元以上企业 19 家。其以生产塑料模具为主，其中注塑模具生产量占全国的 1/3 以上，挤塑模具占 80% 以上，吹塑模具占全国 40% 以上。然而，低端模仿较多、企业的创新能力及产品质量意识较为薄弱等问题，成为制约台州市模具产业转型升级和高质量发展的关键因素。近年来，随着制造业从"制造"向"智造"的转型，台州市模具产业正面临转型升级的关键时期，因此壮大产业集群、提升模具产业相关企业的技术创新能力、产品质量意识以及品牌建设意识，是推动台州市模具产业实现高质量发展的重要举措。为进一步推动台州市模具产业的高质量发展，本章根据对台州市模具产业专利和商标的分析，探究台州市模具产业技术创新与品牌建设的内在关联。

（1）从申请趋势来看，台州市模具产业的专利申请趋势与商标申请趋势类似，都呈现逐年上涨的态势。在 2005 年之前，台州市模具产业的专利申请和商标申请量均较少，说明此时期产业内相关创新主体的技术创新能力较弱，品牌建设及保护意识也较为薄弱；2006—2013 年，台州市模具产业的专利申请量和商标申请量呈现缓慢发展态势；2014 年至今，台州市模具产业的专利申请量和商标申请量均呈现快速发展态势。由此可以看出，台州市模具产业的发展呈现出技术创新与品牌建设双轮驱动的模式，在技术创新的过程中也注重品牌建设。

（2）从产品角度来看，台州市模具产业的专利申请和商标申请主要集中在塑料模具方面。另外，台州市模具产业的专利申请还包括了模具的零部件、整机设备以及相关的成型工艺。这说明台州市模具产业已经形成了较为完整的产业链，具备涵盖技术研发、设备生产和供应体系在内的完整工业体系。

（3）从产业区域分布方面来看，经过多年发展，台州市模具产业目前已经形成了较为完整的产业链及工业体系，也形成了区域集聚度较高、研发能力较强、影响力较大的区域产业集群。其中，黄岩区是台州市模具产业规模最大的产业集群，黄岩区的专利申请量和商标申请量与台州市其他区域相比也是最多的。临海市和椒江区的专利申请数量虽然排名较为靠前，但是其商标申请量的排名却低于路桥区，这与路桥区注重商业开发和品牌运营的商业特点有关。

（4）从知识产权运营方面看，专利的转让、许可和质押数量均高于商标的转让、许可和质押数量。在运营模式方面，专利和商标的运营模式都是以转让和质押为主，而且在转让过程中，转让的模式都是以企业内部转让为主，这说明台州市模具产业内的企业较为重视企业内部的协作化发展。另外，在近年来台州市政府大力推动知识产权质押融资的举措下，台州市模具产业的专利和商标的质押数量呈逐年增长态势。

（5）在技术创新能力与品牌建设匹配度方面，如表 5.3.1 所示，无论是申请人总数还是企业或个人数量，模具产业专利的三项指标均高于商标。这说明模具产业的创新主体更多地只申请了专利而没有进行商标的布局，模具产业更注重技术创新而对品牌建设的力度稍显不足，创新能力与品牌建设匹配度较低。

表 5.3.1　台州市模具产业专利与商标申请人类型数量对比　　　　单位：人

申请人类型	企业+其他（企业）申请人	个人	申请人总数	申请人类型	企业申请人	个人（个体经营户）申请人	申请人总数
专利申请人数	1200（1186）	569	1769	商标申请人数	773	18	791

注：表中括号外数字，是企业与其他单位类型申请人的数量和；括号内的数字，是企业申请人的数量。

综上所述，台州市模具产业经过多年发展，已经形成了完整的产业链以及工业体系，企业的创新能力逐年提升，形成了多家产业龙头企业，建设了具有较强竞争力的产业集群品牌，但是目前台州市模具制造产业呈现出技术创新与品牌建设匹配度不符的现象。在智能制造和经济高质量发展背景下，台州市模具产业需要打破"模式之困"，不断进行技术改造，抓住智能化发展及数字化转型契机，推动企业走向高质量发展道路，实现企业的转型升级。

第6章

台州市智能马桶产业知识产权分析

　　智能马桶产业是台州市计划培育打造的五大千亿级产业集群之一，也是台州市未来制造业实现裂变扩张、赶超发展的重要增长极。2021年，台州市智能马桶产业产值超70亿元，占全国50%以上。台州市作为国内智能马桶的首个诞生地，现已逐步成为我国起步最早、产量最大、企业最多、配套较全的智能马桶产业集聚区，目前拥有整机生产企业20余家，相关零配件生产企业300多家，产业链初步形成。作为台州市重点发展的产业之一，智能马桶产业一直寻求从高产量到高质量发展的突破。本章从反映制造业知识产权主要特征的专利与商标两个视角对台州市智能马桶产业知识产权情况进行分析，深入挖掘台州市智能马桶产业专利和商标信息，以了解台州市智能马桶产业发展现状，为台州市智能马桶产业高质量发展及其专利、商标科学布局提供数据支撑。

6.1　台州市智能马桶产业专利分析

　　截至检索日，台州市智能马桶产业专利申请总量为1828件，其中发明专利 345 件，实用新型专利 878 件，外观设计专利 605 件，实用新型和外观设计专利占比较高。实用新型专利较多主要是因为智能马桶多涉及设备或产品结构的改进，很多设备或产品只涉及一些比较小的改进，创造性高度不符合发明专利要求；此外，由于实用新型专利审查周期较短，能更快获得授权，因此部分申请人为了快保护，也会优先申请实用新型专利。马桶作为日常生活卫浴产品，外观也是吸引客户的卖点之一，因此外观设计专利也是布局热点。以下从台州市智能马桶产业的专利申请趋势、技术热点、创新主体、重点企业专利布局、协同创新与专利运营等角度进行分析，揭示台州市智能马桶产业专利申请的整体态势与现状。

6.1.1　专利申请趋势分析

如图 6.1.1 所示，台州市智能马桶产业专利申请量总体呈现增长的态势，大体可分为 3 个阶段：第一阶段为发展初期（1992—2006 年），第二阶段为缓慢发展期（2007—2014 年），第三阶段为快速发展期（2015—2021 年）。

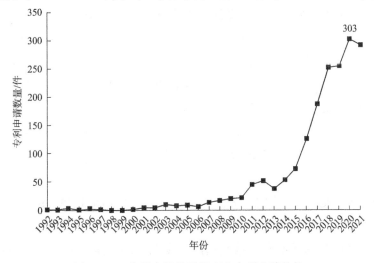

图 6.1.1　台州市智能马桶产业专利申请趋势

（1）发展初期（1992—2006 年）。台州市的智能马桶产业起步于 20 世纪 90 年代。台州市是我国智能马桶产业的发源地，我国第一台智能马桶圈盖和第一台一体式智能马桶都是台州市企业研制的。1995 年，金建国生产出国内第一款智能马桶盖，2003 年，星星便洁宝公司研发出国内第一台一体化多功能智能马桶，但产品上市后却少有人问津。彼时国内家庭卫生间以"蹲坑"为主，马桶普及率尚低，一定程度上打击了创新积极性，因此智能马桶相关专利的申请量也较低。

（2）缓慢发展期（2007—2014 年）。2007 年以后，西马洁具、欧路莎等更多企业发展起来。但是这一阶段，台州市智能马桶产业除了几家巨头外，很多企业规模偏小，缺乏研发技术，在无原创技术又面临激烈竞争情况下，只能踏上给其他品牌如九牧、箭牌、松下、美的等代工的道路。并且智能马桶在多年内仍难以普及，不少企业陷入惨淡经营的困境，也有厂商中途遗憾离场，星星便洁宝公司也一直处于亏损状态。因此这一阶段智能马桶相关专利增长速度也较慢。

（3）快速发展期（2015—2021 年）。从 2015 年开始，台州市将智能马桶产业提升为重大工程，开始进一步布局智能马桶产业。2016 年出台的《台州市智能马桶产业质量提升工作方案》，就将智能马桶发展列入"千亿级产能"扶持产业。2017 年印发的《台州市智能马桶产业专项扶持政策（试行）》提出，要做大做强做优智能马桶产业，打造全国智能高端、品牌领先、发展持续的智能马桶示范区；同年，《台州市智能马桶产业协会团体标准》的出台，让智能马桶厂商们有了对照方向，也让台州市智能马桶品质得以迅速提升。为了将智能马桶企业集中起来，使得产业更为集中，2018 年，台州市开始在椒江区建设智能马桶小镇，而且还引进了其他配套产业，让产区优势更加明显。这些政策与配套设施支持引导着台州各智能马桶企业开始创新发明，赋予智能马桶更多的科技含量，专利申请量也在快速增长。

图 6.1.2 是台州市智能马桶产业各类型专利的申请趋势。由图 6.1.2 可知，各类型专利的申请趋势与总专利的申请趋势基本保持一致。台州市智能马桶产业中实用新型专利数量远高于发明专利，这一方面说明该产业核心研发能力不强，技术创新层次不高，产业总体上还处于跟随发展阶段；另一方面，实用新型专利能更快获得授权保护创新。外观设计专利数量也大都高于发明专利数量，这与智能马桶产品属于生活卫浴用品有关，吸引人的外观设计也是客户购买的主要原因之一。

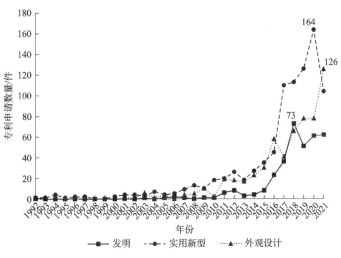

图 6.1.2　台州市智能马桶产业各类型专利申请趋势

6.1.2　技术热点分析

　　表 6.1.1 和表 6.1.2 分别为台州市智能马桶产业发明专利和实用新型专利数量排名前 10 的 IPC 含义及其专利数量。从表 6.1.1 和表 6.1.2 中可看出，台州市智能马桶产业发明和实用新型专利主要集中在 E03D（冲水厕所或带有冲洗设备的小便池；其冲洗阀门）的下位点组，其中 E03D9（厕所用的卫生设备或其他附件）的数量最多，在这一技术领域上有 83 件发明，228 件实用新型。在发明专利和实用新型专利前 10 分类号中，也有 A47K13（各种便器用的座或盖）、A47K11（无冲洗的便器）、A47K10（智能马桶的烘干装置）。这些 A47K（未列入其他类目的卫生设备；盥洗室辅助用具）的下位点组分类号。此外，发明专利中，G01N33（智能马桶的健康检测）、G01M99（智能马桶的检测装置、测试）、G01N21（利用光学手段，即利用亚毫米波、红外光、可见光或紫外光来测试或分析材料）与健康检测相关的技术也有一定的研究比例。同时台州市智能马桶产业专利的 IPC 技术热点包括了智能马桶的零部件、一体化智能马桶以及相关的配套装置，这说明台州市智能马桶产业链已初步形成。

表 6.1.1　台州市智能马桶产业发明专利申请量排名前 10 的 IPC 及专利数量

IPC 主分类号（大组）	IPC 主分类号（大组）含义	专利数量/件
E03D9	厕所用的卫生设备或其他附件	83
E03D11	冲水厕所的其他组成部件	47
A47K13	各种便器用的座或盖	42
E03D5	冲洗设备的特殊构造	22
G01N33	智能马桶的健康检测	11
G01M99	智能马桶的检测装置、测试	11
E03D1	带水箱的冲洗设备	10
A47K11	无冲洗的便器	9
G01N21	利用光学手段，即利用亚毫米波、红外光、可见光或紫外光来测试或分析材料	6
A47K10	智能马桶的烘干装置	5

表 6.1.2　台州市智能马桶产业实用新型专利申请量排名前 10 的 IPC 及专利数量

IPC 主分类号（大组）	IPC 主分类号（大组）含义	专利数量/件
E03D9	厕所用的卫生设备或其他附件	228
A47K13	各种便器用的座或盖	179
E03D11	冲水厕所的其他组成部件	93
E03D5	冲洗设备的特殊构造	62
A47K11	无冲洗的便器	61
E03D1	带水箱的冲洗设备	53
F16K11	多通阀，如混合阀；装有这种阀的管件；阀和专门适用于混合流体的流送管配置	10
E03D3	由给水系统的压力操纵的冲洗设备	9
E03C1	干净水或废水的户内卫生管道装置；水槽	9
A47K10	智能马桶的烘干装置	8

6.1.3　创新主体分析

图 6.1.3 为台州市智能马桶产业创新主体数量与专利申请量分布。台州

市智能马桶产业创新主体数量为 416 个，其中椒江区的创新主体数量与专利数量均远大于其他地区。作为台州市乃至中国智能马桶的发源地，椒江区无疑具有独特的地位。椒江区智能马桶产业以行业领跑者姿态，牵头做"团体标准"，逐步发展成为我国起步最早、产量最大、企业最多、配套较全的智能马桶产业集聚区。椒江区内有浙江怡和卫浴有限公司、浙江星星便洁宝有限公司、台州艺马卫浴有限公司、浙江特洁尔智能洁具有限公司等代表性企业。2018 年，台州市又在椒江区建设智能马桶小镇，使得产业更为集中，促进智能马桶产业提升。路桥区也有西马智能科技股份有限公司、浙江杜马卫浴股份有限公司、欧路莎股份有限公司等企业引领发展，黄岩区内的台州黄岩拱升塑业有限公司、西唯科技（浙江）有限公司等创新实力也较强。

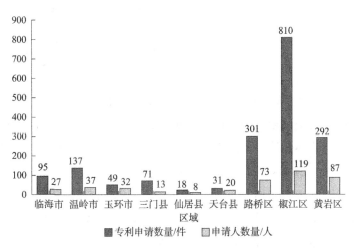

图 6.1.3　台州市智能马桶产业申请人数量与专利申请量分布

　　由图 6.1.4 和表 6.1.3 可以看出，台州市智能马桶产业中，企业的专利申请量为 1304 件，占比达到 70.72%，企业申请人数量为 165 家；其次是个人申请，专利申请量为 486 件，占比为 26.36%，申请人数量为 240 人。需要说明的是，因专利存在不同类型申请人合作申请的情况，此情况下专利申请数求和时可能有重复计算。机关团体、大专院校和科研单位数量与专利数量均较少。可见台州市智能马桶创新主力军在企业，个人申请专利的积极性也较高，而大专院校、机关团体、科研单位较少。

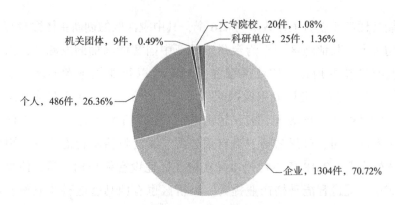

图 6.1.4 台州市智能马桶产业专利申请量主要申请人类型

表 6.1.3 台州市智能马桶产业专利申请人类型及数量 单位：人

申请人类型	企业申请人	个人申请人	机关团体申请人	大专院校申请人	科研单位申请人	申请人总数
申请人数量	165	240	4	4	3	416

结合表 6.1.4，从台州市智能马桶产业专利前 10 企业创新集中度情况来看，台州市智能马桶产业中所有企业专利申请量为 1303 件，其中前 10 企业专利申请量为 691 件，占比为 53.03%；发明人方面，前 10 企业发明人数占所有企业的 48.84%。这说明，台州市智能马桶产业已经形成创新能力较强龙头企业，其研发团队的实力也较为强劲，如西马智能科技股份有限公司、浙江怡和卫浴有限公司等，这些企业可以充分发挥龙头企业的引领作用，带动台州市智能马桶产业的整体发展。

表 6.1.4 台州市智能马桶产业专利前 10 企业创新集中度

重点产业	前 10 企业专利申请量/件	所有企业专利申请量/件	前 10 企业专利申请量占比/%	前 10 企业的发明人数量	所有企业的发明人数量	前 10 企业发明人数量占比/%
智能马桶	691	1303	53.03	190	389	48.84

6.1.4 重点企业专利布局

根据 6.1.3 节中的分析，选取台州市智能马桶产业专利申请量排名前

10 的企业作为重点企业进行分析。表 6.1.5 为台州市智能马桶产业排名前
10 企业创新主体专利申请情况，主要从专利申请量、近 5 年申请量、活跃
度、发明人数等角度来反映前 10 企业的专利总量、近年来的创新活跃度和
研发团队实力。从表 6.1.5 中可以看出，西马智能科技股份有限公司和浙江
怡和卫浴有限公司的专利申请量远高于其他企业，并且活跃度从数值上看
也都在 50% 以上，近 5 年专利申请量领先其他企业。发明人数方面，西马
智能科技股份有限公司却并不多。从近 5 年活跃度来看，台州艺马卫浴有限
公司、西唯科技（浙江）有限公司的活跃度达到了 90% 以上，这两家企业
进入智能马桶领域较晚；浙江澳帝智能洁具有限公司、浙江维卫电子洁具
有限公司、浙江杜马卫浴股份有限公司则有半数以上专利为近 5 年申请，活
跃度也较高；而浙江万洁智能卫浴有限公司的活跃度则较低，应当提升研
发积极性，及时布局专利保护自身发明创造。发明人数方面，浙江怡和卫
浴有限公司的发明人数量最多，为 72 个，浙江星星便洁宝有限公司也有 53
个发明人，其他企业发明人数量较少，6 家企业都在 10 人以下，这部分企
业可根据自身情况适当进行人才引进，壮大研发团队，进一步提升创新
实力。

表 6.1.5　台州市智能马桶行业排名前 10 企业创新主体专利申请情况

排名	申请人	区域	专利申请量/件	近 5 年专利申请量/件	活跃度/%	发明人数/人
1	西马智能科技股份有限公司	路桥区	164	97	59.15	25
2	浙江怡和卫浴有限公司	椒江区	147	89	60.54	72
3	浙江星星便洁宝有限公司	椒江区	73	28	38.36	53
4	特洁尔科技股份有限公司	椒江区	67	32	47.76	21
5	台州艺马卫浴有限公司	椒江区	66	65	98.48	5
6	西唯科技（浙江）有限公司	黄岩区	50	47	94.00	3
7	浙江澳帝智能洁具有限公司	椒江区	33	18	54.55	2
8	浙江维卫电子洁具有限公司	三门县	31	16	51.61	2
9	浙江万洁智能卫浴有限公司	椒江区	30	3	10.00	2
10	浙江杜马卫浴股份有限公司	路桥区	30	17	56.67	5

表 6.1.6 为台州市智能马桶产业排名前 10 企业技术布局情况（括号内为该分类号对应的专利数量）。从表 6.1.6 中可以看出，台州市智能马桶产业的重点企业大部分都集中于 E03D（冲水厕所或带有冲洗设备的小便池；其冲洗阀门）的下位点组，其中又以 E03D9（厕所用的卫生设备或其他附件）为主。其次是 A47K13（各种便器用的座或盖），其中以西马智能科技、怡和卫浴、艺马卫浴等企业研究较多，其中艺马卫浴相比于其他企业，在 A47K13（各种便器用的座或盖）方面的布局超过了 E03D9（厕所用的卫生设备或其他附件）。杜马卫浴则是以 E03D11（冲水厕所的其他组成部件）方面的研究为主。

表 6.1.6　台州市智能马桶行业排名前 10 企业创新主体技术布局主 IPC 情况

排名	西马智能科技	怡和卫浴	星星便洁宝	特洁尔科技	艺马卫浴	西唯科技	澳帝智能洁具	维卫电子洁具	万洁智能卫浴	杜马卫浴
1	E03D9 (32)	E03D9 (52)	E03D9 (19)	E03D9 (21)	A47K13 (16)	E03D9 (11)	E03D9 (7)	E03D9 (4)	E03D9 (5)	E03D11 (15)
2	A47K13 (24)	E03D11 (13)	E03D5 (11)	E03D11 (7)	E03D9 (12)	E03D11 (9)	A47K13 (3)	F16K17 (4)	E03D1 (4)	E03D5 (4)
3	E03D11 (5)	A47K13 (13)	E03D11 (6)	A47K13 (5)	B65B35 (5)	A47K13 (6)	F16K11 (1)	G01L7 (2)	A47K13 (4)	E03D9 (3)
4	G01R27 (3)	E03D5 (8)	E03D1 (4)	E03D5 (3)	E03D1 (4)	E03D5 (2)	E03D5 (1)	E03D5 (2)	E03D5 (3)	A47K13 (3)
5	E03D1 (3)	E03D1 (5)	C02F1 (3)	E03D3 (2)	H01L23 (1)	E03D3 (2)	E03D3 (1)	E03D11 (2)	F24H1 (1)	G01V11 (1)
6	F24H9 (2)	B01D29 (4)	E03D3 (2)	B05B7 (2)	G01M99 (1)	E03D1 (2)	E03D1 (1)	H01H89 (1)	F16K17 (1)	E03D1 (1)
7	F24H1 (2)	A47K10 (4)	A47K13 (2)	A47K7 (1)	E03D5 (1)	H01H13 (1)		G01F1 (1)	F16K11 (1)	
8	A61B5 (2)	H01L23 (2)	H01H19 (1)	H02J7 (1)	B65G13 (1)	G01M99 (1)		F16H1 (1)		
9	A47K10 (2)	B01D35 (2)	F24H9 (1)	H01H9 (1)		F16L43 (1)		F04D13 (1)		

续表

排名	西马智能科技	怡和卫浴	星星便洁宝	特洁尔科技	艺马卫浴	西唯科技	澳帝智能洁具	维卫电子洁具	万洁智能卫浴	杜马卫浴
10	H05K7 (1)	H05K7 (1)	F16L21 (1)	F24H1 (1)	—	F16K11 (1)	—	E03D1 (1)	—	—

注：表中括号外数字字母组合为 IPC 分类号，括号内数字为对应的专利数量（单位为件）。

6.1.5　协同创新与专利运营

6.1.5.1　协同创新分析

台州市是国内智能马桶的诞生地，历经 20 余年的发展，现已成为我国规模最大的智能马桶产业集聚区。但对标国际先进产业、企业，台州市智能马桶产业仍存在企业规模较小、产品质量参差不齐、研发创新能力不足等多方面问题。如何促进台州市智能马桶产业优化升级，攻克产业内技术难题，成为当下台州市智能马桶产业发展面临的新挑战。台州市智能马桶产业要破解困境，实现产业链的全面转型升级，获得更大发展，最为关键的路径就是要促成产业内相关企业互相抱团，同时积极与当地高校和科研单位进行产学研深度融合，构建完善的协同创新生态系统。因此，本部分从专利视角深入剖析台州市智能马桶产业协同创新现状，为台州市智能马桶产业实现高质量发展提供相应建议。

在台州市智能马桶产业专利数据中，以台州市内的申请人作为第一申请人的合作申请专利共计 37 件，占台州市智能马桶产业专利总量的1.92%，与其他重点产业相比，合作申请专利占比较低。在合作申请专利中，共包含 46 个创新主体，其中个人 30 人，企业 10 家，大专院校 3 所，科研单位 3 家。为进一步分析不同类型创新主体之间的合作模式，本书进一步统计了不同合作模式下的专利申请数量，如图 6.1.5 所示。由图 6.1.5 可知，个人合作申请专利数量为 12 件，占全部合作申请专利总量的 32.43%；其次是个人和院校之间的合作申请，共计 11 件，占比为 29.73%；企业合作、科企合作等较少。这说明，在台州市智能马桶产业中，目前还未形成完善的协同创新系统。因此，在台州市智能马桶产业未来发展过程中，相关企业要提升自身的协同创新能力，要加强企业之间、企业和高校及科研单位之间的合作强度,通过外部"输血"的方式,弥补企业自身技术创新过程中的薄弱环节,借助外部力量加速企业转型升级。

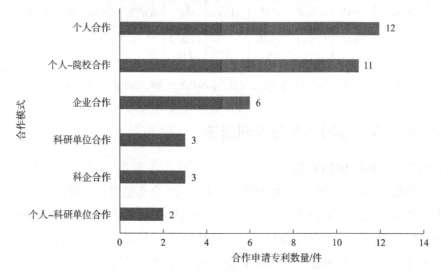

图 6.1.5　台州市智能马桶产业不同合作模式下合作申请专利数量

台州市智能马桶产业的协同创新专利申请量较少。本书选取智能马桶产业全部的协同创新申请专利,绘制了如图 6.1.6 所示的创新主体协同创新"广度—深度"二维矩阵图。由图 6.1.6 可知,合作广度和深度最高的创新主体为台州学院,但是经进一步分析可知,与台州学院进行合作申请的创新主体均为个人,且全部为台州学院的教职工。其次是台州市质量技术监督检测研究院,其主要的合作对象为苏州韦智昱机电设备有限公司。另外,台州市智能马桶产业中,大部分创新主体的合作广度均较低,合作深度与其他产业相比也具有一定差距,故台州市智能马桶产业需要进一步深化产学研协同创新,促进产业更好地转型升级。

为进一步从微观角度分析企业之间、企业与大专院校和科研单位的合作关系,本书统计了专利合作申请数量排名前五的第一申请人(企业类、大专院校类和科研单位类)与其他创新主体之间的合作关系,结果如表 6.1.7 所示。合作专利申请量排名第一的创新主体为台州市质量技术监督检测研究院,其合作申请专利共计 4 件,其中与企业合作申请专利 2 件,与个人合作申请 2 件,与其合作申请的专利主要涉及的技术领域为智能马桶耐久性测试方法和系统;合作专利申请量排名第二的创新主体为水立方控股集团有限公司，其主要合作对象为浙江水立方智能科技股份有限公司，共合作申请 3 件外观设计专利，合作模式为企业内部合作；合作专利申请量排名第三的为浙江大学台州研究院，其主要合作对象为台州市产品质量安全检测研究院，两者共合作申请 3 件专利，合作创新涉及的技术领域为智能马桶电磁阀耐久性测试系统。

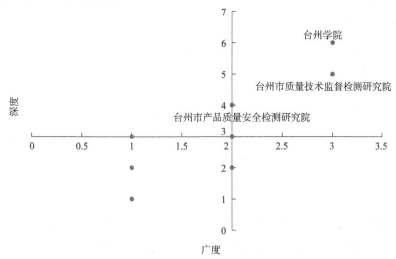

图 6.1.6 台州市智能马桶产业创新主体协同创新"广度—深度"二维矩阵图

表 6.1.7 台州市智能马桶产业主要创新主体协同创新专利申请情况

序号	创新主体名称	合作专利申请总量/件	主要合作对象	合作对象区域	合作专利申请量/件	合作模式	合作创新技术领域
1	台州市质量技术监督检测研究院	4	苏州韦智昱机电设备有限公司	苏州市	2	科企合作	智能马桶耐久性测试系统
			詹白勺	台州市	2	个人-科研单位合作	智能马桶耐久性测试方法和系统
2	水立方控股集团有限公司	3	浙江水立方智能科技股份有限公司	台州市	3	企业内部合作	智能马桶（外观设计）

序号	创新主体名称	合作专利申请总量/件	主要合作对象	合作对象区域	合作专利申请量/件	合作模式	合作创新技术领域
3	浙江大学台州研究院	3	台州市产品质量安全检测研究院	台州市	3	科科合作	智能马桶电磁阀耐久性测试系统
4	浙江舒洁智能科技有限公司	1	深圳市俪田智能科技有限公司	深圳市	1	企业外部合作	智能马桶（外观设计）
5	台州艺马卫浴有限公司	1	浙江杜马卫浴股份有限公司	台州市	1	企业外部合作	智能马桶感应开关

注：由于一个创新主体会与多个创新主体进行合作，故在统计过程中合作专利申请量会进行重复计数。

总体来看，在台州市智能马桶产业中，目前并未形成完整的协同创新体系，仅有的合作申请专利涉及的技术领域为智能马桶的检测方法和系统，与智能马桶相关的主要零部件领域的合作创新较少。因此，在未来产业发展当中，政府要制定相应政策，在政府主导下，建立完整的智能马桶产业的协同创新生态系统，加强产学研深度融合，促进台州市智能马桶产业的持续发展。

6.1.5.2 专利运营分析

（1）专利转让。

在台州市智能马桶产业专利数据中，共有 87 件专利发生转让，共涉及 65 个创新主体，包括 30 家企业类转让人，2 所大专院校类转让人，2 所科研单位类转让人和 31 个个人类转让人。为从微观视角探究不同创新主体之间的转让关系，本部分统计了台州市智能马桶产业专利转让数量排名前 10 位的主要创新主体及其转让关系，如表 6.1.8 所示。

表6.1.8 台州市智能马桶产业前10位转让人专利转让情况

序号	转让人	转让专利总量/件	主要受让人	受让专利数量/件	转让模式	技术领域
1	浙江熙奈卫浴电器有限公司	9	浙江维卫电子洁具有限公司	9	外部转让	智能马桶外观设计
2	欧路莎智能卫浴有限公司	7	欧路莎股份有限公司	7	内部转让	智能马桶外观设计
3	李渊	4	玉环未涞流体科技有限公司	4	内部转让	智能马桶水处理装置
4	陈雪琴	4	浙江喜尔康智能家居股份有限公司	2	外部转让	杀菌、隔离式智能马桶
			广东法比亚智能科技有限公司	1	外部转让	过热保护智能马桶
			广东美智智能科技有限公司	1	外部转让	过热保护智能马桶
5	何宗龙	3	徐州锋通信息科技有限公司	1	外部转让	碎纸抽水马桶
			晋中腾龙环卫设备制造有限公司	1	外部转让	智能马桶节水系统
			玉环墨痕机电科技有限公司	1	外部转让	碎纸抽水马桶
6	台州市路桥区马赛卫浴有限公司	3	佛山市旅行青蛙科技有限公司	1	外部转让	智能马桶盖
7	台州市产品质量安全检测研究院	2	浙江大学台州研究院	2	外部转让	智能马桶加热器或烘干器检测系统
8	台州科技职业学院	2	台州埃科法模塑科技有限公司	2	外部转让	智能马桶盖
9	杭州优固光电有限公司	2	台州市黄岩恒多模业有限公司	2	外部转让	消毒、杀菌型马桶

续表

序号	转让人	转让专利总量/件	主要受让人	受让专利数量/件	转让模式	技术领域
10	邱诗俊	2	台州尚瑞特进出口有限公司	1	外部转让	基于 RFID 技术的智能马桶
			西马智能科技股份有限公司	1	外部转让	基于 RFID 技术的智能马桶

由表 6.1.8 可知，转让专利数量排名第一的转让人为浙江熙奈卫浴电器有限公司，转让专利数量为 9 件，受让人为浙江维卫电子洁具有限公司，转让模式为外部转让，转让专利主要涉及与智能马桶相关的外观设计；转让专利数量排名第二的转让人为欧路莎智能卫浴有限公司，其主要将专利转让给总公司欧路莎股份有限公司，转让专利主要涉及与智能马桶相关的外观设计；转让专利数量排名第三的转让人为李渊，其主要的受让人为玉环未涞流体科技有限公司，经分析发现李渊为受让人企业的工程师，在申请专利时李渊既是发明人也是申请人，转让专利涉及的技术领域为智能马桶水处理装置。

整体而言，与其他重点产业相比，智能马桶产业的专利转让数量较少，大部分专利转让为个人与企业之间的外部转让或企业之间的外部转让，转让专利涉及的技术领域主要为智能马桶相关的零部件和智能马桶外观设计等。究其原因，台州市智能马桶产业的技术创新层次较低，大部分企业为中小微企业，其专利转让数量相较于其他重点产业而言较少。

(2) 专利许可。

如表 6.1.9 所示，台州市智能马桶产业许可专利共计 13 件，涉及 5 个创新主体，包括 3 个个人类许可人和 2 家企业类许可人。与其他重点产业相比，台州市智能马桶产业的专利许可数量较少，许可专利涉及的技术领域主要为智能马桶相关的零部件和外观设计，转让模式均为内部转让。究其原因，虽然台州市智能马桶产业已经形成了一定规模，但是其技术创新水平较低，较少有企业掌握核心技术，同时由于台州市智能马桶产业相关的企业与外部企业合作较少，故其专利的许可数量较少。

表 6.1.9　高端模具产业前五位许可人专利许可情况

序号	许可人	专利许可总量/件	被许可人	许可专利数量/件	许可模式	技术领域
1	金建国	5	浙江维卫电子洁具有限公司	5	内部许可	智能马桶零部件
2	许海虹	4	浙江特洁尔智能洁具有限公司	4	内部许可	智能马桶相关外观设计
3	黄明	2	台州金猪贸易有限公司	2	内部许可	儿童坐便器
4	台州尚瑞特进出口有限公司	1	浙江尚瑞特科技股份有限公司	1	内部许可	智能马桶清洁装置
5	台州蓝鲸清洗机械股份有限公司	1	台州蓝鲸清洗机械股份有限公司	1	内部许可	马桶刷

（3）专利质押。

台州市智能马桶产业的质押专利数量为 66 件，涉及 15 个出质人，其中企业类出质人共计 14 家，个人类出质人 1 个。如表 6.1.10 所示，排名第一的出质人为浙江星星便洁宝有限公司，共质押 30 件与智能马桶零部件相关的专利，其质押专利占台州市智能马桶产业质押专利总量的 45.45%。质押专利数量排名第二的企业为菲时特集团股份有限公司，共质押 5 件专利，质押专利涉及的技术领域为智能马桶管件。总体来看，台州市智能马桶产业质押专利中，涉及较多的技术领域为智能马桶相关的零部件以及控制系统等，质押专利较多的地区为椒江区。

表 6.1.10　台州市智能马桶产业专利前 10 位出质人

序号	专利权人	区域	质押专利量/件	主要技术领域
1	浙江星星便洁宝有限公司	椒江区	30	智能马桶相关零部件
2	菲时特集团股份有限公司	玉环市	5	智能马桶管件
3	浙江维卫电子洁具有限公司	椒江区	4	智能马桶烘干装置及零部件
4	三门康创电子科技有限公司	三门县	2	智能马桶调温系统

续表

序号	专利权人	区域	质押专利量/件	主要技术领域
5	台州市卫卓智能科技有限公司	椒江区	2	马桶烘干装置
6	浙江澳帝智能洁具有限公司	椒江区	2	智能马桶（外观设计）
7	李云迪	黄岩区	1	多功能儿童坐便器
8	浙江东景工贸集团有限公司	仙居县	1	自启动式马桶盖
9	浙江摩尔舒智能卫浴有限公司	椒江区	1	可调马桶坐垫
10	浙江神英科技股份有限公司	路桥区	1	移动式智能马桶

综上，在协同创新方面，台州市智能马桶产业目前并未形成完整的协同创新体系，仅有的合作申请专利涉及的技术领域为智能马桶的检测方法和系统，与智能马桶相关的主要零部件领域的合作创新较少。在专利运营方面，台州市智能马桶产业的专利转让、专利许可以及专利质押数量与其他产业相比数量较少。因此在未来发展当中，台州市智能马桶产业要加强产学研合作，构建产学研深度融合创新体系，进一步提升产业的核心竞争力，促进产业高质量发展。

6.2　台州市智能马桶产业商标分析

截至检索日，台州市智能马桶产业注册商标总计3074件。以此数据为研究基础，本部分将从商标类型、商标申请趋势、智能马桶产业主要商品、商标申请区域、商标运营以及台州市智能马桶产业重点企业商标布局等角度，对台州市智能马桶产业商标注册现状进行分析。

6.2.1　商标类型

截至检索日，台州市智能马桶产业共有商标3074件，其中集体商标2件，均由台州市智能马桶行业协会申请，分别为文字商标"台州市智能马桶行业协会 TAIZHOU INTELLIGENT TOILET INDUSTRY ASSOCIATION"和

图形商标 ""。

在商标形态方面，文字商标依然是主要形态，总计 2813 件，占总比 91%，如图 6.2.1 所示。图形商标为 231 件，文字图形组合商标为 30 件。

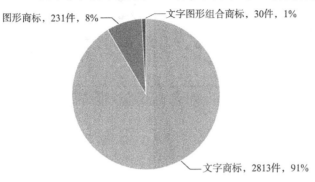

图 6.2.1　台州市智能马桶产业商标形态数据

不同申请主体对于商标形态的选择倾向也有所不同，如表 6.2.1 所示。文字商标和图形商标的个人申请量均高于法人申请量，具体到人均申请量，在文字商标的申请上，法人作为申请主体的人均申请量远高丁个人作为申请主体的人均申请量。而这种差异在图形商标上表现的并不明显。

表 6.2.1　台州市智能马桶产业注册商标及申请人数据

商标类型	个人申请人/人（商标数/件）	法人申请人/人（商标数/件）
文字商标	875（1756）	295（1057）
图形商标	82（119）	73（112）
文字图形组合商标	12（15）	13（15）

6.2.2　商标申请趋势

截至检索日，台州市智能马桶产业注册商标申请总量 3074 件，从趋势上看，台州市智能马桶产业注册商标申请大致分为三个阶段，如图 6.2.2 所示。

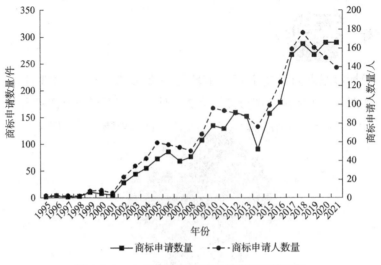

图 6.2.2　台州市智能马桶产业商标申请趋势

（1）发展初期（1994—2001 年）。台州市智能马桶产业的第一件商标诞生于 1994 年 11 月，是由浙江江市东海卫生设备配件厂申请注册的文字商标 "TIAN TIAN"。截至 2001 年，台州市智能马桶产业的商标年申请量均在 15 件以下，其中 1999 年商标申请 13 件，为此期间商标申请注册最多的年份。此外，商标申请人数量与商标申请数量大致相同。智能马桶企业开展商标注册活动主要以企业产品名称或企业名称为主，如浙江星星便洁宝有限公司的注册商标 "便洁宝"。值得一提的是，在此期间，部分智能马桶企业在品牌保护方面已经开展了商标布局，如欧路莎股份有限公司申请注册的 "华王""画王""豪王""HAOWANG" 系列商标。

（2）缓慢发展期（2002—2014 年）。2003 年，中国第一台一体化智能马桶（便洁宝）推出。2007 年，西马智能正式推出中国第一代无水箱智能马桶。随着国民经济增长，大众对生活品质的需求逐步提升，智能马桶产业作为新兴产业逐渐进入大众视野，大量企业开始进入该产业。此期间的商标申请人数量也呈现明显增加趋势，而原先停留在传统卫浴设备生产制造的企业也开始逐步转型升级。在此期间，台州市智能马桶产业商标申请量开始缓慢增加，2009 年，台州市智能马桶产业注册商标申请量突破 100 件。2013 年，台州市智能马桶产业注册商标申请量达 153 件，较 2009 年增长 41.67%。

（3）快速发展期（2015 年—2021 年）。2015 年，经济学家吴晓波的《吴晓波：去日本买只马桶盖》一文，一时间引爆舆论热点。文章中写道："陷入困境的制造业者，与其求助于外，到陌生的战场上乱碰运气，倒不如自求突破，在熟悉的本业里，咬碎牙根，力求技术上的锐度创新，由量的扩展到质的突围，正是中国制造的最后一公里。"❶ 一时间，一石激起千层浪，智能马桶产业头部企业纷纷站出来力挺国产智能马桶。文章的火爆使马桶盖成为现象级论题，并且直接推进了中国智能马桶行业产品的历史进程。从图 6.2.2 可以看到，在此期间，截至 2018 年，台州市智能马桶产业不论是商标申请量还是商标申请人数量较前期都有了明显的增长。

在此期间，对于台州市智能马桶产业而言，一方面，2017 年椒江区智能马桶小镇进入规划，多家智能马桶知名品牌入驻智能马桶小镇，截至 2021 年底智能马桶小镇累计完成固定资产投资 35.08 亿元，产业项目基本成型。其中万洁卫浴、摩尔舒卫浴项目已竣工，部分投产；百利塑模项目主体结顶进入外立面施工；智马孵化园、衣拿智能科技项目已开工建设，佰德卫浴、瑞达机械也已落地。另一方面，台州市对打造智能马桶品牌有相关政策的支持，例如 2018 年 1 月台州市人民政府颁布的《台州市智能马桶产业专项扶持政策（试行）》，2020 年 8 月台州市智能马桶产业协会拟定的《智能坐便器》标准等。

6.2.3　产业主要产品商标

以企业在进行商标注册过程中所主动勾选的"商品服务"著录项为检索关键词，截至检索日，台州市智能马桶产业商标注册主要产品总计 92 种，排名前 10 的主要产品依次为地漏、抽水马桶、浴室装置、龙头、淋浴器、盥洗盆（卫生设备部件）、管道（卫生设备部件）、灯、沐浴用设备、卫生器械和设备，如图 6.2.3 所示。

❶ 吴晓波. 吴晓波：去日本买只马桶盖［EB/OL］.（2015-01-25）［2023-03-11］. https://mp. weixin. qq. com/s/8XEgcxC6mkAmcBoUvz8Tsw.

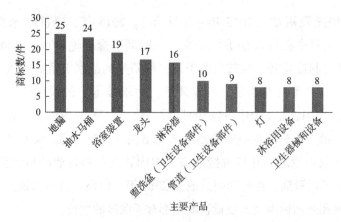

图 6.2.3　台州市智能马桶产业主要产品前 10

6.2.4　商标申请区域

在区域分布方面，台州市智能马桶产业商标申请总量排名前 5 的区域分别为路桥区、椒江区、玉环市、温岭市和黄岩区，如图 6.2.4 所示。由于西马智能、欧路莎、欧麦莎、博欧卫浴等台州市智能马桶知名企业均在路桥区，路桥区的商标申请量明显高于台州市其他区域。

2017 年，台州市人民政府印发的《台州市智能马桶产业专项扶持政策（试行）》，提出加快智能马桶小镇建设，鼓励企业向智能马桶小镇集聚。❶政策的落地促进了智能马桶企业向椒江区聚集，这在图 6.2.4 中也有所体现。

在排名前 5 的区域中，个人申请人商标申请量明显高于法人申请人商标申请量，如图 6.2.5 所示。除黄岩区和仙居县之外，其余区域的个人申请人商标人均申请量均低于法人申请人商标人均申请量，如表 6.2.2 所示。

---

❶　台州市人民政府办公室. 台州市人民政府办公室关于印发《台州市智能马桶产业专项扶持政策（试行）》的通知［EB/OL］.（2018-01-25）［2023-03-11］. http://www.zjtz. gov.cn/art/2018/1/25/art_1229564401_1107047.html.

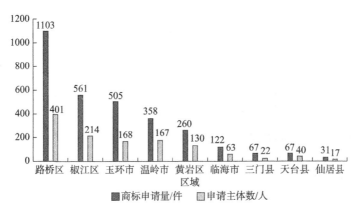

图 6.2.4　台州市智能马桶产业各区域商标申请情况

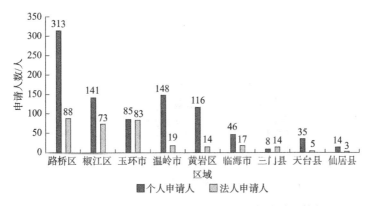

图 6.2.5　台州市智能马桶产业各区域商标申请主体数

表 6.2.2　台州市智能马桶产业商标申请主体人均注册商标申请量

序号	区域	申请主体数/人	个人申请人数/人（商标申请量/件）	个人申请人人均申请量/件	法人申请人数/人（商标申请量/件）	法人申请人人均申请量/件
1	路桥区	401	313（768）	2.45	88（335）	3.81
2	椒江区	214	141（282）	2.00	73（279）	3.82
3	玉环市	168	85（159）	1.87	83（346）	4.17
4	温岭市	167	148（290）	1.96	19（68）	3.58
5	黄岩区	130	116（233）	2.01	14（27）	1.93
6	临海市	63	46（69）	1.50	17（53）	3.12
7	三门县	22	8（12）	1.50	14（55）	3.93
8	天台县	40	35（49）	1.40	5（18）	3.60

序号	区域	申请主体数/人	个人申请人数/人（商标申请量/件）	个人申请人人均申请量/件	法人申请人数/人（商标申请量/件）	法人申请人人均申请量/件
9	仙居县	17	14（28）	2.00	3（3）	1.00

注：人均商标申请量=商标申请数/对应商标申请人数。

6.2.5 商标运营

按运营数据大小，台州市智能马桶产业商标运营方式依次为商标转让、商标质押和商标许可，如图6.2.6所示。

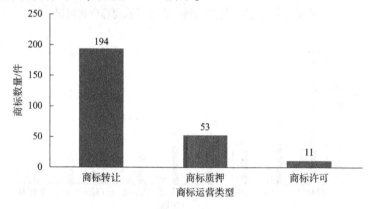

图6.2.6 台州市智能马桶产业商标运营数据

在商标转让模式上，如表6.2.3所示，具体表现为以下三种模式：①企业注销后的商标转让，如台州市路桥蒙妮莎水暖洁具厂向台州市悍鲸厨卫有限公司转让旗下商标12件；②母公司与旗下子公司之间的商标转让，如星星集团有限公司向浙江星星便洁宝有限公司转让商标9件；③关联企业之间的商标转让，如台州市欧麦莎卫浴科技有限公司向其关联企业浙江嚞道海随卫浴科技有限公司转让商标12件。

表6.2.3 台州市智能马桶产业商标转让人前10

序号	转让人	受让人	转让数/件	关系
1	台州市路桥蒙妮莎水暖洁具厂	台州市悍鲸厨卫有限公司	12	外部转让
2	台州市欧麦莎卫浴科技有限公司	浙江嚞道海随卫浴科技有限公司	12	内部转让

续表

序号	转让人	受让人	转让数/件	关系
3	台州苏尔达水暖有限公司	浙江苏尔达洁具有限公司	9	内部转让
4	星星集团有限公司	浙江星星便洁宝有限公司	9	内部转让
5	浙江博欧卫浴科技有限公司	浙江博欧卫浴有限公司	7	内部转让
6	陈金素	张崇明	6	外部转让
7	台州奥普电器有限公司	台州市卫马智能科技有限公司	5	外部转让
8	台州市路桥本杰钢管厂（普通合伙）	台州市标玛特卫浴科技有限公司	4	内部转让
		台州市硕匠卫浴有限公司	1	外部转让
9	台州市路桥恒洋卫生洁具厂（普通合伙）	台州市欧麦莎卫浴科技有限公司	5	内部转让
10	台州市特诺卫浴有限公司	浙江歌菲卫浴有限公司	5	内部转让
11	天台县洪氏安全玻璃有限公司	浙江蓝梦智能卫浴股份有限公司	5	内部转让

在商标许可模式上，如表6.2.4所示，具体表现为：①母公司许可旗下控股或者持股企业使用商标，如浙江伟星新型建材股份有限公司将其旗下商标许可给其持股子公司浙江伟星光学有限公司；②作为法定代表人的商标许可，如黄丹红将其名下商标"马格里摩恩"许可给其担任法定代表人的企业上海粟莘实业有限公司；③企业与其股东之间的商标许可，如黄优春将其名下商标"金龙欧浴"许可给其作为最终受益人（实际收益人）的企业台州金龙大丰水暖股份有限公司使用。

表6.2.4　台州市智能马桶产业商标许可情况

序号	许可人	被许可人	许可次数/次	关系
1	陈仙玉	泉州景辉厨卫有限公司	1	外部许可
2	黄丹红	上海粟莘实业有限公司	1	内部许可
3	黄丹红	余姚市柯宁洁具厂	1	外部许可
4	黄优春	台州金龙大丰水暖股份有限公司	2	内部许可
5	苏泊尔集团有限公司	浙江苏泊尔股份有限公司	2	内部许可

序号	许可人	被许可人	许可次数/次	关系
6	台州市路桥索菲娅卫浴厂	江门市索菲娅卫浴股份有限公司	1	内部许可
7	王登富	王和军	1	外部许可
8	浙江伟星新型建材股份有限公司	浙江伟星光学有限公司	2	内部许可

在商标质押部分，如表 6.2.5 所示，在排名前 10 的出质人中，小微企业仍占据大多数，技术创新较好的企业对于品牌建设起到了一定的促进作用。

表 6.2.5　台州市智能马桶产业商标质押出质人前 10

序号	出质人	质押次数/次	备注
1	西马智能科技股份有限公司	15	高新技术企业、企业技术中心、专精特新中小企业
2	菲时特集团	7	高新技术企业、创新型中小企业、企业技术中心、科技型中小企业
3	浙江安玛卫浴有限公司	4	科技型中小企业、小微企业
4	浙江英士利卫浴有限公司	4	小微企业
5	浙江摩尔舒卫生设备有限公司	3	高新技术企业、科技型中小企业、小微企业
6	浙江万洁智能卫浴有限公司	3	小微企业
7	欧路莎股份有限公司	2	高新技术企业、企业技术中心、创新型中小企业
8	台州市一米智能科技有限公司	2	小微企业
9	台州同洋管业股份有限公司	2	高新技术企业、创新型中小企业、科技型中小企业、小微企业
10	英麦智能家居有限公司	2	小微企业

6.2.6　重点企业商标布局

综合智能马桶类商标情况，如表 6.2.6 所示，本部分选取其中 5 家企业即西马智能、欣涯洁具、盛美洁具、星星便洁宝和鑫东洁具并以申请人为关键词对其商标进行全面检索，同时从商标类别、商标形态、商标布局等角度进行深入分析，以了解台州市智能马桶产业的商标布局思路，进而为本产业品牌战略制定及企业商标品牌保护提供参考。

表 6.2.6　台州市智能马桶企业商标申请量申请人前 10

序号	申请人名称	商标申请量/件	备注
1	罗泯杰	53	台州市路桥祥瑞洁具厂法定代表人
2	西马智能科技股份有限公司	41	高新技术企业、企业技术中心、专精特新中小企业
3	张崇明	41	台州市路桥鹰牌卫浴洁具厂法定代表人
4	台州欣涯洁具有限公司	31	科技型中小企业、企业技术中心、小微企业
5	浙江盛美洁具有限公司	31	科技型中小企业、企业技术中心、小微企业
6	浙江星星便洁宝有限公司	30	高新技术企业、企业技术中心、专精特新中小企业、创新型中小企业、小微企业
7	浙江鑫东洁具有限公司	26	高新技术企业、创新型中小企业、企业技术中心、科技型中小企业、小微企业
8	浙江嚙道海随卫浴科技有限公司	25	小微企业
9	台州市悍鲸厨卫有限公司	21	小微企业
10	王辉	20	

对上述五家重点智能马桶企业商标数据进行补充检索，得到上述五家智能马桶企业在智能马桶类商标和非智能马桶类商标申请数量对比，如图 6.2.7 所示。由图 6.2.7 可知，仅有西马智能重点布局在智能马桶类商标申请，而其他智能马桶重点企业则更倾向于在非智能马桶类商标进行布局。

在商标形态的选择上，如图 6.2.8 所示，五家重点企业的文字商标申请量均高于图形商标和文字图形组合商标的申请量。其中盛美洁具和鑫东洁具的文字图形组合商标的申请量相较于其他三家重点企业而言，占比较多。

对于企业名称的商标申请保护，西马智能、欣涯洁具、盛美洁具和星星便洁宝均对其企业名称关键词进行了商标申请及联合布局，如表 6.2.7 所示。

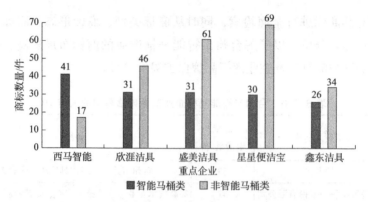

图 6.2.7　台州市智能马桶产业重点企业商标申请量

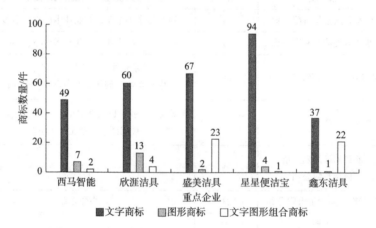

图 6.2.8　台州市智能马桶产业重点企业商标申请情况

表 6.2.7　台州市智能马桶产业重点企业联合商标布局情况

企业名称	联合商标布局
西马智能	西马、昕西马、西马保姆、西马闺蜜、西马白、西马贝壳、西马 COMA
欣涯洁具	欣涯、欣涯安得快
盛美洁具	盛美、盛时 SUN SSI
星星便洁宝	便洁宝、便洁宝 BEJOAN 11 · 19、便洁宝 BEJOAN、 B 便洁宝 BEJOAN、便洁宝；BJB

　　在尼斯分类号的选择上，如表 6.2.8 所示，五家重点企业的尼斯分类号选择模式有所不同。鑫东洁具的商标申请主要集中在商品类别上，其他四家企业选择了服务类别商标进行布局。

表 6.2.8　台州市智能马桶重点企业排名前 5 位尼斯分类号数据情况

排名	西马智能	欣涯洁具	盛美洁具	星星便洁宝	鑫东洁具
1	11（53）	11（38）	11（52）	11（35）	11（47）
2	21（3）	21（15）	35（12）	35（13）	6（13）
3	10（1）	20（12）	6（10）	40（3）	—
4	35（1）	35（11）	7（6）	11（2）	—
5	—	7（1）	10（4）	2（2）	—

注：表中括号外数字为尼斯分类号，括号内数字为对应的商标数（单位为件）。

　　企业名称与尼斯分类号的结合，构成了企业防御商标的一种重要布局模式，如表 6.2.9 所示，具体表现为：①围绕主要尼斯分类号扩充产品注册范围，如西马智能围绕第 11 类进行产品覆盖式的申请防御；②在尼斯分类号上跨类别进行防御布局，包括产品类商标和服务类商标，如欣涯洁具分别在第 11 类、第 21 类和第 35 类进行商标防御申请布局。

表 6.2.9　台州市重点智能马桶企业防御商标布局

企业名称	商标名称	防御商标布局尼斯分类号
西马智能	西马	1106；1107；1108；1109；1110；1112；
	CYMA	1107；1108；1109；1110；1101；1105；1106；1111
欣涯洁具	欣涯	11；21；20
	XINYA	11；21；20；35
盛美洁具	盛美	11；6
星星便洁宝	便洁宝	11；35

　　作为五家重点企业之一的鑫东洁具，由于其商标注册主要采用英文或字母缩写的模式，因此在联合商标布局和防御商标布局方面较难判断。从整体来看，鑫东洁具的商标注册主要集中在第 6 类和第 11 类商标，且以文字商标和文字图形组合商标为主。

6.3　小结

　　台州市的智能马桶产业近年来发展迅速，产业规模不断扩大。随着创新驱动发展战略的不断推进，台州市智能马桶制造企业不断加大研发投入，提高创新能力。2018 年对 19 家智能马桶整机制造企业开展的调查显示，研发投入达到了 6881.5 万元，比上年增长 26.3%；同时 47.4% 的被调查企业拥有自有品牌，36.8% 的企业以贴牌为主。并且，自有品牌销售额占总销售额的 48.4%，比上年提高 15.4%。2021 年，台州市智能马桶产业产销量约为 200 万台，占全国产量的 35% 以上，产值超 70 亿元。然而，台州市智能马桶产业发展仍然面临挑战，主要体现为核心研发能力不强、品牌推广不力、用户体验不足等。这些已经阻碍了台州市智能马桶产业的快速发展。

（1）从申请趋势来看，台州的智能马桶产业起步于 20 世纪 90 年代，第一件商标诞生于 1994 年 11 月，是由浙江江市东海卫生设备配件厂申请注册的文字商标 "TIAN TIAN"。然而彼时国内家庭卫生间以 "蹲坑" 为主，马桶普及率尚低，一定程度上影响了产业发展积极性，因此智能马桶产业相关专利与商标在初期的申请量也较低。2000 年以后，随着更多企业涉足智能马桶产业，商标申请量也呈正相关增长，但是这一阶段，台州智能马桶产业很多企业规模偏小，缺乏研发技术，以代工居多，因此这一阶段智能马桶相关专利增长速度也较慢。2015 年开始，台州市将智能马桶产业提升作为重大工程来抓，相继出台了《台州市智能马桶产业质量提升工作方案》《台州市智能马桶产业专项扶持政策（试行）》《台州市智能马桶产业协会团体标准》等，开始大量布局智能马桶产业。2018 年，台州市开始在椒江区建设智能马桶小镇，而且还招引了其他配套产业，专利与商标的申请量也随之快速增长，以专利尤为明显。这与企业研发积极性提升，专利技术不断迭代创新有关，也与商标的可续展性以及品牌建设的积累性有关。

（2）从产品角度来看，台州市智能马桶产业的专利与商标均涉及一体化智能马桶、智能马桶的零部件以及相关的配套装置。这说明台州市智能马桶产业链已初步形成。此外，商标数量远大于专利数量，这与智能马桶直接面向普通消费者有关，作为生活卫浴用途相关的产品，从商业角度来讲，普通消费者在面对不了解技术的产品时，对品牌有更好的信任，品牌效应也是吸引客户购买的主要原因之一。

（3）在产业区域分布方面，专利主要集中在椒江区、路桥区和黄岩区，而商标则主要集中在路桥区、椒江区和玉环市。作为台州市乃至中国智能马桶的发源地，椒江区是我国起步最早、产量最大、企业最多、配套较全的智能马桶产业集聚区。2018 年，台州市又在椒江区建设智能马桶小镇，使得产业更为集中。椒江区的创新主体数量与专利数量均远大于其他地区，然而椒江区的商标申请量却位居路桥区之后，这与路桥区民营商业比较发达，较为注重商业开发和品牌运营有关，如路桥区的西马智能、欧路莎、欧麦莎、博欧卫浴等知名企业品牌建设较好，商标申请量较多。而玉环市的企业中仅有 32 个申请人申请 49 件专利，但是却有 167 个申请人申请了 505 件商标，说明玉环市大部分申请人仅有自己的品牌，而缺少真正的核心技术，并不利于后续的发展。黄岩区在专利方面虽然与路桥区相差无几，但在商标方面却相差较大，需要进一步加强品牌建设。

（4）专利与商标运营方面，由于台州市智能马桶产业的专利与商标基数较少，因此运营的数据也较少。运营的方式中，专利和商标均以转让为主，许可数量最少，这可能受到许可并非强制登记备案的影响。专利的转让与许可均以内部转让为主。而商标方面，许可均是内部许可，转让则有一部分为外部转让，如台州市路桥蒙妮莎水暖洁具厂向台州市悍鲸厨卫有限公司转让旗下商标 12 件。近年来，台州市多种知识产权融资举措并行，为民营经济高质量发展注入了创新活力，这些举措也是智能马桶产业专利和商标质押数量较多原因。

（5）技术创新能力与品牌建设匹配度方面，从台州市智能马桶产业专利和商标的申请人类型数量对比可以反映出来。如表 6.3.1 所示，无论是申请人总数还是企业或个人数量，智能马桶产业商标的三项指标均高于专利，说明智能马桶领域的申请人更多地只申请了商标而没有进行专利的布局。这一方面反映了智能马桶产业更注重品牌建设而技术创新的力度稍显不足，台州市智能马桶领域的申请人创新能力与品牌建设匹配度较低。同时也说明，台州市智能马桶产业拥有自己核心技术的企业较少，大部分企业还处于行业追随者的位置，仅有品牌而无技术实力，较难推陈出新。

综上所述，台州市智能马桶产业经过数十年的发展，产业链基本成型，相关创新主体的技术创新能力以及品牌建设意识逐年增强，但申请人创新能力与品牌建设匹配度较低，大部分企业核心技术不足，还处于行业追随者的位置。未来，台州市智能马桶产业需要不断进行技术改造和技术创新，提升核心研发能力和品牌推广力，提供良好的用户体验，同时要通过政策扶持小微企业的发展，提升小微企业的创新能力。

表 6.3.1 台州市智能马桶产业专利、商标申请人类型数量对比 单位：人

申请人类型	企业+其他（企业）申请人	个人申请人	申请人总数	申请人类型	企业申请人	个人（个体经营户）申请人	申请人总数
专利申请人数	179（164）	240	419	商标申请人数	307	895	1202

第 7 章

台州市电子元器件产业知识产权分析

电子元器件产业是指研制和生产电子设备及各种电子元件、器件、仪器、仪表的工业。其主要由通信导航设备、雷达设备、电子计算机、电子元器件、电子仪器仪表和其他电子专用设备等生产行业组成。台州市电子元器件制造业正以较快的速度发展，形成了以电子元器件等为代表的特色产业集群，逐步成为新的经济增长亮点。本章从反映制造业知识产权主要特征的专利与商标两个视角对台州市电子元器件产业知识产权情况进行分析，深入挖掘台州市电子元器件产业专利和商标信息，以了解台州市电子元器件产业发展现状，为台州市电子元器件产业高质量发展及其专利商标科学布局提供数据支撑。

7.1 台州市电子元器件行业专利分析

截至检索日，台州市电子元器件产业专利申请总量为8812件，其中发明专利2366件，实用新型专利5321件，外观设计专利1125件。台州市电子元器件产业专利中，实用新型专利占比较高，主要是因为这些专利技术只涉及一些比较小的改进，创造性高度不符合发明专利要求；此外，由于实用新型专利审查周期较短，能更快获得授权，因此部分申请人为了快保护，也会优先选择申请实用新型专利。以下从台州市电子元器件产业的专利申请趋势、技术热点、创新主体、重点企业专利布局、协同创新与专利运营等角度进行分析，揭示台州市电子元器件产业专利申请的整体态势与现状。

7.1.1　专利申请趋势分析

如图 7.1.1 所示，自 1987 年以来，台州市电子元器件产业专利申请量总体呈现增长的态势。其大体可分为 3 个阶段：第一阶段为发展初期（1987—2005 年），第二阶段为缓慢发展期（2006—2013 年），第三阶段为快速发展期（2014—2021 年）。

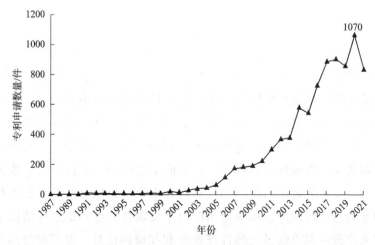

图 7.1.1　台州市电子元器件行业专利申请趋势

（1）发展初期（1987—2005 年）。台州市电子元器件产业起步于 20 世纪 80 年代初，1987 年张兴钿申请了台州第一件相关专利："单相异步电动机优化装置"。这一阶段为台州市电子元器件行业的发展期，企业参与者较少，专利申请量也较少。

（2）缓慢发展期（2006—2013 年）。2006—2013 年是台州市电子元器件产业的缓慢发展时期，浙江吉利汽车研究院有限公司、浙江肯得机电股份有限公司、浙江腾龙电器有限公司、浙江广天电力设备股份有限公司等企业逐渐发展起来。2012 年 2 月，工信部发布了《电子基础材料和关键元器件"十二五"规划》，确定了以"紧紧围绕战略性新兴产业发展需求，发展相关配套元器件及电子材料"为发展重点。这对台州市电子元器件产业的发展也起到了一定的促进作用。

（3）快速发展期（2014—2021 年）。2014 年后台州市的专利申请呈快速发展的趋势，说明台州电子元器件产业在这一时期技术发展迅猛，竞争力进一步提升。究其原因，一方面，相关政策的指引起到了很大的作用。2017 年 1 月发改委和工信部共同发布的《信息产业发展指南》提出，重点发展基础电子产业，大力发展满足高端装备、应用电子、物联网、新能源汽车、新一代信息技术需求的核心基础元器件，提升国内外市场竞争力；2021 年 10 月，为深入实施数字经济"一号工程"，促进台州市光电产业跨越式发展，打造国家级光电产业集群，台州市印发了《台州市培育发展光电产业若干政策》。另一方面，申请人的专利意识不断增强，更加注重保护自身的发明创造，专利申请量快速增长。

图 7.1.2 是台州市电子元器件产业各类型专利的申请趋势。由图 7.1.2 可知，各类型专利的申请趋势与总的申请趋势基本保持一致。台州市电子元器件产业中实用新型专利数量远高于发明专利。这一方面说明该产业核心研发能力不强，技术创新层次不高，产业总体上还处于跟随发展阶段；另一方面，部分申请人也倾向于申请能更快获得授权以保护创新的实用新型专利。

7.1.2　技术热点分析

表 7.1.1 和表 7.1.2 分别为台州市电子元器件产业发明和实用新型数量排名前 10 的 IPC 含义及其专利数量。从表 7.1.1 和表 7.1.2 可看出台州市电子元器件产业的专利技术主要集中在 H01R（导电连接；一组相互绝缘的电连接元件的结构组合；连接装置；集电器）的下位点组，其中 H01R13（H01R12/70 或 H01R24/00 至 H01R33/00 组中所包含的各种连接装置的零部件）的数量最多，共有 214 件发明，525 件实用新型；其次是 H01R43（专用于制造、组装、维护或修理线路连接器或集电器的设备或方法，或专用于连接电导体的设备或方法），有 72 件发明，100 件实用新型。此外，在

发明专利中，涉及 H01F（磁体；电感；变压器；磁性材料的选择）的技术也较多，其下位点组以 H01F27（变压器或电感器的一般零部件）和 H01F41（专用于制造或装配磁体、电感器或变压器的设备或方法；专用于制造磁性材料的设备或方法）为主；在实用新型专利中，涉及 H01H（电开关；继电器；选择器；紧急保护装置）的下位点组的专利也较多，如 H01H9（不包含在 H01H1/00 至 H01H7/00 组内的开关装置的零部件）、H01H71（包含在 H01H73/00 至 H01H83/00 各组内的保护开关或继电器的零部件）、H01H33（带有灭弧或防弧装置的高压或大电流开关）、H01H35（由物理状态的变化操作的开关）。可以看出，台州市电子元器件产业专利的技术热点包括了电子元器件的零部件、设备以及相关的方法，说明台州市电器元器件产业链已初步形成。

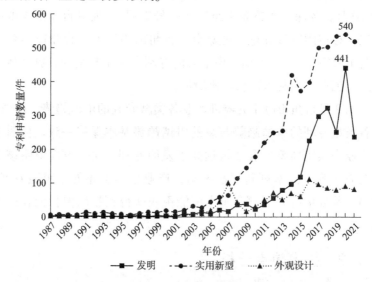

图 7.1.2　台州市电子元器件行业专利各类型申请趋势

表 7.1.1　台州市电子元器件行业发明专利数量排名前 10 的 IPC 含义及专利数量

序号	IPC 大组	IPC 大组含义	专利数量/件
1	H01R13	H01R12/70 或 H01R24/00 至 H01R33/00 组中所包含的各种连接装置的零部件	214
2	H01F27	变压器或电感器的一般零部件	102

续表

序号	IPC 大组	IPC 大组含义	专利数量/件
3	H01R43	专用于制造、组装、维护或修理线路连接器或集电器的设备或方法，或专用于连接电导体的设备或方法	72
4	B23K9	电弧焊接或电弧切割	66
5	H01F41	专用于制造或装配磁体、电感器或变压器的设备或方法；专用于制造磁性材料的设备或方法	62
6	H01H71	包含在 H01H73/00 至 H01H83/00 各组内的保护开关或继电器的零部件	52
7	H05K7	对各种不同类型电设备通用的结构零部件机壳、箱柜或拉屉入 H05K5/00	50
8	H01L21	专门适用于制造或处理半导体或固体器件或其部件的方法或设备	41
9	H01H33	带有灭弧或防弧装置的高压或大电流开关	41
10	H02K15	专用于制造、装配、维护或修理电机的方法或设备	33

表 7.1.2　台州市电子元器件行业实用新型专利数量排名前 10 的 IPC 含义及专利数量

序号	IPC 大组	IPC 大组含义	专利数量/件
1	H01R13	H01R12/70 或 H01R24/00 至 H01R33/00 组中所包含的各种连接装置的零部件	525
2	H01F27	变压器或电感器的一般零部件	286
3	B23K9	电弧焊接或电弧切割	264
4	H01H9	不包含在 H01H1/00 至 H01H7/00 组内的开关装置的零部件	145
5	H01H71	包含在 H01H73/00 至 H01H83/00 各组内的保护开关或继电器的零部件	138
6	H01H33	带有灭弧或防弧装置的高压或大电流开关	125
7	H01R43	专用于制造、组装、维护或修理线路连接器或集电器的设备或方法，或专用于连接电导体的设备或方法	100

序号	IPC 大组	IPC 大组含义	专利数量/件
8	H02M1	变换装置的零部件	98
9	H01H35	由物理状态的变化操作的开关	98
10	H01G2	H01G4/00−H01G11/00组中单个组未包含的电容器的零部件	79

7.1.3　创新主体分析

图7.1.3为台州市电子元器件产业创新主体数量与专利申请量分布。台州市电子元器件产业创新主体数量为2675个，其中温岭市的创新主体数量远大于其他地区。温岭市电子元器件产业起步于20世纪80年代初期，通过为国内知名电视机厂家提供配套产品，在松门镇形成元器件产业基地。之后，伴随水泵、电机、摩托车等传统产业转型升级对信息技术和产品的需求，温岭市电子信息产业在大溪镇、经济开发区等形成了一些特色产业区块。2014年9月，温岭市被浙江省列入第一批两化深度融合国家示范试点区域名单暨温岭市装备电子（软件）产业基地。椒江区的专利和申请人数量仅次于温岭市，区域内以浙江沃德尔科技集团股份有限公司、浙江水晶光电科技股份有限公司为代表。在水晶光电的龙头引领下，椒江区已成为全球最大的精密光电薄膜元器件生产基地，2017年台州（椒江）光电产业园落成，极大提升了产业集聚能力，形成了规模示范效应。

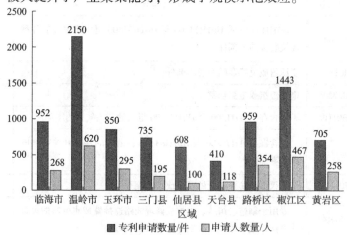

图7.1.3　台州市电子元器件产业申请人数量与专利申请量分布

由图 7.1.4 和表 7.1.3 可以看出，台州市电子元器件产业中，企业的专利申请量为 6409 件，占比达到 72.02%，企业申请人数量为 1447；个人申请人数量虽然与企业差距不大，但专利申请量为 2268 件，占比为 25.49%。机关团体、大专院校和科研单位申请人数量与专利数量均较少。可见台州市电子元器件创新主力军为企业，个人申请专利的积极性也较高，而大专院校、机关团体、科研单位较少。

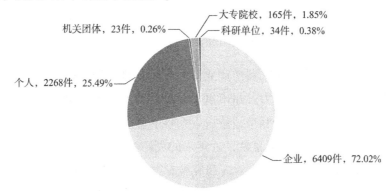

图 7.1.4 台州市电子元器件行业专利申请量主要创新主体类型

表 7.1.3 台州市电子元器件产业专利申请人类型情况 单位：人

申请人类型	企业申请人	个人申请人	机关团体申请人	大专院校申请人	科研单位申请人	申请人总数
申请人数量	1447	1195	13	14	6	2675

结合表 7.1.4，从台州市电子元器件产业专利前 10 企业创新集中度情况来看，台州市电子元器件产业中企业专利申请量为 6409 件，其中前 10 企业专利申请量为 1312 件，占比为 20.47%；发明人方面，前 10 企业发明人数占所有企业的 14.72%。这说明，台州市电子元器件产业已初步形成创新能力较强的龙头企业，其研发团队的实力也较为强劲，如浙江吉利汽车研究院有限公司、浙江肯得机电股份有限公司、飞利富科技股份有限公司、佳一电气有限公司、浙江新富凌电气股份有限公司、浙江腾龙电器有限公司等，专利数量均在 100 件以上。这些企业还可以发展提升，巩固优势，进一步成长为头部企业，充分发挥龙头企业的引领作用，带动台州市电子元器件产业领域的发展。

表 7.1.4　台州市电子元器件产业专利前 10 企业创新集中度

重点产业	前 10 企业专利申请量/件	所有企业专利申请量/件	前 10 企业专利申请量占比/%	前 10 企业的发明人数量/人	所有企业的发明人数量/人	前 10 企业发明人数量占比/%
电子元器件	1312	6409	20.47	692	4700	14.72

7.1.4　重点企业专利布局

　　下面选取台州市电子元器件产业专利申请量排名前 10 的企业作为重点企业进行分析。表 7.1.5 为台州市电子元器件产业排名前 10 企业创新主体专利申请情况，主要从专利申请量、近 5 年申请量、活跃度、发明人数等角度来反映前 10 企业的专利总量、近年来的创新活跃度和研发团队实力。从表 7.1.5 可以看出，浙江吉利汽车研究院有限公司的专利申请量远高于其他企业，虽然活跃度从数值上看并不高，但近 5 年专利申请量领先其他企业；发明人数量方面，浙江吉利汽车研究院有限公司为 457 人，远高于其他企业，研发实力强劲。从近 5 年活跃度来看，浙江沃德尔科技集团股份有限公司的活跃度达到了 71.08% 以上，发明人数量相对来说也不少，有 41 个，说明该企业近几年研发实力有明显提升；而浙江广天电力设备股份有限公司的活跃度则较低，应当提升研发积极性，及时布局专利保护自身发明创造。发明人方面，除浙江吉利汽车研究院有限公司外，其他企业发明人数量较少，其中有 4 家企业都在 20 人以下，应当进行人才引进，壮大研发团队，进一步提升创新实力。

表 7.1.5　台州市电子元器件行业前 10 企业创新主体专利申请情况

排名	申请人	区域	专利申请量/件	近 5 年专利申请量/件	活跃度/%	发明人数/人
1	浙江吉利汽车研究院有限公司	临海市	288	79	27.43	457
2	浙江肯得机电股份有限公司	路桥区	193	62	32.12	24
3	飞利富科技股份有限公司	仙居县	149	51	34.23	21
4	佳一电气有限公司	仙居县	130	56	42.42	18

排名	申请人	区域	专利申请量/件	近5年专利申请量/件	活跃度/%	发明人数/人
5	浙江新富凌电气股份有限公司	温岭市	109	34	31.19	38
6	浙江腾龙电器有限公司	三门县	100	39	22.04	18
7	浙江环方汽车电器有限公司	玉环市	91	22	25.00	17
8	三变科技股份有限公司	三门县	88	28	31.82	49
9	浙江沃德尔科技集团股份有限公司	椒江区	83	59	71.08	41
10	浙江广天电力设备股份有限公司	黄岩区	81	10	12.35	9

表 7.1.6 为台州市电子元器件产业排名前 10 企业创新主体技术布局情况（括号内为该分类号对应的专利数量）。从表 7.1.6 可以看出，台州市电子元器件产业的重点企业布局侧重点并不都相同，一部分企业侧重于 H01H（电开关；继电器；选择器；紧急保护装置）的下位点组，如佳一电气、浙江腾龙和浙江环方，分别以 H01H71（包含在 H01H73/00 至 H01H83/00 各组内的保护开关或继电器的零部件）、H01H9（不包含在 H01H1/00 至 H01H7/00 组内的开关装置的零部件）、H01H50（电磁继电器的零部件）为主。涉及 H01F（磁体；电感；变压器；磁性材料的选择）的技术也较多，其下位点组以 H01F27（变压器或电感器的一般零部件）、H01F29（未包括在 H01F21/00 组内的可变变压器或电感器）和 H01F41（专用于制造或装配磁体、电感器或变压器的设备或方法；专用于制造磁性材料的设备或方法）为主，如浙江腾龙、三变科技和广天电力设备。吉利汽车研究院则在汽车领域相关的电子元器件研究较多，如 B60（一般车辆）的下位点组：B60R16（专门适用于车辆并且其他类目不包含的电路或流体管路；专门适用于车辆并且其他类目中不包含的电路或流体管路的元件的布置）、B60R11（其他类目不包括的物品固定或安放装置）、B60K11（与动力装置的冷却结合的布置）；G01M（机器或结构部件的静或动平衡的测试；其他类目中不包括的结构部件或设备的测试）的下位点组：G01M7（结构部件的振动测试；结构部件的冲击测试）、G01M17（车辆的测试）。肯得机电的布局则主要与焊接设备领域相关，涉及 B23K（钎焊或脱焊；焊接；用钎焊或焊接方

法包覆或镀敷；局部加热切割，如火焰切割；用激光束加工）的下位点组较多，其中以 B23K9（电弧焊接或电弧切割）为主；此外 H02J7（用于电池组的充电或去极化或用于由电池组向负载供电的装置）数量也较多。飞利富科技则以 H01R（导电连接；一组相互绝缘的电连接元件的结构组合；连接装置；集电器）的下位点组为主，其中 H01R13（H01R12/70 或 H01R24/00 至 H01R33/00 组中所包含的各种连接装置的零部件）的数量最多，吉利汽车研究院在这方面也有一定的布局。新富凌电气主要集中在 H02M（用于交流和交流之间、交流和直流之间或直流和直流之间的转换以及用于与电源或类似的供电系统一起使用的设备；直流或交流输入功率至浪涌输出功率的转换；以及它们的控制或调节）下位的 H02M1（变换装置的零部件）和 H02M5（交流功率输入变换为交流功率输出，例如用于改变电压、用于改变频率、用于改变相数的）。沃德尔科技以 F16H（传动装置）下位的 F16H63（靠控制变速或换向传动装置的输出而传送旋转运动）为主，在 G01（测量；测试）的下位点组也有一定的布局，但技术点较为分散。

表 7.1.6　台州市电子元器件行业排名前 10 企业创新主体技术布局主 IPC 情况

排名	吉利汽车研究院	肯得机电	飞利富科技	佳一电气	新富凌电气	浙江腾龙	浙江环方	三变科技	沃德尔科技	广天电力设备
1	B60R16 (18)	B23K9 (87)	H01R13 (99)	H01H71 (81)	H02M1 (24)	H01H9 (35)	H01H50 (25)	H01F27 (55)	F16H63 (10)	H01F27 (46)
2	G01M7 (12)	H02J7 (16)	H01R25 (4)	H01H73 (8)	H02M5 (19)	H01F29 (25)	H01H51 (4)	H01F41 (10)	G01D21 (6)	H02J3 (6)
3	B60K11 (11)	H01F27 (5)	H02B1 (2)	H01H3 (5)	H02P27 (6)	H01H1 (12)	H01H9 (3)	H01F29 (6)	G01B7 (5)	G01R31 (4)
4	H01R13 (10)	B23K10 (4)	H01R24 (2)	H01H1 (4)	H05K7 (4)	H01H3 (4)	H01R4 (2)	B66C1 (4)	H01F38 (5)	H02H9 (3)
5	G01M17 (8)	B23K37 (2)	H05K5 (1)	H01H9 (3)	G05B19 (3)	H01H21 (2)	H01H49 (2)	B65D88 (2)	G01L1 (4)	H02H7 (2)

续表

排名	吉利汽车研究院	肯得机电	飞利富科技	佳一电气	新富凌电气	浙江腾龙	浙江环方	三变科技	沃德尔科技	广天电力设备
6	G01P1 (7)	B23K28 (2)	H02G3 (1)	H01H89 (3)	H02P1 (2)	H01H33 (3)	H01H45 (2)	B23K37 (2)	G01D11 (3)	H01F38 (2)
7	H02G3 (6)	B23K11 (2)	H01R4 (1)	H02B11 (2)	H02M7 (2)	H01H19 (3)	H01H13 (1)	H02J13 (1)	G01P1 (3)	H01F21 (2)
8	H01H9 (6)	H02M1 (1)	F16F15 (1)	H01H5 (2)	G01R31 (2)	H02J3 (1)	H01F27 (1)	H02B7 (1)	G01P3 (3)	H02M5 (1)
9	H01H85 (6)	H02K7 (1)	F16F1 (1)	H01H33 (2)	F04B49 (2)	H01H5 (1)	H01C13 (1)	H01F30 (1)	F16H59 (2)	H01F41 (1)
10	B60R11 (6)	H01F41 (1)	A47B13 (1)	H02H9 (1)	H02P3 (1)	H01F27 (1)	F02N17 (1)	H01B9 (1)	G01B21 (2)	H01F30 (1)

注：表中括号内数字为 IPC 分类号对应的专利数量（单位为件）。

7.1.5 协同创新与专利运营

7.1.5.1 协同创新分析

台州市电子信息制造业正以较快的速度发展，形成了以电子元器件等为代表的特色产业集群，逐步成为台州市制造业的重点支柱产业之一。本部分从专利视角，分析台州市电子元器件产业的协同创新现状，从而明晰协同创新在电子元器件产业中发挥的作用及不足，为台州市电子元器件产业的进一步发展提供决策建议。

台州市电子元器件产业中，以台州市的申请人作为第一申请人的合作申请专利共计 694 件，占台州市电子元器件产业专利总量的 7.88%，与其他重点产业相比，电子元器件产业的合作申请专利数量占比较高。在合作申请专利中，共包含 318 个创新主体，其中个人 169 人，企业 136 家，大专院校 7 所，科研单位 4 家。为进一步分析不同类型创新主体之间的合作模式，进一步统计了不同合作模式下的专利申请数量，如图 7.1.5 所示。由图 7.1.5 可知，企业合作申请专利数量为 454 件，占全部合作申请专利总量的 65.42%；其次是个人之间合作申请，共计 139 件，占比为 20.03%。从专利视角来看，台州市电子元器件产业协同创新主要以企业之间的合作为主，其他类型的合作模式，例如校企合作和科企合作较少，并未形成完善的产学研协同创新体系。

根据台州市电子元器件产业的特点，本部分选择台州市电子元器件产业当中校企合作和企业合作申请的专利，绘制了如图 7.1.6 所示的不同创新主体的合作"广度—深度"二维矩阵图。由图 7.1.6 可知，台州市电子元器件产业中大部分创新主体的合作广度和深度均较低，合作创新的广度大部分集中在 4 以下，合作创新的深度大部分集中在 20 以下。合作创新的广度和深度最高的创新主体为国家电网浙江省电力有限公司，合作广度为 11，合作深度为 69；浙江吉利控股集团的合作广度和深度也较高，其合作广度为 8，合作深度为 59。总体来看，经进一步分析，虽然部分创新主体的合作广度较高，但是大部分为企业内部协同模式的合作创新，不同创新主体间的外部合作创新占比较低，如表 7.1.7 所示。

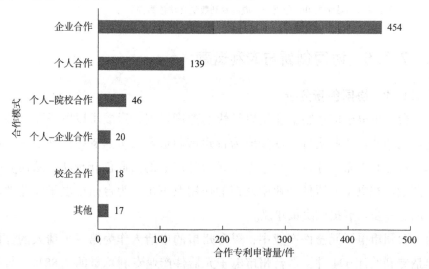

图 7.1.5　台州电子元器件产业不同合作模式下合作专利申请量

为进一步从微观角度分析不同创新主体之间的合作关系，统计了专利合作申请数量排名前 10 的第一申请人与其他创新主体之间的合作关系，结果如表 7.1.7 所示。合作专利申请量排名第一的是浙江吉利汽车研究院有限公司，其合作专利申请量为 288 件，占台州市合作专利申请总量的 41.50%，其合作对象为其总公司浙江吉利控股集团有限公司，合作创新的主要技术领域为汽车散热器、中控液晶屏幕、新型传感器等。国家电网浙江省电力有限公司是合作专利申请量排名第二的企业，其合作专利申请总量为 56 件，与其合作的主要企业为电力设备类企业及其下属单位，合作申请的专利涉及的主要技术领域为断电器和供电保护电路等。合作专利申请总量排名第三的创新主体为台州学院，与其合作的企业主要为台州本地的中小型电力企业，合作创新的技术领域也较为广泛，涉及的主要技术领域为电机驱动器、电极和电路系统等。

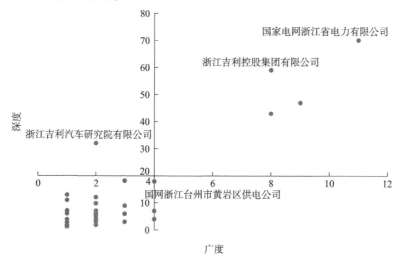

图 7.1.6   台州市电子元器件产业创新主体协同创新"广度—深度"二维矩阵图

表 7.1.7   台州市电子元器件产业主要创新主体协同创新专利申请情况

序号	创新主体名称	合作专利申请总量/件	主要合作对象	合作对象区域	合作专利申请量/件	合作模式	合作创新技术领域
1	浙江吉利汽车研究院有限公司	288	浙江吉利控股集团有限公司	杭州市	288	企业外部合作	汽车散热器、中控液晶屏幕、新型传感器
2	国家电网浙江省电力有限公司	56	浙江万胜智能科技股份有限公司	台州市	3	企业外部合作	断路器
			国网江苏省电力有限公司苏州供电分公司	苏州市	2	企业内部合作	断路器

续表

序号	创新主体名称	合作专利申请总量/件	主要合作对象	合作对象区域	合作专利申请量/件	合作模式	合作创新技术领域
2	国家电网浙江省电力有限公司	56	浙江大学	杭州市	1	校企合作	电力变压器
			浙江耀明电力设备有限公司	台州市	3	企业外部合作	断路器
			台州宏远电力设计院有限公司	台州市	4	企业外部合作	电路
			杭州宏联电气有限公司	杭州市	1	企业外部合作	电阻
			北京中恒博瑞数字电力科技有限公司	北京市	1	企业外部合作	电力系统整定
			华北电力大学	北京市	2	校企合作	供电保护
			福州智能电力科技有限公司	福州市	2	企业外部合作	断路器中的灭弧室
3	台州学院	24	温岭市三木机电有限公司	台州	7	校企合作	开关电源、无刷直流电机驱动器
			台州市生物医化产业研究院有限公司	台州	5	校企合作	复合光电极
			台州市环境监测中心站	台州	1	学校-机关团体合作	质谱联用仪的散热装置
			温岭市天工工量刃具科技服务中心有限公司	台州	1	校企合作	斩波电路
			浙江洛兮医疗科技有限公司	湖州	1	校企合作	荧光探针
			北京航空航天大学	北京	1	校-校合作	电路系统

续表

序号	创新主体名称	合作专利申请总量/件	主要合作对象	合作对象区域	合作专利申请量/件	合作模式	合作创新技术领域
4	台州市路桥豪达汽车电器有限公司	13	豪达（浙江）汽车配件有限公司	台州	13	企业内部合作	汽车零件
5	浙江金刚汽车有限公司	11	浙江吉利控股集团有限公司	杭州	11	企业内部合作	传感器、刹车器
6	浙江安丰泰智能科技有限公司	7	深圳安丰泰联合科技有限公司	深圳	7	企业内部合作	漏电保护器
7	浙江豪情汽车制造有限公司	6	浙江吉利控股集团有限公司	杭州	6	企业内部合作	汽车点火开关、打胶机自动控制电路
8	新界泵业（浙江）有限公司	5	新界泵业集团股份有限公司	台州	5	企业内部合作	循环泵的控制盒、水流量传感器
9	浙江省志明电气进出口有限公司	4	乐清市诚鑫电器有限公司	温州	3	企业内部合作	闸刀开关双向转轴
10	浙江爱仕达电器股份有限公司	4	浙江爱仕达生活电器有限公司	嘉兴	4	企业内部合作	电磁炉散热器

注：由于一个创新主体会与多个创新主体进行合作，故在统计过程中合作专利申请量会进行重复计数，同时有的仅列示了主要合作对象。

由于篇幅原因，本节不再对各个创新主体的专利合作申请情况进行详细分析，专利合作申请数量排名前十的第一申请人与其他创新主体之间的合作关系详见表7.1.7。总体来看，台州市电子元器件产业虽然协同创新专利申请量较多，但是协同创新的模式较为单一，大部分创新主体之间的合作模式为企业之间的内部合作，较少涉及企业之间的外部合作。另外，产学研协同创新专利申请数量也较少，目前还未形成完善的产学研协同创新体系。在技术领域方面，电子元器件产业的合作创新技术领域较为广泛，涉及电力、汽车和传感器等领域。

7.1.5.2 专利运营分析

（1）专利转让。

在台州市电子元器件产业当中，共有 938 件专利发生过转让，其中涉及 290 家企业，个人 383 人，7 所大专院校和 2 家科研单位。为从微观视角分析不同创新主体之间的专利转让情况，统计了台州市电子元器件产业中转让专利数量排名前 10 的创新主体的专利转让对象、转让模式和转让专利涉及的技术领域，如表 7.1.8 所示。

表 7.1.8　台州市电子元器件产业专利转让人前 10 情况

序号	转让人	转让专利总量/件	主要受让人	受让专利数量/件	转让模式	技术领域
1	庄道芳	33	浙江环方汽车电器有限公司	33	内部转让	电磁开关（外观设计）
2	新界泵业集团股份有限公司	26	新界泵业（浙江）有限公司	26	内部转让	传感器、保护电路、电机
3	浙江南洋科技有限公司	12	浙江南洋华诚科技有限公司	12	内部转让	电容器
4	新立科技股份有限公司	11	新立汽车电子（台州）有限公司	11	内部转让	PM2.5 传感器
5	浙江吉利控股集团有限公司	12	浙江吉利汽车研究院有限公司	3	内部转让	汽车散热系统
			浙江联控技术有限公司	1	内部转让	汽车散热系统
			浙江福林国润汽车零部件有限公司	1	内部转让	汽车照明装置
			宁波吉润汽车部件有限公司	1	内部转让	显示器

续表

序号	转让人	转让专利总量/件	主要受让人	受让专利数量/件	转让模式	技术领域
5	浙江吉利控股集团有限公司	12	宁波吉利汽车研究开发有限公司	1	内部转让	计量设备、电容器
			南通星维海威精密机械有限公司	1	外部转让	电动汽车电动真空泵
			兰州吉利汽车工业有限公司	1	内部转让	车辆制动控制系统
			靖江市枫金置业有限公司	1	内部转让	汽车散热系统
			江苏华荣投资发展有限公司	1	外部转让	汽车散热系统
			成都领克汽车有限公司	1	内部转让	汽车散热系统
			宝鸡吉利汽车部件有限公司	1	内部转让	传感器
6	赵华勇	11	江苏中电泵阀制造有限公司	1	外部转让	水泵控制电路
			徐州新南湖科技有限公司	1	外部转让	水泵控制电路
			郎建敏	1	外部转让	控制电路
			六安市匠心信息科技有限公司	1	外部转让	控制电路
			泗县飞虹体育文化发展有限公司	1	外部转让	控制电路
			石思思	1	外部转让	控制电路
			岳西县顺达机械有限公司	2	外部转让	控制电路
			容德精机（江苏）机床有限公司	1	外部转让	控制电路
			太原北恒昌机械设备有限公司	1	外部转让	控制电路
			泰兴市东城水处理工程有限公司	1	外部转让	控制电路

序号	转让人	转让专利总量/件	主要受让人	受让专利数量/件	转让模式	技术领域
7	浙江银轮机械股份有限公司	9	上海银轮热交换系统有限公司	3	内部转让	散热器
			赤壁银轮工业换热器有限公司	1	内部转让	散热器
			浙江开山银轮换热器有限公司	1	内部转让	散热器
			浙江银轮新能源热管理系统有限公司	3	内部转让	散热器
			湖北银轮机械有限公司	1	外部转让	散热器
8	西诺控股集团有限公司	8	浙江西诺电子有限公司	8	内部转让	移动电源
9	台州职业技术学院	8	浙江旗鱼建筑科技有限公司	1	外部转让	电开关
			台州来智科技有限公司	1	外部转让	发动机冷却
			台州市玉泰电子有限公司	1	外部转让	车辆照明装置
			台州津谱电子科技有限公司	1	外部转让	电开关
			台州市焱迪企业有限公司	1	外部转让	插座
			浙江鼎丰建设有限公司	1	外部转让	插头
			台州立亚建设工程有限公司	1	外部转让	计算机散热器
			铜陵精华高新科创有限责任公司	1	外部转让	谐振变换器

续表

序号	转让人	转让专利总量/件	主要受让人	受让专利数量/件	转让模式	技术领域
10	胡君分	8	浙江耀鼎泵业股份有限公司	1	外部转让	自吸泵电路板
			福州市长乐区长胜信息技术有限公司	1	外部转让	自动调压设备
			广东电网有限责任公司电力科学研究院	1	外部转让	压力开关电路板
			江苏奇点家具有限公司	1	外部转让	压力开关
			徐州力源工程机械有限公司	1	外部转让	压力开关
			深圳市智玩无疆科技有限公司	1	外部转让	控制电路
			永嘉智瓯科技有限公司	1	外部转让	自吸泵电路板
			湖北中培电子科技有限公司	1	外部转让	自吸泵电路板

注：由于同一件专利会多次转让，故统计中可能会重复计数。

由表 7.1.8 可知，在台州市电子元器件产业中，转让专利总量排名第一的转让人为庄道芳，共转让专利 33 件，专利的受让方为其自身企业——浙江环方汽车电器有限公司，转让专利全部是与电磁开关相关的外观设计。转让专利数量排名第二的企业为新界泵业集团股份有限公司，共转让 26 件专利，其转让专利的受让方为其下属子公司新界泵业（浙江）有限公司，转让专利涉及的技术领域为传感器、保护电路和电机等。浙江南洋科技有限公司转让专利数量排名第三，共转让 12 件专利，涉及的技术领域主要为电容器领域。除个人和企业类转让人外，台州职业技术学院的转让专利也较多，共计 8 件，与 8 家企业建立了专利转让关系，转让专利涉及的技术领域包括电开关、插座、插头和汽车照明装置等。

总体来看，在转让人类型方面，台州市电子元器件产业的大部分专利转让人为企业或个人，也有部分高校进行了专利的转让；在转让模式方面，大部分专利的转让模式为企业内部转让，较少有企业将专利转让给外部企业，专利转让的广度较低；在转让专利的技术领域方面，转让专利涉及的技术领域较为广泛，主要涉及传感器、电力和汽车散热系统等领域。

（2）专利许可。

台州市电子元器件产业的许可专利共计109件，涉及43个创新主体，其中企业15家，个人27人，表7.1.9显示了台州市电子元器件产业前10位许可人（企业类）专利许可情况。通过分析后发现，在台州市电子元器件产业中，个人类专利许可人大部分为企业法定代表人，其通过专利许可的方式许可自身公司实施专利，故个人类的专利许可人较多。在本部分分析中，仅列示了专利许可数量较多的企业类许可人。在台州市电子元器件产业中，许可专利数量最多的企业为浙江吉利汽车研究院有限公司，共许可专利10件，占台州市电子元器件产业许可专利总量的9.17%，被许可人大部分为吉利集团控股的子公司，许可专利涉及的技术领域主要为汽车用散热系统、传感器和动力装置控制系统。排名第二的许可人为江苏环力科技发展有限公司，共许可专利9件，其主要的被许可人为其子公司温岭市环力电器有限公司，涉及的技术领域为压力控制器。

表7.1.9　台州市电子元器件产业许可人（企业类）前10专利许可情况

序号	许可人	专利许可总量/件	被许可人	被许可专利数量/件	许可模式	技术领域
1	浙江吉利汽车研究院有限公司	10	湖南吉利汽车部件有限公司	4	内部许可	传感器
			成都高原汽车工业有限公司	2	内部许可	散热系统
			济南吉利汽车有限公司	1	内部许可	动力装置控制机构
			浙江吉润汽车有限公司	1	内部许可	散热系统
			浙江智慧电装有限公司	1	外部许可	电感器
			宁波远景汽车零部件有限公司	1	内部许可	散热系统
2	江苏环力科技发展有限公司	9	温岭市环力电器有限公司	9	内部许可	压力控制器

续表

序号	许可人	专利许可总量/件	被许可人	被许可专利数量/件	许可模式	技术领域
3	利欧集团浙江泵业有限公司	5	利欧集团浙江泵业有限公司	5	内部许可	电源开关驱动电路
4	友力机电有限公司	4	友力机电有限公司温岭上马分公司	4	内部许可	散热系统
5	浙江银轮机械股份有限公司	3	湖北银轮机械有限公司	3	内部许可	散热系统
6	飞利富科技股份有限公司	3	台州星辰农业机械有限公司	3	外部许可	电源插座外观设计
7	浙江省三门腾龙电器有限公司	2	吴江变压器有限公司	2	外部许可	变压器
8	台州雅晶电子有限公司	2	绵阳雅晶科技有限公司	2	内部许可	谐振器
9	台州骏腾汽车零部件有限公司	2	江西省骏腾汽车零部件股份有限公司	2	内部许可	电气元件连接装置
10	新界泵业（浙江）有限公司	1	浙江方鑫机电有限公司	1	内部许可	压力开关

　　整体来看，台州市电子元器件产业中，许可人类型大部分为个人和企业，许可模式大部分为内部许可，一般是企业法人将专利许可其公司，或者是企业子公司和母公司之间的许可。由此可以看出台州市电子元器件产业的相关企业与外部企业的技术交流程度较低，专利许可的广度也较低。

在技术领域方面，许可专利涉及的技术领域主要涉及开关和汽车的散热系统和装置等。

（3）专利质押。

台州市电子元器件产业专利质押数量为 353 件，涉及 105 个出质人，其中有 101 家企业类出质人和 4 个个人类出质人。台州市电子元器件产业质押专利数量排名前 10 的出质人如表 7.1.10 所示。由表 7.1.10 可知，台州市电子元器件产业质押专利数量排名前 10 的出质人主要分布在温岭市、路桥区和仙居县，质押专利涉及的主要产品种类大部分为汽车用电器相关产品、开关、插座和电焊机等。

表 7.1.10　台州市电子元器件产业专利质押出质人前 10 情况

序号	出质人	区域	质押专利数量/件	质押专利涉及的主要产品
1	浙江环方汽车电器有限公司	玉环市	20	汽车起动机用电磁开关
2	浙江广天电力设备股份有限公司	黄岩区	15	变压器
3	台州市菱士达电器有限公司	温岭市	11	变频器
4	飞利富科技股份有限公司	仙居县	11	插座
5	台州市椒江萤星电子电器有限公司	椒江区	8	变压器及外观设计
6	景光电气有限公司	仙居县	8	负荷开关
7	豪达（浙江）汽车配件有限公司	路桥区	7	汽车电器线束
8	浙江宝利特新能源股份有限公司	温岭市	7	太阳能电池
9	浙江欧升焊接设备股份有限公司	温岭市	7	氩弧焊机
10	浙江肯得机电股份有限公司	路桥区	7	电焊机

质押专利数量排名第一的出质人为浙江环方汽车电器有限公司，共有 20 件专利发生质押，质押专利涉及的主要产品为汽车起动机用电磁开关；质押专利数量排名第二的出质人为浙江广天电力设备股份有限公司，质押专利数量为 15 件，质押专利涉及的主要产品为变压器；质押专利数量排名第三的出质人为台州市菱士达电器有限公司，质押专利数量为 11 件，质押专利涉及的主要产品为家用电器所用的变频器。整体来看，电子元器件产业相关企业的质押专利大部分是与企业自身生产的产品有关的产品类专利，较少涉及方法类专利。

综上，在协同创新方面，目前台州市电子元器件产业部分创新主体已经开展协同创新工作，但是协同创新的模式大部分为企业内部的协作化创新，较少涉及企业与外部资源的深度融合。在专利运营方面，台州市电子元器件产业的专利转让、专利许可以及专利质押数量较多，这说明台州市电子元器件产业的创新主体专利运营意识较强。在未来发展过程中，电子元器件产业内相关创新主体应进一步完善自身的协同创新体系，加强产学研深度融合，进而推动产业转型升级，实现高质量发展。

7.2　台州市电子元器件产业商标分析

截至检索日，台州市电子元器件产业注册商标总计 2043 件，其中驰名商标 1 件。以此数据为研究基础，以下从商标类型、商标申请趋势、电子元器件产业主要商品、商标申请区域、商标运营以及台州市电子元器件产业重点企业商标布局等角度，对台州市电子元器件产业商标注册现状进行分析。

7.2.1　商标类型分析

在商标形态上，如图 7.2.1 所示，台州市电子元器件产业中文字商标依然是商标的主要形态，总计 1760 件，占总比 86.15%；图形商标为 258 件，文字图形组合商标为 25 件。

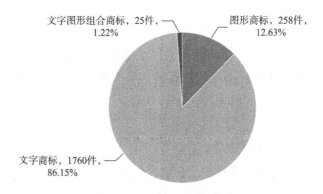

图 7.2.1　台州市电子元器件产业各商标类型商标申请量

不同申请主体对于商标形态的选择倾向也有所不同，如表 7.2.1 所示。

电子元器件产业的商标申请主要集中于法人申请。在商标形态的选择上,不论是文字商标、图形商标还是文字图形组合商标,法人申请数量均高于个人申请数量,且不论是个人申请还是法人申请的文字商标的人均拥有量均高于2件。

表7.2.1　台州市电子元器件产业商标申请人数据

商标类型	个人申请人数/人（商标数/件）	法人申请人数/人（商标数/件）
文字商标	297（607）	550（1153）
图形商标	37（58）	150（200）
文字图形组合商标	2（2）	22（23）

7.2.2　商标申请趋势分析

企业注册商标申请量的变化和注册商标申请主体数量的变化,反映了该产业经济发展的程度和阶段性变化。电子元器件产业的快速发展会吸引更多中小企业加入该产业中,相应地,企业注册商标申请数量也会有所增加;同样,该产业进入衰退期时,进入该产业的中小企业数量减少,甚至原本处于本产业的中小企业经营困难时,新增的注册商标申请量也会相应减少。我国电子元器件产业受全球电子信息制造业发展环境影响较大,台州市电子元器件产业亦然。从总趋势上看,台州市电子元器件产业注册商标申请大致分为三个阶段,如图7.2.2所示。

（1）发展初期（1981—1999年）。作为"中场产业"的电子元件器件制造业,受电子信息产业发展影响。电子元器件产业在我国起步较晚。在现有可公开检索查询的注册商标数据中,20世纪80年代,台州市整个电子元器件产业仅有3件注册商标。第一件注册商标为"三门"（注册号:143748）,申请人为"三变科技股份有限公司",注册的商品为"变压器"。目前该商标仍然处于有效状态。

20世纪90年代起,我国电子信息产业已成为国民经济发展最快的产业之一,这对工业化和信息化发展起到重要促进作用。电子元器件产业成为支撑电子信息产业发展的基础,逐渐进入快速发展期。受大环境影响,台州市电子元器件产业也有所发展,表现在商标数据中,1995—1999年,台州市电子元器件产业注册商标申请量出现一定程度的增幅。

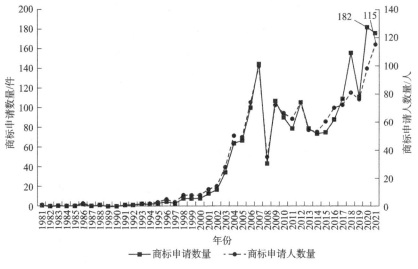

图 7.2.2　台州市电子元器件产业商标申请趋势

（2）发展中期（2000—2008 年）。台州市电子元器件产业商标申请量自 2000 年后，虽有回落，单从整体上看仍呈增长态势，在 2007 年出现小高峰。2008 年全球金融危机对电子元器件产业产生一定影响。

台州市相关政策的出台在一定程度上对电子元器件产业的发展起到了激励作用，如 2006 年 12 月，台州市人民政府印发的《台州市"十一五"科技发展规划》，明确将电子信息产业列入科技重点发展领域。[注] 此外，如前文所述，我国电子元器件产业也已充分融入全球产业链的各个环节当中，全球电子信息产业、半导体产业等相关产业的发展与变化，也间接影响台州市乃至我国电子元器件产业的发展。

（3）发展后期（2009—2021 年）。金融危机后，电子元器件产业逐步复苏，在政策的激励下，2016 年 8 月，台州市发展和改革委员会印发的《台州市战略性新兴产业"十二五"发展规划》提出，围绕"智慧台州"建设目标，把握信息技术升级换代和产业融合发展机遇，促进物联网和云

---

❶　台州市人民政府. 关于印发《台州市"十一五"科技发展规划》的通知［EB/OL］. （2022-05-20）［2023-03-11］. http://www. zjtz. gov. cn/art/2022/5/20/art_1229550317_3797039. html.

计算的研发和示范应用，推进信息化和工业化的深度融合，重点发展新型电子元器件、集成电路与软件、汽车电子及物联网等，延伸完善产业链，增强核心竞争力;[1] 2019 年 12 月，台州市人民政府办公室印发的《台州市制造业高质量发展行动计划（2020—2025 年）》提出，加快推动电子材料、电子信息机电产品、电子元器件、光伏电池、电光源等五大特色行业发展，努力打造全省数字经济新增长极。[2]

7.2.3 产业主要产品商标分析

电子元器件行业产业链上游主要为半导体材料、磁性材料、金属材料及化工制品等原材料;电子元器件行业为中游产品;广泛应用于下游军事、电子电器、通信设备、航空航天、新能源等领域。因此从商标角度解读台州市电子元器件产业主要商品显得非常必要。通过对台州市电子元器件企业在商标注册过程中所选"商品服务"数据筛选与统计，可从宏观上了解台州市电子元器件产业在产业链中所处的角色。

以企业在进行商标注册过程中所主动勾选的"商品服务"著录项为检索关键词，截至检索日，台州市电子元器件产业商标注册主要产品总计 982 种，排名前 10 位的主要产品依次为电开关、电源材料（电线、电缆）、电线、电缆、电源材料（电线、电缆）、断路器、集成电路、高低压开关板、电容器和变压器，如图 7.2.3 所示。可见，目前台州市电子元器件产业仍然集中于低端产品的生产。

7.2.4 商标申请区域分析

在区域分布方面，台州市电子元器件企业主要集中在温岭市、路桥区、椒江区三个区域，如图 7.2.4 所示。从表 7.2.2 中可以看出，台州市电子元

---

[1] 台州市人民政府.台州市发展和改革委员会关于印发《台州市战略性新兴产业"十三五"发展规划》的通知[EB/OL].（2021-12-01）[2023-03-11].http://www.zjtz.gov.cn/art/2021/12/1/art_1229550303_3758451.html.

[2] 台州市人民政府.台州市人民政府办公室关于印发《台州市制造业高质量发展行动计划(2020—2025 年)》的通知[EB/OL].（2019-12-09）[2023-03-11].http://www.zjtz.gov.cn/art/2019/12/9/art_1229196965_1268986.html.

器件产业商标申请人平均注册商标申请量在 1.67~2.93 件，注册商标平均申请量在 2 件以上的地区有温岭市、路桥区、椒江区、临海市和仙居县。

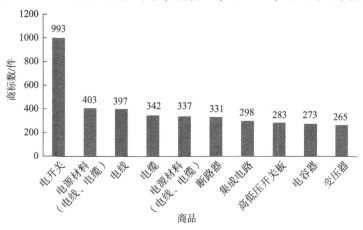

图 7.2.3　台州市电子元器件产业商标申请数量产品前 10

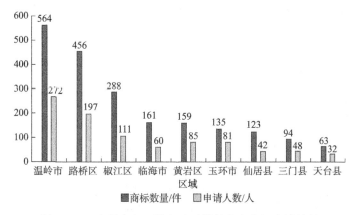

图 7.2.4　台州市各区域电子元器件产业商标申请情况

表 7.2.2　台州市各区域电子元器件产业商标申请情况

区域	商标申请总量 /件（申请人 总数/人）	人均商标 申请量/件	个人申请商标 数/件（申请 人数人/人）	个人申请人 人均申请量 /件	法人申请商标 数/件（申请 人数人/人）	法人申请人 人均申请量 /件
温岭市	564（272）	2.07	173（84）	2.06	391（188）	2.08
路桥区	456（197）	2.31	181（85）	2.13	275（112）	2.46
椒江区	288（111）	2.59	64（30）	2.13	224（81）	2.77

区域	商标申请总量/件（申请人总数/人）	人均商标申请量/件	个人申请商标数/件（申请人数人/人）	个人申请人人均申请量/件	法人申请商标数/件（申请人数人/人）	法人申请人人均申请量/件
临海市	161（60）	2.68	99（26）	3.81	62（34）	1.82
黄岩区	159（85）	1.87	52（33）	1.58	107（52）	2.06
玉环市	135（81）	1.67	28（21）	1.33	107（60）	1.78
仙居县	123（42）	2.93	29（10）	2.90	94（32）	2.94
三门县	94（48）	1.96	10（7）	1.43	84（41）	2.05
天台县	63（32）	1.97	30（14）	2.14	33（18）	1.83

台州市电子元器件产业商标注册以法人申请为主，这与前文所述商标类型注册情况相一致。从各区域商标申请主体数据来看，如图7.2.5所示，温岭市与路桥区的法人申请主体数均超过100，该区域电子元器件企业较为集中。

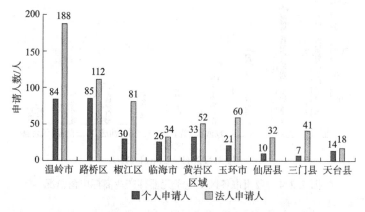

图7.2.5　台州市各区域电子元器件产业商标申请主体情况

7.2.5　商标运营分析

在公开可查询的数据范围内，按运营数量，台州市电子元器件产业商标运营方式依次为商标转让、商标质押和商标许可，这与台州市制造业整体商标运营情况相似，如图7.2.6所示。

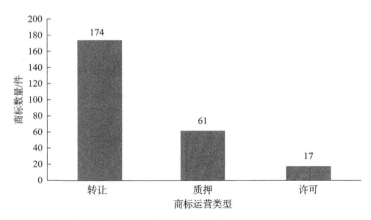

图 7.2.6　台州市电子元器件产业商标运营数据

　　从台州市各区域商标运营情况来看，如图 7.2.7 所示，温岭市、仙居县、路桥区的商标运营活动较为活跃，其中仙居县的转让活动尤为活跃，而温岭市商标质押活动的开展则位居台州市各区域之首位。

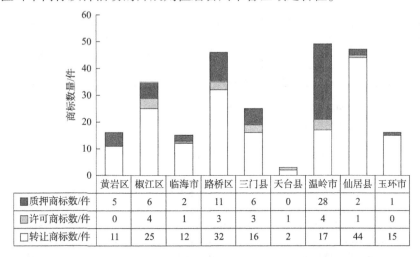

	黄岩区	椒江区	临海市	路桥区	三门县	天台县	温岭市	仙居县	玉环市
■质押商标数/件	5	6	2	11	6	0	28	2	1
▨许可商标数/件	0	4	1	3	3	1	4	1	0
□转让商标数/件	11	25	12	32	16	2	17	44	15

图 7.2.7　台州市各区域商标运营数据

　　具体来说，在商标转让模式上，如表 7.2.3 所示，表现为：①企业字号或者主要产品名称被他人抢注，通过商标转让的方式获取商标权。如浙江恒泰电工有限公司转让给飞利富科技有限公司的商标"飞利富"和"FLF"。企业字号或名称已被他人注册商标的情形有两种：一是如飞利富科技有限公司，企业注册时间在后，且企业在进行注册时或是企业名称选择时未考虑商标因素，以致企业已经注册完成，但企业名称已被他人注册为商标；二是企业注册在前，注册时企业名称尚可进行商标注册但未注册，后再注册商标时已被他人抢注。企业字号或名称往往在企业进行商标申请时易被忽略，企业应尽早将其纳入商标布局。②企业注销后，商标转让给新的企业主体，如台州市融益线缆有限公司注销后，将商标"JAECEIE"转让给索光电缆科技有限公司。③全资子公司向母公司的商标转让，如全资子公司台州市路桥豪达汽车电器有限公司向母公司豪达（浙江）汽车配件有限公司转让商标"央澜"。

表 7.2.3　台州市电子元器件产业商标转让人前 10

序号	转让人	受让人	转让数/件	转让模式
1	温州波普电气有限公司	波普电气有限公司	20	内部转让
2	三门台力电机有限公司	台州市好丞传动机械有限公司	11	外部转让
3	台州飞达特种线缆有限公司	飞达科技有限公司	5	外部转让
4	浙江恒泰电工有限公司	飞利富科技有限公司	5	内部转让
5	瑞安市瑞龙电器有限公司	浙江程豪电气科技有限公司	4	外部转让
6	台州市路桥豪达汽车电器有限公司	豪达（浙江）汽车配件有限公司	4	内部转让
7	台州市融益线缆有限公司	索光电缆科技有限公司	4	外部转让
8	浙江通博电器有限公司	台州通博新能源有限公司	4	外部转让
9	宝光集团有限公司	宝光集团（仙居）有限公司	3	内部转让
10	杭州益联电缆有限公司	久盛科技有限公司	3	外部转让

台州市电子元器件产业的商标许可情况如表 7.2.4 所示。经进一步分析，其许可关系有以下几种情况：①关联企业间的商标许可，如台州顶峰电器有限公司向其关联企业温岭市山市电容器厂许可使用商标"顶峰"。②企业股东控股或持股企业间的商标许可，如台州国荣塑业有限公司接受其持股股东王利平关于商标"王利平"的商标许可。③母公司向其控股或

持股子公司许可商标，如扬戈科技股份有限公司向其控股子公司湖南扬戈
工程机械配套有限公司许可商标"扬戈科技"。

表 7.2.4　台州市电子元器件产业商标许可情况

序号	许可人	被许可人	许可数/件	许可模式
1	宝光集团有限公司	宝光集团（仙居）有限公司	1	内部许可
2	古缆科技有限公司	中策电掣科技有限公司	2	内部许可
3	梁忠飞	杭州永通中策电缆集团有限公司	1	外部许可
4	燎原电缆集团有限公司	丁大电缆科技有限公司	1	外部许可
		开元电缆有限公司	1	外部许可
		鸿联电缆有限公司	1	外部许可
5	南杭机电有限公司	上海宁速机电有限公司	1	内部许可
6	索光电缆科技有限公司	中策永通控股有限公司	1	内部许可
7	台州德兰电器有限公司	温岭市持国锻铸钢件厂（普通合伙）	1	内部许可
8	台州顶峰电器有限公司	温岭市山市电容器厂	1	内部许可
9	台州市路桥泰通电线厂	杭州泰通电线电缆有限公司	1	内部许可
10	万光电缆有限公司	浙江万光高分子材料有限公司	3	外部许可
11	王利平	台州国荣塑业有限公司	1	内部许可
12	扬戈科技股份有限公司	湖南扬戈工程机械配套有限公司	2	内部许可
13	浙江永贵电器股份有限公司	北京永列科技有限公司	1	内部许可
		成都永贵东洋轨道交通装备有限公司	1	内部许可
		浙江永贵博得交通设备有限公司	1	内部许可
		江苏永贵新能源科技有限公司	1	内部许可
		深圳永贵技术有限公司	1	内部许可
		翊腾电子科技（昆山）有限公司	1	外部许可
		四川永贵科技有限公司	1	内部许可
		唐山永鑫贵电器有限公司	1	内部许可
		重庆永贵交通设备有限公司	1	内部许可

在商标质押方面，截至 2022 年 5 月，台州市电子元器件产业有 39 位商标权利人开展商标质押活动，质押商标总计 61 件。温岭市电子元器件企业商标质押活动最为活跃，总计质押商标 28 件；其次是路桥区质押商标 11 件，其余区域商标质押数量均不足 10 件，其中天台县商标质押数据为零，如图 7.2.7 所示。

在商标质押方面，如表 7.2.5 所示，开展商标质押的电子元器件企业以小微企业为主，其中也不乏上市企业。此外，部分开展商标质押的电子元器件企业在知识产权方面也开展了其他工作并获得相关认可，如取得高新技术企业资质的开开电缆科技有限公司。

表 7.2.5　台州市电子元器件产业商标质押情况

序号	出质人	质押数/件	备注
1	温岭市环力电器有限公司	5	高新技术企业、小微企业、新四板（正常上市）
2	扬戈科技股份有限公司	5	高新技术企业、专精特新小巨人、火炬计划项目企业、新三板（正常上市）
3	万光电缆有限公司	4	小微企业
4	浙江轩业精密制造有限公司	4	高新技术企业、小微企业、专精特新企业、新四板（正常上市）
5	台州市广星电子科技有限公司	3	小微企业
6	浙缆元通电缆控股有限公司	3	小微企业
7	开开电缆科技有限公司	2	高新技术企业、小微企业、火炬计划项目企业
8	台州东田电器有限公司	2	小微企业
9	台州硕科电容器有限公司	2	小微企业
10	台州腾标电子有限公司	2	小微企业
11	温岭资发半导体有限公司	2	小微企业
12	浙江肯得机电股份有限公司	2	高新技术企业、专精特新
13	浙江紫光电器有限公司	2	高新技术企业、小微企业

7.2.6　重点企业商标布局分析

表 7.2.6 为台州市电子元器件产业商标申请人前 10。综合商标拥有量、

企业综合实力等因素，本部分选取其中五家企业即波普电气、久盛电缆、速普机电、聚强机电和索日新能源，以申请人为关键词对其商标进行全面检索，同时从商标类别、商标形态、商标布局等角度进行深入分析，以了解台州市电子元器件产业的商标布局思路，为本产业中小企业商标布局、保护提供参考。

表 7.2.6　台州市电子元器件产业商标申请人前 10

序号	申请人名称	商标申请量/件	资质
1	葛卫青	26	台州市中孚电器有限公司持股股东
2	陈国平	24	台州至丰自动化设备有限公司法定代表人
3	波普电气有限公司	23	高新技术企业、小微企业
4	久盛电缆科技有限公司	21	小微企业
5	王正水	21	台州市中孚电器有限公司法定代表人
6	台州市速普机电有限公司	18	高新技术企业、小微企业、专精特新企业
7	浙江聚强机电有限公司	15	高新技术企业、小微企业
8	台州威尔普电器有限公司	14	小微企业
9	索日新能源股份有限公司	13	高新技术企业、小微企业
10	浙江程豪电气科技有限公司	13	小微企业

对上述五家重点电子元器件企业商标数据进行补充检索，得到其电子元器件商标和非电子元器件商标申请量。整体来说，电子元器件商标和非电子元器件商标的申请数量相当，差距较小，但速普机电是个例外，如图 7.2.8 所示。速普机电在非电子元器件商标方面的申请量明显多于电子元器件商标申请量。

对上述五家重点企业申请商标的尼斯分类号选择进一步分析，可得表 7.2.7。相较于其他重点产业而言，电子元器件产业对于商标布局更为谨慎，主要集中在第 9 类"软件科学仪器"中，其次是第 11 类"家用电器"。相较于其他产业，电子元器件产业在尼斯分类上的选择上更集中于产品类商标的选择，久盛电缆和聚强机电仅申请了产品类商标，而速普机电排名前五位的均是产品类商标。

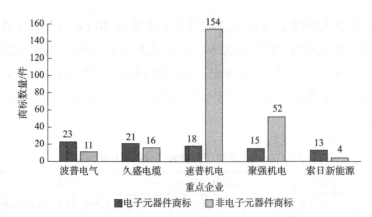

图 7.2.8　台州市电子元器件产业重点企业商标申请

由尼斯分类号展开，围绕企业名称中关键词进行商标申请，如表 7.2.8 所示。台州市重点电子元器件企业在企业名称方面的保护也呈现出不同选择模式。具体表现为：①波普电气、速普和索日新能源围绕企业名称关键词在产品和服务两方面均进行了商标申请；②相较于跨类别的申请布局，久盛电缆和聚强机电则选择了围绕重点类别的具体产品进行申请保护。

表 7.2.7　台州市重点电子元器件企业商标数量前 5（按尼斯分类号）

序号	波普电气	久盛电缆	速普机电	聚强机电	索日新能源
1	9（26）	9（32）	7（40）	7（47）	9（13）
2	11（4）	11（5）	9（20）	9（20）	37（3）
3	35（2）	—	25（8）	—	11（1）
4	6（1）	—	20（5）	—	—
5	25（1）	—	32（5）	—	—

注：表中括号外数字为尼斯分类号，括号内数字为对应的商标申请量（单位为件）。

表 7.2.8　台州市重点电子元器件企业防御商标

企业名称	商标名称	尼斯分类号
波普电气	POPP	35、11
久盛电缆	久盛	0912；0921；0910；0913；0922；0901；0914；0902；0903；0906；0916

续表

企业名称	商标名称	尼斯分类号
速普机电	速普	9、7
	SP	9、42、43、44、45、41、29、14、26、13、11、12、37、2、5、8、6、20、23、22、35、21、31、38、39、40、36、4、1、28、30、32、27、33、34、25、18、17、19、24、3、7、16
聚强机电	聚强	0733、0742、0743、0748、0751、0752、0738、0709、0732、0701、0702、0748
索日新能源	索日	37、9

在商标类型的选择上，如图7.2.9所示。相较于其他重点电子元器件企业，速普机电更倾向于在文字商标方面进行布局，文字商标也依然是重点电子元器件企业所青睐的商标类型选择。

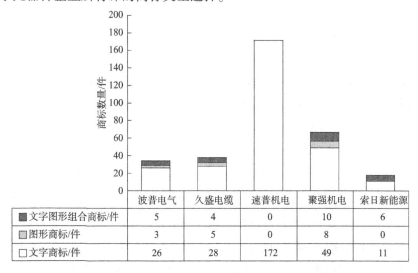

	波普电气	久盛电缆	速普机电	聚强机电	索日新能源
■文字图形组合商标/件	5	4	0	10	6
▨图形商标/件	3	5	0	8	0
□文字商标/件	26	28	172	49	11

图7.2.9 台州市重点电子元器件企业商标类型情况

如前文所述，文字商标与联合商标布局密切相关，结合前文所述，相较于联合商标的申请，波普电气更倾向于防御商标的申请与布局。余下四家重点电子企业也选择了两条路径进行联合商标方面的布局，分别为：①围绕企业名称关键词，如久盛电缆；②围绕主要产品，如聚强机电（如表7.2.9所示）。

表 7.2.9　台州市重点电子元器件企业联合商标布局情况

企业名称	联合商标申请
波普电气	POPP、波普电气
久盛电缆	久盛、久盛电缆 JIUSHENG CABLE、久盛电气 JIUSHENG ELECTRICAL、久盛世德、久盛元通、久特电缆、通策久盛
速普机电	GONPU、GOPU 速普、SP、SUPU、SOONPU 数普、述普、数普 SOONPU、速尔普、速度、速之普 奇师、奇狮、奇丝、奇思、旗师
聚强机电	纽西杰、NEWSIMIGE、纽西杰 NEWSIMIGE、NEWSIMIGEPRC、NEWSIMIGEBRO、NEWSIMIGEBROTHER、NEVISIMIGES
索日新能源	索日、索日新能 SOPRAY、SOPRAY、索晶、索电、索热

7.3　小结

近年来，在国家、省、市出台的有关指导意见和政策措施激励下，台州市电子元器件产业得到了快速发展，产业园区建设、两化（信息化和工业化）融合示范区创建等重点工作有序推进。在松门镇形成元器件产业基地之后，随着传统产业转型升级带来的需求，在大溪镇、经济开发区也形成了特色产业区块。2014 年 9 月，温岭市又被浙江省列入第一批两化深度融合国家示范试点区域名单暨温岭市装备电子（软件）产业基地。2017 年台州（椒江）光电产业园也建设落成。虽然台州电子元器件企业数量较多，形成了一些特色产业园，但总的来看，分布仍相对分散，没有形成强有力的产业集群，大中型企业之间没有紧密的联系，不利于产业的快速发展。2022 年 1 月，浙江省经济和信息化厅发布的 2021 年 "电子信息产业百家重点企业名单" 中，台州市仅有水晶光电入围了电子信息制造业营收 30 强和电子信息出口 20 强，琦星智能入围了成长性企业 50 强。并且，台州电子元器件企业大部分处于产业链的中下游，市场竞争比较激烈，大部分产品都是利润率较低的中低端产品，品牌附加值较低。下面通过专利与商标的对比总结来反映台州市电子元器件产业技术与品牌的发展情况。

（1）从申请趋势来看，台州市电子元器件产业起步于 20 世纪 80 年代初，这一阶段为台州市电子元器件产业的萌芽期，行业参与者较少，专利与商标的申请量也较少。2000 年以后，台州市电子元器件产业迎来了更多的参与者，市场迅速扩大，商标申请量随之开始了快速增长，专利技术也在稳步积累。2008 年受金融危机的影响，商标申请量迅速下降，危机过后，产业开始避免跨越式发展，台州市电子元器件产业进入品牌调整阶段，商标申请量开始起伏，专利技术则持续稳步发展。经过前期的积累与调整，2014 年以后进入技术爆发阶段，专利申请量开始快速增长，反馈到市场上，品牌也开始积累与扩张，商标申请量也快速提升。

（2）从产品角度来看，台州市电子元器件产业的专利与商标均主要集中在连接性元器件以及相关零部件方面。此外，专利技术也涉及生产电子元器件的设备或方法。这说明台州市电子元器件产业链已初步形成，但是技术主要集中于产业链的中下游，产品也主要面向中低端市场。

（3）在产业区域分布方面，台州市电子元器件产业的专利主要集中在温岭市、椒江区、路桥区，而商标则主要集中在温岭市、路桥区、椒江区。温岭市电子元器件产业起步于 20 世纪 80 年代初，通过为国内知名电视机厂家提供配套产品，在松门镇形成元器件产业基地，之后又在大溪镇、经济开发区等形成了一些特色产业区块，因此申请人数量与专利、商标数量均远大于其他地区。椒江区则已成为全球最大的精密光电薄膜元器件生产基地。2017 年台州（椒江）光电产业园的落成，极大提升了产业集聚能力，形成了规模示范效应，其专利技术积累仅次于温岭市，但商标布局方面却落后于路桥区，路桥区在专利方面对于临海市、玉环市的领先并不大，但在品牌建设方面却仅次于温岭市，较为注重商业开发和品牌运营，商标数量远远领先于其他区域。

（4）专利与商标运营方面，台州市电子元器件产业商标运营数量少于专利运营数量，这与专利基数比商标基数大有关。运营的方式中，专利和商标均以转让为主，许可数量最少，统计数据可能受到许可并非强制登记备案的影响。专利的转让与许可均以内部转让为主，而商标方面，许可均是内部许可，转让则有一部分为外部转让。常见的二种商标转让，一种是企业字号或者主要产品名称被他人抢注，通过商标转让的方式获取商标权；另一种是企业注销后，商标转让给新的企业主体。近年来，台州市多种知识产权融资举措并行，为民营经济高质量发展注入了创新活力。这些举措也是电子元器件产业专利和商标质押数量较多的原因。

（5）技术创新能力与品牌建设匹配度方面，从台州市电子元器件产业专利和商标的申请人类型数量对比可以反映出来。如表7.3.1所示，无论是申请人总数还是企业或个人申请人数量，电子元器件产业专利的三项指标均高于商标。这说明电子元器件领域的申请人更多的只申请了专利而没有进行商标的布局，这一方面反映了电子元器件产业更注重技术创新但对品牌建设的力度稍显不足，台州市电子元器件领域的申请人创新能力与品牌建设匹配度较低；另一方面也说明，作为技术难度较大的产业，从业者首先以技术立身，电子元器件产业的发展更加依赖于技术成果的创新迭代。

表 7.3.1 台州市电子元器件产业专利、商标申请人类型及数量　单位：人

申请人类型	企业+其他（企业）申请人	个人申请人	申请人总数	申请人类型	企业申请人	个人（个体经营户）申请人	申请人总数
专利申请人数	1370（1346）	1305	2675	商标申请人数	608	310	918

综上所述，台州市电子元器件产业经过积累与调整，产业链已初步形成，但是技术主要集中于产业链的中下游，产品也主要面向中低端市场，品牌附加值较低，申请人创新能力与品牌建设匹配度较低。在智能制造和数字化转型发展的背景下，台州市电子元器件产业应发挥集群优势，加大园区整合力度，建设1~2个具有国际影响力的产业集群。同时，政府要积极构建大中型企业之间的合作平台，加强企业间的联系，积极培育配套企业，逐步完善产业链，促进企业向产业链中上游发展，对外形成整体的竞争优势。

附录 1 类似商品和服务区分表（商品类别部分）
——基于尼斯分类第十一版（2022 文本）

尼斯分类号	分类标题内容
第 1 类	用于工业、科学、摄影、农业、园艺和林业的化学品；未加工人造合成树脂，未加工塑料物质；灭火和防火用合成物；淬火和焊接用制剂；鞣制动物皮毛用物质；工业用黏合剂；油灰及其他膏状填料；堆肥，肥料，化肥；工业和科学用生物制剂
第 2 类	颜料，清漆，漆；防锈剂和木材防腐剂；着色剂，染料；印刷、标记和雕刻用油墨；未加工的天然树脂；绘画、装饰、印刷和艺术用金属箔及金属粉
第 3 类	不含药物的化妆品和梳洗用制剂；不含药物的牙膏；香料，香精油；洗衣用漂白剂及其他物料；清洁、擦亮、去渍及研磨用制剂
第 4 类	工业用油和油脂，蜡；润滑剂；吸收、润湿和黏结灰尘用合成物；燃料和照明材料；照明用蜡烛和灯芯
第 5 类	药品，医用和兽医用制剂；医用卫生制剂；医用或兽医用营养食物和物质，婴儿食品；人用和动物用膳食补充剂；音药，绷敷材料；填塞牙孔用料，牙科用蜡；消毒剂；消灭有害动物制剂；杀真菌剂，除莠剂
第 6 类	普通金属及其合金，金属矿石；金属建筑材料；可移动金属建筑物；普通金属制非电气用缆线；金属小五金具；存储和运输用金属容器；保险箱
第 7 类	机器，机床，电动工具；马达和引擎（陆地车辆用的除外）；机器联结器和传动机件（陆地车辆用的除外）；除手动手工具以外的农业器具；孵化器；自动售货机
第 8 类	手工具和器具（手动的）；刀、叉和匙餐具；除火器外的随身武器；剃刀
第 9 类	科学、研究、导航、测量、摄影、电影、视听、光学、衡具、量具、信号、侦测、测试、检验、救生和教学用装置及仪器；处理、开关、转换、积累、调节或控制电的配送或使用的装置和仪器；录制、传送、重放或处理声音、影像或数据的装置和仪器；已录制和可下载的媒体，计算机软件，录制和存储用空白的数字或模拟介质；投币启动设备用机械装置；收银机，计算设备；计算机和计算机外围设备；潜水服，潜水面罩，潜水用耳塞，潜水和游泳用鼻夹，潜水员手套，潜水呼吸器；灭火设备

尼斯分类号	分类标题内容
第10类	外科、医疗、牙科和兽医用仪器及器械；假肢，假眼和假牙；矫形用物品；缝合材料；残疾人专用治疗装置；按摩器械；婴儿护理用器械、器具及用品；性生活用器械、器具及用品
第11类	照明、加热、冷却、蒸汽发生、烹饪、干燥、通风、供水以及卫生用装置和设备
第12类	运载工具；陆、空、海用运载装置
第13类	火器；军火及弹药；炸药；焰火
第14类	贵金属及其合金；首饰，宝石和半宝石；钟表和计时仪器
第15类	乐器；乐谱架和乐器架；指挥棒
第16类	纸和纸板；印刷品；书籍装订材料；照片；文具和办公用品（家具除外）；文具用或家庭用黏合剂；绘画材料和艺术家用材料；画笔；教育或教学用品；包装和打包用塑料纸、塑料膜和塑料袋；印刷铅字，印版
第17类	未加工和半加工的橡胶、古塔胶、树胶、石棉、云母及这些材料的代用品；生产用成型塑料和树脂制品；包装、填充和绝缘用材料；非金属软管和非金属柔性管
第18类	皮革和人造皮革；动物皮；行李箱和背包；雨伞和阳伞；手杖；鞭，马具和鞍具；动物用项圈、皮带和衣服
第19类	非金属的建筑材料；建筑用非金属硬管；柏油，沥青；可移动非金属建筑物；非金属纪念碑
第20类	家具，镜子，相框；存储或运输用非金属容器；未加工或半加工的骨、角、鲸骨或珍珠母；贝壳；海泡石；黄琥珀
第21类	家用或厨房用器具和容器；烹饪用具和餐具（刀、叉、匙除外）；梳子和海绵；刷子（画笔除外）；制刷原料；清洁用具；未加工或半加工玻璃（建筑用玻璃除外）；玻璃器皿、瓷器和陶器
第22类	绳索和细绳；网；帐篷和防水遮布；纺织品或合成材料制遮篷；帆；运输和贮存散装物用麻袋；衬垫和填充材料（纸或纸板、橡胶、塑料制除外）；纺织用纤维原料及其替代品
第23类	纺织用纱和线
第24类	织物及其替代品；家庭日用纺织品；纺织品制或塑料制帘
第25类	服装，鞋，帽

续表

尼斯分类号	分类标题内容
第26类	花边，编带和刺绣品，缝纫用饰带和蝴蝶结；纽扣，领钩扣，饰针和缝针；人造花；发饰；假发
第27类	地毯，地席，亚麻油地毡及其他铺在已建成地板上的材料；非纺织品制壁挂
第28类	游戏器具和玩具；视频游戏装置；体育和运动用品；圣诞树用装饰品
第29类	肉，鱼，家禽和野味；肉汁；腌渍、冷冻、干制及煮熟的水果和蔬菜；果冻，果酱，蜜饯；蛋；奶，奶酪，黄油，酸奶和其他奶制品；食用油和油脂
第30类	咖啡、茶、可可及其代用品；米，意式面食，面条；食用淀粉和西米；面粉和谷类制品；面包、糕点和甜食；巧克力；冰激淋，果汁刨冰和其他食用冰；糖，蜂蜜，糖浆；鲜酵母，发酵粉；食盐，调味料，香辛料，腌制香草；醋，调味酱汁和其他调味品；冰（冻结的水）
第31类	未加工的农业、水产养殖业、园艺、林业产品；未加工的谷物和种子；新鲜水果和蔬菜，新鲜芳香草本植物；草木和花卉；种植用球茎、幼苗和种子；活动物；动物的饮食；麦芽
第32类	啤酒；无酒精饮料；矿泉水和汽水；水果饮料及果汁；糖浆及其他用于制作无酒精饮料的制剂
第33类	酒精饮料（啤酒除外）；制饮料用酒精制剂
第34类	烟草和烟草代用品；香烟和雪茄；电子香烟和吸烟者用口腔雾化器；烟具；火柴

附录 2 公司或机构缩略语表

简称	全称
杰克科技	杰克科技股份有限公司
华海药业	浙江华海药业股份有限公司
海正药业	浙江海正药业股份有限公司
伟星新型建材	浙江伟星新型建材股份有限公司
万邦德制药	万邦德制药集团有限公司
公元股份	公元股份有限公司
星星集团	星星集团有限公司
天宇药业	浙江天宇药业股份有限公司
仙琚制药	浙江仙琚制药股份有限公司
圣达药业	浙江圣达生物药业股份有限公司
九洲药业	浙江九洲药业股份有限公司
中捷缝纫科技	浙江中捷缝纫科技有限公司
飞跃集团	飞跃集团有限公司
美机缝纫机	浙江美机缝纫机有限公司
宝石五大洲	宝石五大洲科技集团有限公司
川田缝纫机	浙江川田缝纫机有限公司
精诚模具	精诚模具机械有限公司
赛豪实业	浙江赛豪实业有限公司
摩尔舒	浙江摩尔舒卫生设备有限公司
西马智能科技	西马智能科技有限公司
怡和卫浴	浙江怡和卫浴有限公司
永贵电器	浙江永贵电器股份有限公司
星星科技	浙江星星科技股份有限公司

续表

简称	全称
水晶光电	浙江水晶光电科技股份有限公司
浙江司太力制药	浙江司太立制药股份有限公司
吉利集团	浙江吉利控股集团
联化科技	联化科技股份有限公司
迈得医疗	迈得医疗工业设备股份有限公司
优亿医疗	浙江优亿医疗器械股份有限公司
永宁药业	浙江永宁药业股份有限公司
永太科技	浙江永太科技股份有限公司
爱舟健康	仙居爱舟健康管理有限公司
乐普药业	浙江乐普药业股份有限公司
天新药业	浙江天新药业有限公司
新维士生物	浙江新维士生物科技有限公司
琦星智能科技	琦星智能科技股份有限公司
中森缝纫机	浙江中森缝纫机有限公司
沪龙科技	浙江沪龙科技股份有限公司
速普机电	台州市速普机电有限公司
大洋衣车	浙江大洋衣车有限公司
伟杰服装装备	浙江伟杰服装设备有限公司
佳岛缝纫机	浙江佳岛缝纫机有限公司
凯华模具	浙江凯华模具有限公司
西诺控股	西诺控股集团有限公司
永高股份	永高股份有限公司
美多模具	浙江台州美多模具有限公司
德玛克机械	浙江德玛克机械有限公司
艾彼科技	浙江艾彼科技股份有限公司
星泰塑料模具	台州市黄岩星泰塑料模具有限公司
精诚模具	浙江精诚模具机械有限公司
海翔模具	台州海翔模具有限公司
黄岩奥杰模塑	台州市黄岩奥杰模塑股份有限公司

简称	全称
星星便洁宝	浙江星星便洁宝有限公司
欧路莎	欧路莎股份有限公司
特洁尔科技	特洁尔科技股份有限公司
艺马卫浴	台州艺马卫浴有限公司
西唯科技	西唯科技（浙江）有限公司
澳帝智能洁具	浙江澳帝智能洁具有限公司
维卫电子洁具	浙江维卫电子洁具有限公司
万洁智能卫浴	浙江万洁智能卫浴有限公司
杜马卫浴	浙江杜马卫浴股份有限公司
摩尔舒卫浴	浙江摩尔舒智能卫浴有限公司
百利塑模	台州百利塑模科技有限公司
衣拿智能科技	浙江衣拿智能科技股份有限公司
佰德卫浴	台州市佰德卫浴有限公司
瑞达机械	台州市瑞达机械有限公司
西马智能	西马智能科技股份有限公司
欧麦莎	台州市欧麦莎卫浴科技有限公司
博欧卫浴	浙江博欧卫浴有限公司
欣涯洁具	台州欣涯洁具有限公司
盛美洁具	浙江盛美洁具有限公司
鑫东洁具	浙江鑫东洁具有限公司
吉利汽车研究院	浙江吉利汽车研究院有限公司
肯得机电	浙江肯得机电股份有限公司
飞利富科技	飞利富科技股份有限公司
佳一电气	佳一电气有限公司
新富凌电气	浙江新富凌电气股份有限公司
腾龙电器	浙江腾龙电器有限公司
环方汽车电器	浙江环方汽车电器有限公司
三变科技	三变科技股份有限公司
沃德尔科技	浙江沃德尔科技集团股份有限公司

续表

简称	全称
广天电力设备	浙江广天电力设备股份有限公司
波普电气	波普电气有限公司
久盛电缆	久盛电缆科技有限公司
聚强机电	浙江聚强机电有限公司
索日新能源	索日新能源股份有限公司

附录3 国家/地区/组织代码对照表

序号	国家/地区/组织名称	代码简称	序号	国家/地区/组织名称	代码简称
1	阿根廷	AR	19	韩国	KR
2	奥地利	AT	20	墨西哥	MX
3	澳大利亚	AU	21	马来西亚	MY
4	巴西	BR	22	挪威	NO
5	加拿大	CA	23	新西兰	NZ
6	智利	CL	24	秘鲁	PE
7	中国	CN	25	菲律宾	PH
8	德国	DE	26	波兰	PL
9	丹麦	DK	27	葡萄牙	PT
10	欧亚专利组织	EA	28	俄罗斯	RU
11	欧洲专利局	EP	29	新加坡	SG
12	西班牙	ES	30	斯洛文尼亚	SI
13	法国	FR	31	土耳其	TR
14	香港特别行政区	HK	32	中国台湾	TW
15	匈牙利	HU	33	乌克兰	UA
16	以色列	IL	34	美国	US
17	印度	IN	35	世界知识产权组织	WO
18	日本	JP	36	南非	ZA